BIBLIOTHÈQUE NOUVELLE
à 1 franc le volume
(HORS DE FRANCE : 1 FRANC 25 CENTIMES LE VOLUME)

CHARLES VINCENT ET DAVID

LE TUEUR
DE BRIGANDS

HISTOIRES ANECDOTIQUES

DES PRINCIPAUX BANDITS DE L'ITALIE

PARIS
LIBRAIRIE NOUVELLE
BOULEVARD DES ITALIENS, 15
A. BOURDILLIAT ET Cie, ÉDITEURS
1859

LE
TUEUR DE BRIGANDS

R. G. DAVID ET CH. VINCENT

LE
TUEUR DE BRIGANDS

HISTOIRES ANECDOTIQUES

DES PRINCIPAUX BANDITS DE L'ITALIE

PARIS

LIBRAIRIE NOUVELLE

BOULEVARD DES ITALIENS, 15

A. BOURDILLIAT ET Cie, ÉDITEURS

1859

LE

TUEUR DE BRIGANDS

CHAPITRE PREMIER

L'empereur des montagnes. — Portrait et caractère du bandit italien. — Arrestation d'un Anglais. — Superstition des brigands italiens. — Leur respect pour le Pape et ses cardinaux. — Le Tasse et Marco Sciarra. — Le droit d'asile et Louis des Ursins. — Un artiste français et le bandit Gabrielli.

Ce n'est pas un roman que nous allons mettre sous les yeux de nos lecteurs ; si nous n'avons pas été les témoins oculaires de tous les faits étranges, quelquefois comiques, le plus souvent terribles, dont nous nous faisons aujourd'hui les historiens, il n'en est pas un qui soit pris ailleurs que sur des pièces dont l'authenticité est incontestable.

Pendant de longues années, le gouvernement des Papes fut impuissant à mettre fin aux brigandages qui désolaient l'Italie, cette terre classique des beaux-arts et des bandits. Ce ne fut d'ailleurs qu'en traitant de puis-

1

sance à puissance avec les plus célèbres d'entre eux, que le Pape Grégoire XVI parvint enfin à débarrasser les marais Pontins et toutes les montagnes environnant Rome de ces hardis voleurs, le désespoir des touristes et la terreur des sbires, des dragons et des Romagnols.

Ces bandits avaient un gouvernement, des lois et des chefs auxquels ils étaient aveuglement soumis.

L'orgueil de ces chefs de brigands était tel, que l'un d'eux, Pierre de Calabre, s'intitulait pompeusement : *Empereur des montagnes, Roi des forêts, Protecteur des conscrits et grand Médiateur des routes de Naples à Florence.*

Les voyageurs qui voulaient traverser sans inquiétude les États de *l'empereur* Pierre obtenaient facilement de lui, moyennant une somme convenue et payée à l'avance, un sauf-conduit avec lequel ils étaient sûrs d'arriver sains et saufs, et même d'être ostensiblement protégés par les gracieux sujets de ce puissant monarque.

Avant de commencer le récit des hauts faits de ces bandits célèbres, il n'est peut-être pas inutile d'esquisser rapidement le portrait physique et moral du bandit italien.

Il n'y a rien de commun entre les brigands des marais Pontins et les coupeurs de bourse, les assassins dont nos bagnes français sont peuplés. Auprès des figures patibulaires, respirant l'hébêtement ou les appétits grossiers de nos galériens, les têtes énergiques, passionnées, à la fois fières et rusées des bandits italiens, sembleraient appartenir à des héros.

En effet, à part quelques rares exceptions, c'est

la dépravation et l'abrutissement dans lesquels la misère entraîne certaines natures qui jettent, hélas ! tous les ans, des milliers de victimes dans les cachots et les cellules de nos prisons françaises, tandis que le plus souvent, l'Italien ne *prend la montagne,* — c'est-à-dire ne se fait bandit, — qu'afin d'échapper aux rigueurs des lois de son pays lorsqu'il s'est permis de répondre soit à une injure personnelle, soit à ce qu'il croit être une injustice, par un coup d'espingole ou de stylet. Ainsi verrons-nous dans le courant de cette histoire que la plupart des crimes à la suite desquels les Italiens se sont faits bandits, ont été commis sous l'influence de vengeances aveugles et dans un de ces moments d'exaspération ou de démence passagère si peu rares chez ces natures impressionnables et passionnées.

Une fois dans la montagne, ce n'était pas au travail que le révolté pouvait demander de quoi vivre; il fallait donc *emprunter* aux passants et se tenir en défense contre les sbires et les dragons du Pape. Mais il y avait des voyageurs braves et armés qui, quelquefois, refusaient énergiquement leur bourse à ces emprunts forcés; de là, la nécessité de former une association, dont le plus hardi, le plus vigoureux ou le plus intelligent était proclamé le chef.

Établir des rapports avec les habitants des *casales* (fermes) et des villages voisins de la montagne, où souvent le bandit avait laissé sa famille et sa fiancée, était, on le comprend, chose facile, et voilà comment ces brigands obtenaient de la population aide et protection contre la police papale.

Quelquefois même, s'adressant aux habitants les plus cupides du village, les bandits en faisaient des complices qui la nuit, prenaient part à leurs expéditions et partageaient le butin volé. C'est ainsi que longtemps on vit la montagne servir de repaire à l'état-major de ces ténébreuses armées, et une partie de ces villages, si pittoresquement situés sur l'Apennin qu'ils semblent être accrochés à ses flancs, offrir un asile d'autant plus sûr aux simples soldats de la troupe que, pendant le jour, pour ôter tout soupçon à la police, chacun d'eux semblait exercer fort paisiblement une profession quelconque.

Les uns étaient aubergistes et se faisaient remarquer par leur probité et la pratique d'une hospitalité patriarcale ; les autres s'occupaient de travaux d'agriculture, ou se disaient pâtres de troupeaux chimériques dans les marais ; ceux-là servaient d'espions à la bande, qu'ils prévenaient du passage des dragons ou des voyageurs, par des signaux convenus, le plus souvent par des chansons ; d'autres étaient bedeaux, maîtres d'école ; tous enfin se livraient au brigandage la nuit, et le jour aux pratiques les plus sévères de la dévotion. Ils édifiaient les autorités ecclésiastiques par des dons fréquents à la madone et les agents du fisc en payant très-exactement les impôts. Les dimanches et les jours de fête ils écoutaient fort dévotement la messe, entourés de leurs femmes et de leurs enfants. A leur air recueilli, il ne fût certainement venu à la pensée de personne que ces braves gens étaient les plus audacieux coquins de la terre.

Le caractère du brigand italien était un amalgame

étrange : il se montrait tour à tour compatissant, terrible, assidu ou généreux ; leurs chefs ont toujours protesté n'avoir jamais versé le sang que dans le cas de défense. —« Rançonner les voyageurs, disait l'un d'eux, rien n'est plus naturel ; ne leur faut-il pas payer le tribut de la route? Les effrayer ! c'est leur propre intérêt, nous rendons par ce moyen toute résistance impossible ; mais les tuer ! pas si sot, c'est faire la guerre à nos dépens. » Il citait, comme preuve de ce qu'il avançait, l'arrestation faite par lui et quatre fois répétée en deux ans, du même Anglais, sur la route de Cisterne à Terracine. Mais comme à chaque voyage le touriste diminuait la valeur de son bagage, et qu'au troisième l'Anglais n'avait en poche que quelques guinées et sur lui pas le moindre bijou, notre bandit ajoutait, en souriant : « Je me permis même à ce sujet de faire quelques reproches à ce voyageur. Il me promit à sa prochaine excursion d'être en possession d'une somme plus digne du rang qu'il paraissait occuper dans la société : son domestique l'appelait *mylord*. En homme d'honneur qu'il était, notre Anglais tint parole, à son quatrième passage je fus dédommagé et nous nous quittâmes bons amis. »

Ces brigands étaient superstitieux, comme le sont encore aujourd'hui presque tous les Italiens sans éducation. Par exemple, ils croyaient qu'un nègre était un être surnaturel ayant commerce avec les princes de l'enfer, et ils en avaient grand'peur.

Un domestique nègre eût donc été un excellent *para-brigand*. Il est encore des villages où les habitants s'éloignent d'un noir en se signant. Le célèbre Gasparone ayant un jour menacé des fureurs de sa bande la petite ville de Genzano, si les habitants ne consentaient pas à lui payer une contribution assez forte, le légat de l'endroit, homme courageux et prudent, fit prendre les armes aux jeunes gens de la cité pour marcher sur le bandit et sa troupe. Il eut le soin de mettre à la tête de sa petite armée le domestique d'un Américain, en villégiature dans le bourg : c'était un Cafre d'une taille herculéenne et dont le visage, du plus beau noir, était la terreur du pays.

Les bandits étaient postés sur les hauteurs qui bordent le lac de Némi, au-dessus du palais de Genzano ; dès qu'ils aperçurent la face luisante du nègre, ils s'enfuirent à toutes jambes en faisant des signes de croix. C'eût été bien en vain que Gasparone eût voulu les retenir ; d'ailleurs il ne semblait pas lui-même très-rassuré. La vue de ce nègre avait été pour les bandits comme l'apparition du malin esprit, du *mal'occhio*, mauvais œil.

Il était également curieux de voir ces fieffés coquins porter sur eux, mélangées à leurs armes, des petites images de saints et de saintes, des madones en plomb, en cuivre, en argent. Quelle que fût la férocité du plus terrible de ces bandits, on le voyait tomber à genoux et se signer quand il apercevait flotter au loin la robe rouge d'un cardinal. Il ne prononçait jamais le nom du pape sans se découvrir respectueusement, et plus d'un, qui eût pu, sans danger, railler impitoyablement ces brigands pendant qu'ils s'emparaient de ses piastres ou de ses bijoux, aurait été certainement exterminé sur l'heure s'il eût osé proférer un blasphème ou insulter le pape devant eux.

Quelques-uns de ces chefs de bande affectaient une grande déférence pour les hommes de génie dont s'honorait leur pays, et l'aventure arrivée à l'auteur de la *Jérusalem délivrée* est devenue populaire.

Marco Sciarra, l'un des plus célèbres brigands du seizième siècle, apprend que le Tasse va quitter Rome pour se rendre à Naples. Il échelonne des émissaires des marais Pontins à Albano, et, lors de son passage, arrête la voiture qui porte le grand poëte. Marco Sciarra demande à voir le Tasse ; celui-ci se présente au brigand, qui s'incline devant lui et le prie d'accepter un sauf-conduit pour achever paisiblement son voyage. Le Tasse répond qu'il ne peut accepter une faveur qui ne s'étend pas à tous ses compagnons.

— Qu'à cela ne tienne, signor ; j'aurais payé de tout l'or de l'Italie le plaisir et l'honneur d'avoir pu contempler, pendant quelques minutes, le plus illustre de tous nos poëtes ; je ne saurais donc lui refuser une si mince demande.

Et faisant découvrir tous les hommes de sa troupe, il s'écrie :

— Salut et longue vie à l'homme de génie !

Marco Sciarra appartenait à une des plus illustre familles de l'Italie. Le palais qui porte ce nom à Rome renferme une des plus riches galeries de tableaux du monde, où les œuvres des plus grands maîtres attestent de la grandeur et de la richesse de cette ancienne famille.

Marco ne fut pas le seul exemple, au seizième siècle, d'un grand seigneur se faisant bandit, et les chroniques du temps nous apprennent qu'à la suite de la violation d'un de ces droits d'asile accordés à certains palais de Rome, Louis des Ursins prit la montagne. Voici le fait :

En 1583, Jean-Baptiste Bozello d'Assise, barigel de Rome, apprit par ses espions qu'un bandit fameux, du village de Monte-Rotondo, était venu se réfugier dans le palais des Ursins, place de Sienne, à Rome. Il s'y rendit aussitôt accompagné de sbires, entra résolûment dans ce palais, et arrêta le brigand, malgré une résistance désespérée. Comme il sortait avec ce scélérat, il est rencontré sur la place par Raymond des Ursins, suivi de quelques seigneurs. Ceux-ci veulent rejoindre le bandit ; ils crient à la violation du domicile ! Le barigel ne s'effraie pas de ces clameurs ; il veut que force reste à la justice ; il ordonne de faire feu ! Plusieurs seigneurs sont tués ; Raymond et Savelli sont parmi les morts. Louis des Ursins jure de venger la mort de son frère, se met à la tête d'une troupe de bandits. Il assassine Vitelli, le neveu du pape, puis parcourt la campagne de Rome, ramasse tous les vauriens et les enrôle dans sa bande, menace de mort tous ses ennemis, vole, assassine, pille ou brûle les châteaux et jette partout la terreur. Mais bientôt ces meurtres et ces massacres vont être vengés. Sixte-Quint monte sur le trône de saint Pierre. Il donne des ordres sévères et veille à ce qu'ils soient exécutés avec la dernière rigueur. Des Ursins s'aperçoit qu'il n'a pas cette fois affaire au faible Grégoire XIII, et qu'il n'est pas prudent à lui de rester dans les États-Romains.

Il s'enfuit au plus vite à Venise, laissant lâchement tous ses compagnons se débrouiller avec la police papale. A Venise, il s'imagine qu'il est à l'abri de Sixte-Quint. Il se trompe. Bientôt il est arrêté, condamné à être étranglé, et il subit la sentence ignominieuse le 27 décembre 1585, en compagnie d'une trentaine de scélérats qui l'avaient rejoint, et, ajoute la chronique du temps, *« le bourreau lui trancha la trame en la fleur de ses jours. »* Le crime le plus grandement reproché à Des Ursins était celui d'avoir *enfoncé un poignard dans le sein d'une femme, à ce point que la* poverina, *avec son sang, vomit son âme malheureuse !*

Il y avait aussi chez ces bandits un certain côté chevaleresque qui, plus d'une fois, séduisit les poëtes et les romanciers.

Un jour, un artiste français, un peintre, depuis plus d'un an contemplateur assidu des ruines magnifiques de l'ancienne Rome, et connaissant un peu le caractère du peuple italien qu'il avait eu l'occasion d'observer pendant ce long séjour, eut besoin de passer par San-Germano et l'abbaye de Montecassino. Il dut suivre sa route par Frosinone pour se rendre à Naples. Il savait que Gabrielli tenait la campagne, ce Gabrielli menaçait de devenir terrible. Heureusement pour l'Italie, il rencontra sur son chemin notre héros, le tueur de brigands, qui mit fin de bonne heure aux exploits de ce jeune bandit.

Passer sans être vu ne paraissait pas facile à notre compatriote, le plus simple était donc d'obtenir de Gabrielli un sauf-conduit. Sur sa demande, faite suivant les usages que nos lecteurs connaîtront bientôt, une entrevue

1.

avec Gabrielli fut promptement accordée à notre voyageur, qui ne tarda pas à voir le brigand apparaître devant lui.

Gabrielli, saluant l'artiste de la façon la plus courtoise, lui demanda pourquoi le *signor Francèse* lui avait fait l'honneur de désirer sa présence.

— Je veux traverser vos Etats et...

— Mes Etats! vous voulez rire, mais votre qualité de Français me fait excuser votre ironie. D'ailleurs, j'ai servi dans les armées de Murat, et si je me suis fait le potentat des grands chemins de ce pays, ajouta-t-il en souriant, c'est qu'étant accusé d'avoir tué ma maîtresse perfide et infidèle, j'étais menacé d'être pendu, et je n'aime pas la corde.

— Chacun son goût! fit l'artiste.

— Voyons, *signor Francèse*, que voulez-vous de moi?

— Un sauf-conduit aux meilleures conditions possibles.

— Pour les voyageurs de votre nation, j'ai diminué le tarif. C'est vingt piastres si vous êtes riche, la moitié si vous ne l'êtes pas. Je m'en rapporte à vous.

— Mais, dit le Français, en se grattant l'oreille, si je n'avais rien?

— Vous ne m'auriez pas dérangé, signor, car, suivant un proverbe de votre pays, si l'on ne peut *peigner* un diable qui n'a pas de cheveux, ma bande ne saurait dévaliser un voyageur sans valise; elle vous aurait donc laissé passer.

— C'est que j'ai craint, signor Gabrielli, que vos

hommes ne prissent ma pauvreté pour mauvais vouloir ; désireux de m'éviter un méchant parti, j'ai préféré m'adresser à vous. Je suis artiste et n'ai d'autre fortune que mes pinceaux.

— Alors qu'aviez-vous à craindre ? repartit le bandit d'un ton railleur et où perçait un léger dédain. Vous tuer ! allons donc, signor, votre vie ne vaut pas pour nous la charge d'une espingole.

— Vous me permettez de l'estimer plus cher, et vous consentirez à m'accorder votre protection moyennant ces huit piastres qui sont la moitié de ma fortune d'aujourd'hui.

— Gardez votre argent, *signor Francèse*, et passez sans crainte ; mes hommes respecteront votre vie et vo piastres. Voici un sauf-conduit, et souvenez-vous que nous ne tuons jamais que pour sauver notre propre vie.

Étonné et quelque peu humilié de la générosité de ce bandit, notre Français voulut remettre ses huit piastres à Gabrielli ; mais celui-ci devinant la pensée du voyageur reprit aussitôt :

— Mais comme dans la montagne nous ne donnons jamais rien pour rien, j'accepterai en échange du passeport que je viens de vous remettre un de ces excellents havanes ; et il montrait du doigt le cigare que fumait notre Français.

— Comment donc ! enchanté que je suis de pouvoir vous être agréable ; et atteignant son porte-cigares : — J'en ai six encore ; acceptez-les, je vous prie ?

— Non pas ! nous partagerons si vous le voulez bien.

— Soit, partageons.

Gabrielli, quelques secondes après ce colloque, allumait son *havane* au cigare de l'artiste ; on se serait cru sur le boulevard des Italiens, en voyant l'aisance et la politesse des deux fumeurs.

Cette familiarité enhardit le Français à satisfaire la curiosité bien naturelle chez un artiste en voyage ; aussi, en recevant des mains de Gabrielli le sauf-conduit, simple morceau de papier portant des caractères tracés avec un bout de bois trempé dans de l'encre, il demanda au bandit :

— Êtes-vous nombreux dans la montagne ?

A cette question indiscrète, Gabrielli répondit sèchement :

— Nous sommes bien armés, nous avons du courage ; mes compagnons ont confiance en moi, cela vaut bien le nombre ! Et il tourna les talons.

Le Français, voyant que par cette demande il avait blessé la susceptibilité du bandit qui s'éloignait assez vivement, ne put s'empêcher de lui crier :

— Je puis toujours compter sur vous ?

Gabrielli se retourna et dit :

— Souvenez-vous, signor *Francèse*, que si nous opprimons avec audace, nous n'avons jamais rien demandé à la trahison. Vous êtes plus en sûreté dans la montagne avec ce sauf-conduit, qu'à Rome avec tous les passeports de la police.

CHAPITRE II

Les marais Pontins.— La Mal'aria. — Curieux décrets du pape Paul IV.

La Romagne était, de tous les États italiens, celui où le brigandage s'exerçait avec le plus d'audace et d'impunité. Les hautes montagnes qui enveloppent les marais Pontins servaient de quartier-général à ces intrépides routiers, légués aux siècles présents par les guerres civiles du moyen-âge.

Les âpres sommets de ces monts géants formaient autant d'aires inaccessibles, d'où, comme des aigles, ces brigands s'abattaient sur leur proie; c'est-à-dire sur les imprudents voyageurs qui s'aventuraient sur la *Lineâ-Piâ*.

Ces marais Pontins, situés entre Rome et Naples, n'ont pas moins de 40 kilomètres de long sur environ la moitié de large. Ils sont pittoresquement encadrés par la mer, les Apennins, le mont Circello et la campagne de Rome.

Le sol est plat et spongieux; les ruisseaux, les torrents venus des Apennins vont s'y perdre 'en baignant perpétuellement, malgré les ardeurs toujours si vives du soleil italien, les macchis, les broussailles et les joncs. Ces immenses marais sont çà et là sillonnés de canaux et de petits sentiers, où il serait dangereux de se hasarder sans être accompagné d'un guide sûr.

Pour le voyageur qui traverse ces marais ignorant leur double et triste célébrité, dont l'œil, sans s'arrêter aux détails, embrasse cette immense nature, c'est vraiment un merveilleux spectacle.

Une chaussée magnifique, œuvre des derniers Papes, bordée d'un bout à l'autre d'une quadruple rangée d'arbres, conduit de Cisterne à Terracine. A droite, et parallèlement, des canaux larges et profonds, dus à la munificence des empereurs romains et de quelques Papes contemporains, vont se perdre dans la Méditerranée.

Sur ces canaux, les uns tranquilles comme des lacs, les autres rapides comme des torrents, glissent ou reposent des bateaux dont la forme bizarre date au moins du temps des Argonautes. Le costume des bateliers, par sa simplicité, rappelle l'âge d'or tant chanté par nos pères. A gauche, enfin, se déploie une ligne de montagnes aux flancs rougeâtres ou gris de cendre, dont les crêtes bizarrement étagées se découpent en festons capricieux dans l'azur du ciel.

La vue de cette nature à la fois souriante et désolée, dénudée et ombreuse, offre un poétique contraste.

Mais pour le touriste qui sait l'histoire de ces lieux maudits, les marais Pontins se montrent tels qu'ils sont, et cette réalité hideuse serre l'âme et donne le frisson. Excepté le désert de Marwulli, dans l'Hindoustan, et le Ouwo-Oupas de Java, où les oiseaux qui passent à travers ces plaines empoisonnées tombent asphyxiés en quelques secondes, il est douteux qu'il y ait dans le monde un coin de terre empoisonnée qui puisse inspirer une plus profonde terreur que ces marais Pontins.

Huit à dix mois de l'année, la *mal'aria*, *l'aria cattiva*, l'air empesté, ainsi que le dénomment les Italiens, souffle le poison et la mort dans cette solitude, où un mauvais génie semble avoir établi son empire.

Les bandits, habitant les crêtes de ces montagnes, peuvent braver cet air pestilentiel, qui se purifie avant d'atteindre ces hauteurs boisées de halliers impénétrables.

C'est au milieu de ce chaos indescriptible de roches bouleversées, écrasées, coupées de fondrières, d'excavations naturelles presque inabordables, que les bandes de brigands organisées se retiraient; c'est là que le bandit pouvait braver impunément les lois de son pays et vivre dans un état permanent d'hostilité contre la société.

De l'autre côté, vers la mer et la campagne de Rome, s'étend la partie la plus désolée de cet immense cloaque, que n'ont pu parvenir à assainir les travaux importants de quelques Papes et de l'administration française qui, pendant tout le temps de l'occupation, y consacra sans succès complet des sommes considérables. Misérable nature que celle des marais Pontins; nature rabougrie, flétrie, verdâtre et flasque!

Bel endroit, en vérité, pour les orgies du choléra, de la peste, de la fièvre jaune, du typhus! Quel gigantesque nid d'êtres malfaisants! Tout ce qui croît sur ce sol fangeux bave le poison et donne la mort; les chauds rayons de soleil, l'ombre rafraîchissante, sont, comme l'air qu'on y respire, des ennemis terribles pour l'homme.

Cependant, s'il faut s'en rapporter à la tradition populaire, le sol de cette localité, qui faisait autrefois partie du territoire des Volsques, était jadis sain, productif et couvert d'une vigoureuse végétation et de villes florissantes.

Les causes de l'effrayante stérilité d'aujourd'hui et de cette dépopulation sont-elles dues à un tremblement de terre qui aurait subitement abaissé le sol? Aucun document historique n'est venu, jusqu'à présent, expliquer la cause de ce phénomène. Pline lui-même n'en parle pas.

Lorsqu'on traverse la *Linea-Pia* jetée là comme un pont cyclopéen, les yeux rencontrent de loin en loin des bandes d'oiseaux au plumage sinistre; des foulques qui vont à la curée ou des buffles sauvages qui descendent de ceux amenés d'Afrique, au septième siècle, et qui se vautrent dans la fange jusqu'au muffle; des troupes nombreuses de cochons fouillent aussi ces marais. Les historiens font descendre ces bêtes, pures de tout mélange, des célèbres compagnons d'Ulysse, leurs ancêtres, qui ont eu l'honneur d'être chantés par Homère.

C'est dans cette espèce de voirie naturelle, encombrée depuis des siècles d'un épais fumier de larves infectes et de cadavres en décomposition, que se forment ces levains de putridité qui, portés par les brises de la mer et les courants, vont empoisonner Rome quand arrivent les grandes chaleurs.

Pour compléter l'effet attristant de cette stérilité de l'Apennin, qui se dresse droit et sauvage comme une pierre tumulaire au-dessus de ce titanesque charnier, la nature ne pouvait semer là que de la graine de bandits; c'était la seule chose qui pût croître et multiplier sur ce sol maudit, où l'on n'entend jamais ni les notes variées des oiseaux, chanteurs invisibles, ni ce bourdonnement étrange et sympathique du feuillage, ni ce tendre murmure de la brise que Milton dit être : *la langue épelant des mots inconnus aux hommes.* Partout règne le silence profond ; les vents mêmes semblent se détourner pour fuir la peste ! Cependant, le ciel y est toujours pur et magnifique ; presque jamais un nuage n'en vient maculer l'éclatant azur, et l'air, bien qu'un peu lourd, y semble toujours suave et sain.

Lorsque l'on descend dans cette fosse horrible, au milieu de ces broussailles tortues, gluantes, souillées de venins et de vases, ombragées çà et là de grands végétaux empoisonnés, ce silence fait naître dans l'imagination d'indéfinissables rêveries, et pour peu que, reposé à l'ombre de quelques buissons, l'on s'abandonne à ce charme trompeur, une sorte de frisson vous parcourt les membres et les engourdit, la *mal'aria* vous enivre comme l'opium ou le haschisch ; la fièvre maligne glisse bientôt dans votre sang qu'elle décompose, et la mort annonce sa venue par un sommeil invincible et une sueur froide qui inonde votre corps, dont elle aura bientôt fait un cadavre si l'on ne vous soustrait promptement au poison terrible de ces marais pestiférés.

Lorsque les voyageurs ont franchi cet énorme cloaque, ils peuvent s'écrier avec le Dante :

« Ténébreux repaires, je vous quitte enfin ! »

Du côté de Terracine, les marais Pontins sont fermés par une énorme culée de l'Apennin, courant droit à la mer, et qui semble être clouée à son extrémité par le Circello, énorme îlot conique.

Vers le nord, le champ est libre. Là s'ouvre la campagne de Rome entre les eaux bleues de la Méditerranée et les montagnes de la Sabine qui se perdent dans des brumes violacées. Campagne déserte, sèche, inculte, au milieu de laquelle la ville éternelle agonisante est seule restée debout comme une sublime oasis au milieu de steppes infectes.

Les villages et les habitations des alentours, bien qu'élevés à plusieurs centaines de mètres au-dessus de la plaine, ne sont pas toujours à l'abri du fléau. Cette campagne désolée commence dans Rome même; ses rues, ses places, ses ruelles, sont en été ravagées par l'*aria cattiva*.

Du Capitole à Saint-Jean-de-Latran, du Colysée à la porte San-Lorenzo, de Ponte-Mole à la Porta-Pia, on ne rencontre, aussi loin que la vue peut s'étendre, que des terrains abandonnés, des masures, des églises en ruines et des décombres. Entre les murs d'enceinte et les montagnes de Tivoli et d'Albano, l'œil ne se repose partout que sur des solitudes, des tombeaux, des tronçons de monuments et d'aqueducs, se déroulant comme un long serpent dans cet immense espace.

Les cinquante-trois nations qui, au dire des historiens anciens existaient dans le Latium avant Romulus, ne sont pas aujourd'hui représentées par cinquante-trois cabanes.

Maintenant que nous avons dépeint de notre mieux les aspects différents de ces marais Pontins, disons que sur les flancs des Apennins bordant ces marais, on voit, de la Lineâ-Piâ, une centaine de bourgs, de hameaux, d'habitations et de masures isolées et en amphithéâtre, Sermonetto, Sezza, Piperno, Rocca-Secca, Sonnino, etc., accrochés comme des nids de faucons dans les ouvertures des rochers, ou perchées sur le faîte des mamelons.

De leurs retraites élevées, les bandits voyaient venir au loin, et ils évitaient aisément ceux qui les poursuivaient. Aussi se moquaient-ils des dragons et des Papes, qui fulminaient contre eux d'impuissants édits.

Nous publierons en note, à la suite de cette histoire, les arrêtés de plusieurs Papes, qui décrétèrent les peines les plus sévères contre ces bandits. Le plus terrible est celui de Paul IV, qui ordonne de détruire des villes et *de semer du sel sur le territoire qui les portait. En conséquence, dit cet arrêté, une charrue, fut réellement conduite sur l'emplacement des maisons de Monte-Fortino, par Piétro Zalaretto, de Valmontine, tandis que Menico-Francie de la même ville suivait en répandant du sel dans le sillon en signe d'abandon.*

CHAPITRE III

Le casale d'Olivano. — Le fermier Orsino. — La madone d'Olivano.

Deux routes conduisent de Rome à Naples : l'une passe par Albano et les marais Pontins ; l'autre traverse une petite vallée qui s'ouvre entre Frascati et Tivoli, et conduit à Frosinone, San-Germano et Monte-Cassino. La première de ces routes est échelonnée de relais de poste ; l'autre n'a de relais que pour le service des diligences ; coupant ces deux routes entre Frosinone et Genzano, il est un petit chemin de traverse qui a pour but de relier ces deux petites villes.

A une distance à peu près égale de Genzano et de Frosinone, sur le bord de ce chemin, on peut voir encore une habitation assez considérable, dont l'aspect rappelle les constructions du moyen-âge, et dont l'architecture est un mélange des styles bysantin et mauresque.

C'était, lorsque commence cette histoire, l'habitation

du riche fermier Orsino. Cette ferme, aux vieilles murailles sombres et crénelées, à la haute tour couronnée de machicoulis, était connue sous le nom du *casale d'Olivano*.

Il y a plusieurs années encore, le vieux gardien de ce domaine y donnait gracieusement l'hospitalité aux artistes que leurs études appelaient pour quelques jours dans ce coin si pittoresque de l'Italie. Le soir, après le souper, ce brave homme racontait à ses hôtes le terrible drame auquel il devait d'être resté seul habitant de cette demeure et le séjour qu'y fit Gasparone, le plus célèbre des bandits romagnols.

Cette propriété rurale se compose d'un corps de logis élevé sur un vaste cellier. Une petite terrasse dallée, enveloppée de murs d'appui et ombragée par quatre énormes mûriers dont les branches s'étendent horizontalement sur des fils de fer, forme comme un vestibule-tonnelle devant la porte d'entrée. Une cour assez spacieuse est entourée de bâtiments et de remises; au milieu est un puits, auprès duquel un jeu de pompe verse de l'eau dans un bassin de marbre jadis blanc, dont les flancs sont sculptés de sujets mythologiques. Ce bassin n'est autre qu'une ancienne tombe trouvée parmi les ruines nombreuses de la campagne de Rome. Une tour carrée, crénelée au sommet et adossée à l'un des angles du bâtiment, servait de pigeonnier. Devant la façade principale de la maison était le jardin potager, actuellement abandonné aux ronces et aux broussailles qui s'y étalent en liberté. En dehors et autour sont de vastes quinconces d'oliviers, sous lesquels on cultivait le blé.

Enfin, sur le penchant de la colline, en face, sont de beaux vignobles ombragés de figuiers, d'amandiers, d'abricotiers et de pistachiers.

Au temps où les derniers maîtres de cette ferme l'habitaient, comme elle était alors fort isolée, les issues en étaient toujours soigneusement fermées, même le jour. Le soir venu, le maître du logis assujettissait lui-même les barres de fer derrière les épais contrevents en bois de chêne; il poussait les verroux des portes et fermait à double tour les lourds cadenas dont elles étaient garnies. Les fenêtres donnant sur le chemin étaient défendues par de grosses grilles en fer forgé, dont quelques-unes aujourd'hui sont absentes et les autres à peu près descellées.

Une fois la maison close le soir, aucun bruit ne s'y faisait entendre ; l'aboiement des chiens de garde, lors du passage des voyageurs, pouvait seul leur donner à penser que cette maison était habitée.

Ce casale était la propriété, le patrimoine du fermier, ou, pour être précis, du *mercantile di campagna* Orsino qui l'exploitait.

C'était un homme triste et bourru, parlant peu, ne se liant avec personne, n'ouvrant la bouche que pour rudoyer ses gens ou les paysans qui avaient affaire à lui. Resté veuf à quarante-cinq ans, avec une petite fille qu'il aimait à l'adoration, il laissait, par habitude et par goût, l'enfant faire à peu près tout ce qu'elle voulait dans la maison. Active, alerte et mise dès son enfance au courant des besoins du ménage, par une vieille gouvernante, morte peu d'années après la fermière, la jeune fille était devenue l'unique société de son père. C'était déjà pour lui une compagne sur laquelle le bonhomme aimait à se reposer des soins de son intérieur. Sa confiance en sa fille était telle, qu'il ne décidait jamais rien d'important sans prendre son avis. Et si les avis de sa fille prévalaient presque toujours, c'est que le père Orsino, aussi bien que les gens du pays, avaient reconnu en elle une rectitude de jugement bien rare à son âge.

Le caractère du fermier se ressentait d'avoir été long-temps dominé par sa femme, espèce de virago haute comme un géant, insociable comme un boule-dogue. Mariée tard, à trente et quelques années, cette matrone, comme la plupart des vieilles filles, n'avait pas su se garantir d'une âpreté et d'une sécheresse de caractère qui nuisit considérablement à l'amabilité de son commerce. Longtemps menacée par la coiffe de sainte Catherine, elle nourrissait des préventions fâcheuses contre les hommes, et elle détestait l'amour, dont le très-peu poétique Orsino ne lui avait pas révélé les tendres mystères. Laide, elle avait en haine la beauté des autres femmes. Enfin elle ne faisait cas que de la dévotion, qu'elle poussait jusqu'au bigotisme. Elle avait pesé sur l'esprit de son mari avec toute la violence d'une femme haineuse. Elle lui avait fait payer cher d'être resté si longtemps sans pouvoir se décider à l'épouser ; car le fermier avait plutôt cédé au besoin de trouver la maison propre, le dîner prêt et de savoir le logis bien gardé, en prenant femme, qu'à celui d'épancher son cœur dans le cœur d'une compagne chérie.

Bien que Orsino eût contracté dans cette servitude

l'attitude et les mœurs d'un soldat, et que son grand front chauve et plissé indiquât l'habitude de l'obéissance et de la résignation, les angles un peu carrés de la face révélaient des tendances à l'opiniâtreté. Ses sourcils épais, droits comme les crins d'une brosse, et abaissés comme un auvent, sur ses yeux durs et caves, joints à l'immobilité de ses traits, imprimaient à l'ensemble de sa physionomie une dureté presque réfléchie et calculée. Il avait les épaules larges, la taille haute, les membres solides et nerveux.

Son costume ordinaire était celui des Italiens de la campagne, que, jusqu'ici, grâce au ciel, la mode a été impuissante à modifier ; il se composait de souliers à boucles d'argent, de bas chinés ou blancs, selon l'occasion ; d'une culotte courte en velours noir, serrée aux genoux et à la taille par des boucles, un gilet de même étoffe, largement ouvert devant, laissant voir une chemise de linge à très-petits plis, attachée au milieu par une broche ancienne en forme d'anneau. Sa veste en velours était ornée de deux poches de côté ; dans l'une était sa tabatière d'argent ciselé ; dans l'autre son mouchoir, dont une des pointes, par précaution, était attachée à une boutonnière, et par-dessus tout cela, un chapeau conique en feutre, entouré à sa base d'un large cordon.

Orsino était infatigable au travail. On eût pu le croire avare si les nombreuses bonnes actions répandues autour de lui n'eussent été un démenti formel à cet amour de l'argent qu'il manifestait quelquefois avec une certaine vivacité. Le secret du fermier était révélé dans les *a parte* que voici :

— *Et qui lo sa?* (qui le sait?) disait-il parfois en contemplant ses nombreux sacs de scudi et de ducats d'or qu'il cachait soigneusement dans un vieux bahut de chêne sculpté, relégué dans un grenier dont lui seul avait la clef. *Qui lo sa?* peut-être qu'en échange de ces tonnes de ducats un de ces beaux muscadins de Rome, prince, marquis ou baron, ruinés et déplumés, ne dédaignera pas de donner légitimement, par-devant le curial et M. le curé, à ma Bianchina le titre de princesse ou de marquise. Cela s'est vu et se voit encore. D'ailleurs l'enfant est un joli brin de fille. Nous aviserons, murmura-t-il alors en se frottant les mains avec satisfaction. A moins cependant qu'elle ne s'y oppose. C'est assez que je le désire pour qu'elle me refuse, car elle a un petit caractère... Nous aviserons.

C'est par orgueil pour sa fille qu'Orsino thésaurisait. Où devait aboutir cette sotte ambition du fermier? c'est ce que nous apprendra la suite de ce récit.

Orsino, bien que brutal dans la forme, était loin d'être haï de son entourage ; on le craignait, car il était robuste et peu endurant, depuis son veuvage surtout; mais il faisait du bien et aimait à voir heureux tous ceux qui l'entouraient.

Chaque semaine, le samedi soir, il payait ses ouvriers et ajoutait toujours à leur compte la journée du dimanche, bien qu'ils ne dussent pas travailler.

— Un homme qui chôme le dimanche de par la loi ne se repose pas, disait-il, et je paye les miens pour qu'ils puissent aller à la messe et jouer aux boules après.

Quand le pain et les denrées alimentaires enchérissaient, il augmentait spontanément le salaire de ses employés.

— Les riches, répétait-il fréquemment, sont faits pour aider les pauvres gens, et des services qu'on leur rend Dieu compte largement les intérêts.

A cinq ou six milles à la ronde et plus encore, il connaissait tout le monde et s'informait des besoins des habitants pauvres ou malaisés. Les vieillards et les enfants étaient surtout l'objet de sa sollicitude. Une misère lui était-elle signalée, vite Bianca chargeait sa mule de provisions de toute espèce et portait aux malheureux de la farine, de l'huile, du vin, du linge, quelquefois même des écus.

Mais si Orsino était estimé et quasi-aimé de son entourage et des gens dont il avait soulagé secrètement les misères, la généralité des habitants des pays voisins le détestait à cause de sa fortune et calomniait jusqu'à sa générosité. On l'accusait d'avoir été brigand, faux-monnoyeur, contrebandier; quelques-uns même le disaient sorcier et en très-bon rapport avec les malins esprits.

Plusieurs fois dénoncé au Saint-Office, ce tribunal avait eu le bon sens, contrairement à ses traditions et à ses habitudes, de ne -rien croire de ces abominables calomnies, qui, en d'autres temps, auraient infailliblement mené le bonhomme au bûcher.

En un mot, on le chargeait de tous les crimes, bien qu'il fût né dans le pays, que chacun ne l'eût jamais perdu de vue, et que personne n'eût pu lui reprocher le plus petit acte d'indélicatesse.

Cette haine dont on enveloppait Orsino prenait sa source dans un sentiment de jalousie. Tous les gens des environs étaient exaspérés de son bonheur constant en toutes choses. Sa fortune, d'ailleurs considérable, était supposée fabuleuse ; elle provenait d'une source légitime et honnête. Outre ses vignes, ses terres, ses champs, qu'il exploitait lui-même, il faisait encore le commerce des huiles, des vins, de la soie et des céréales. Il achetait écus comptant aux paysans des alentours tous leurs produits à un taux raisonnable, et les revendait à Rome selon que les cours lui semblaient avantageux. C'était de la spéculation sans doute, mais honnêtement faite. En cela, loin de nuire à ses concitoyens, il leur rendait service puisqu'il les dispensait de faire le voyage de Rome pour y porter leurs récoltes aux marchés, et de perdre ainsi, pour l'aller et le retour, deux ou trois jours. Mais la haine et l'envie ne raisonnent pas.

Bianca était exceptée de ce concert de malédictions et d'injures quotidiennes. C'était une créature délicate et fraîche, pensive et triste, dont l'âme et la beauté étaient chastes comme son nom. Modeste et douce, Blanche répandait au milieu de la tristesse, du silence et de l'austérité de cette maison une effluve bienfaisante qui assouplissait ces rudes natures des montagnes ; son visage, sa parole comme sa démarche, étaient pleins de charmes. De grands yeux bleus encadrés de sourcils d'un noir brillant et de cheveux de la même couleur, mais soyeux et fins, des dents blanches et bien rangées, joignez à tout cela de la grâce et de la vivacité dans un sympathique abandon, et vous aurez une idée des dons charmants que Bianca avait reçus de la nature. Chacun, même parmi ceux qui détestaient le plus son père, aimait à lui obéir, et aurait exposé sa vie pour la sauver d'un danger.

Elle était entre les *contadini* (paysans) et son père un intermédiaire toujours respecté. On s'inclinait sans murmurer devant ses décisions, que l'on savait toujours loyales et justes. Quand par hasard la paix était troublée dans le village, ce qui arrivait fréquemment, surtout le dimanche après vêpres, la présence seule de Bianca suffisait pour ramener l'ordre et la tranquillité.

Quand elle eut atteint seize ans, on la surnomma la *madone d'Olivano*, et bientôt à vingt milles à la ronde on ne la connut plus que sous ce nom-là. Les brigands eux-mêmes qui campaient dans les campagnes voisines, gens qui d'habitude ne reculent devant aucune profanation, n'approchaient jamais du casale, qu'ils avaient en grande vénération. Bianca était pour eux une sainte. Ils auraient été capables de massacrer sur l'heure qui eût osé porter une main sacrilège sur la ferme et sur ses gens. Les barres de fer, les cadenas, les verroux du casale étaient devenus inutiles, mais le prudent Orsino ne continuait pas moins d'en faire usage.

La jeune fille savait qu'elle n'avait rien à craindre de

personne, ni le jour, ni la nuit, ni sur les routes, ni sur les chemins les plus déserts lorsqu'elle allait seule sur sa mule visiter les malades et les malheureux. Les bandits veillaient sur elle, il est vrai, avec plus de sollicitude et de vigilance que sur eux-mêmes. Quand, par hasard, surprise par la nuit, elle revenait sans être accompagnée, ses regards saisissaient dans l'obscurité des ombres d'hommes se glissant le long du chemin. Elle devinait qu'elle avait une escorte invisible prête à lui porter secours.

Depuis quelques années, la vénération que Bianca avait inspirée à tous ceux qui l'entouraient était assurément le plus grand moteur de cette fortune rapide que l'on enviait au bonhomme Orsino.

L'accroissement de ses affaires devenait de jour en jour plus considérable. Le fermier n'était plus jeune. Il avait atteint cet âge où l'on commence à sentir le besoin de repos. Ses granges, ses celliers, ses greniers, par suite du concours incessant des paysans, regorgeaient de denrées de toute nature ; il ne pouvait plus suffire à la direction d'intérêts aussi multiples. Les voyages de Rome étaient devenus de rudes corvées pour lui.

Un soir que la fatigue lui semblait plus lourde, il consulta sa fille, lui exposa l'état de souffrance de ses affaires, et Bianca entendue, il se décida à prendre un factotum, un intendant.

Dès que l'on connut les intentions du fermier, les propositions ne manquèrent pas d'arriver à la ferme. On n'eut que l'embarras du choix.

Du consentement de la jeune fille, et sur ses instances même, le fermier accueillit la demande d'un jeune pâtre appartenant à une famille honnête de Sermonetto, autrefois dans l'aisance, mais que des revers de fortune contraignaient à recourir, pour vivre, aux plus infimes travaux. De cette famille étaient anciennement sortis des cardinaux et des hommes éclairés qui avaient rempli dans les États-Romains des fonctions importantes.

D'ailleurs, ce jeune homme avait été recommandé chaudement au casale par le curé de Frosinone, dont il était parent éloigné.

On procéda de suite à son installation. On lui meubla, au rez-de-chaussée, une vaste chambre attenant à la salle commune où les gens prenaient leurs repas, et on lui remit entre les mains la direction des opérations du dehors. C'étaient celles qui pesaient le plus sur les épaules du fermier Orsino, mais aussi c'étaient les affaires qui rapportaient les bénéfices les plus sûrs et les plus importants. Aussi quand Orsino se fut assuré que le nouveau venu serait en état de mener à bien les intérêts commerciaux du dehors, ce fut avec une joie bien sincère qu'il embrassa sa Bianca bien-aimée en lui disant :

— Fillette, tout ira bien là-bas à Rome, et pour moi ce ne sera qu'un jeu de m'occuper des affaires de l'intérieur, puisque pour récompense je pourrai prendre chaque jour un baiser sur le front de la petite madone d'Olivano.

CHAPITRE IV

Les amours de Fabio. — Ulysse Galeyra. — La demande en mariage.

Fabio, c'était le jeune intendant, ne manquait ni d'instruction ni d'intelligence. Sa figure, d'un ovale un peu long, avait de la distinction, son front était haut et large, un peu anguleux, ses yeux noirs et vifs, voilés de longs cils épais, révélaient une pénétration peu commune. Une chevelure noire et abondante, des lèvres trop minces peut-être, des dents blanches et aiguës comme celles d'un renard, donnaient à l'ensemble de sa physionomie une expression de ruse et de finesse remarquable. En somme, c'était ce que l'on peut appeler un assez joli garçon. Des épaules larges, des bras nerveux et bien attachés, un torse bien campé sur des jambes solides, promettaient pour l'âge mûr une force physique des plus puissantes.

Son costume était celui des gens aisés de la campagne, le même à peu près que celui du fermier. Voilà pour le physique.

Quant à son esprit, il était un peu étroit, mais persévérant et dissimulé. Son regard, qu'il s'efforçait de rendre calme, était inquiet; l'observateur y eut vite deviné une âme ardente susceptible des plus violents entraînements de la passion.

Zélé, infatigable à la besogne, le travail était pour cette nature nerveuse et active un aliment nécessaire, un véritable besoin.

Lorsqu'il entra dans la maison du fermier, Fabio avait vingt ans et Bianca dix-sept. Il fallait l'orgueil insensé d'Orsino pour ne pas voir le danger qu'il y avait à placer près de sa fille un homme jeune et beau.

L'amour trouva facilement à se faire place dans le cœur de ces deux jeunes gens, qui vivaient ensemble dans cette retraite presque cloîtrée, séjour, comme on le sait, prédestiné à l'éclosion des grandes passions.

Ce fut d'abord et uniquement des rêves ambitieux qui fermentèrent dans le cerveau du jeune commis; épouser la fille d'Orsino, c'était devenir d'un seul coup riche et puissant. C'était pouvoir vivre à Romè de la vie des seigneurs ; mais il faut le reconnaître, ces sentiments bas furent bientôt étouffés par la passion grande et vraie qui envahit son âme.

L'amour de Fabio se révéla bientôt à Bianca, qui ne pouvait y rester insensible.

Tout ce que la nature avait mis de dévouement et d'affection dans le cœur de Bianca, trésors cachés en elle jusqu'alors et qu'elle n'avait pas soupçonnés, se développa bientôt sous les regards amoureusement respectueux de Fabio ; aussi, lorsque six mois après l'arrivée du jeune homme, Bianca interrogea son cœur, elle put y lire tout l'amour que lui inspirait l'intendant. Il n'était plus temps alors de faire un pas en arrière. Ce sentiment était plus fort que sa volonté, aussi se livra-t-elle au plaisir d'aimer et d'être aimée.

Pour d'autres yeux que ceux du fermier, cette mutuelle passion n'eût pu rester longtemps cachée. Mais le bonhomme avait épousé sa défunte sans amour, il ignorait complètement les formes tendres et naïves dont se revêt ce sentiment. Loin de trouver dangereuses la sympathie et la douce familiarité qui liaient les deux enfants, il applaudissait au contraire à leurs jeux et à leurs petites mutineries.

Fabio, en homme rusé, sut, d'utile qu'il était, se rendre indispensable au vieillard, qui eut bientôt en grande estime son jeune factotum et le traita plutôt comme un fils que comme un serviteur.

Un changement notable se fit dans le caractère de Bianca. De pensive et mélancolique qu'elle avait été jusque-là, elle devint gaie et communicative. Le casale, qui si longtemps était resté silencieux comme un couvent de trappistes, s'anima comme une volière où la jeune fille chantait du matin au soir.

Quand Fabio se sentit aimé, il mit en jeu toutes les petites ruses qui pouvaient accroître cette passion chez Bianca. Souvent le soir il prolongeait volontairement son absence au delà de l'heure accoutumée; Bianca alors craignait, soupçonnait, conjecturait, quelque malheur ou quelque imprudence et s'en alarmait. On la voyait courir à chaque instant à la porte du casale, interroger l'horizon, fouiller de son regard pénétrant les chemins et les sentiers, et rentrer attristée lorsqu'elle n'avait pas aperçu le jeune homme. Mais, si elle avait entendu le pas de sa monture frapper le pavé de la route, ou les pierres des chemins, de ses sabots lourdement ferrés, sa figure s'illuminait, la voix lui revenait, et, lorsque enfin Fabio était placé à table, en face d'elle pour prendre sa part du souper avec tout le personnel de la maison, c'était des petites moues charmantes, des gronderies et d'espiègles et innocentes agaceries que le fermier encourageait par un sourire.

Plusieurs années se passèrent ainsi, mais disons-le pour être juste : si Fabio n'abusa pas d'une situation que l'amour lui faisait facile, ce fut moins par probité que par crainte ; il savait les poignets d'Orsino solides et nerveux, et de force encore à disloquer la charpente d'un buffle.

Or, le vieux fermier, sans faire aucune allusion, répétait fréquemment en voyant la joie et le bonheur si francs de son enfant :

— J'aime ma Bianchina plus que tout au monde ; aussi, par le sang du Christ, j'éventrerais celui qui oserait troubler sa quiétude et toucher à un cheveu de sa tête.

Ces paroles sauvèrent peut-être la jeune fille d'une profanation longtemps préméditée.

Fabio savait qu'il était aimé. Que lui fallait-il de plus pour le présent ?

En abusant de la confiance de son maître, en trahissant l'hospitalité qu'on lui avait si généreusement offerte, il compromettait son avenir, et se verrait peut-être obligé de quitter le casale.

— Il faut attendre tout du temps, se disait-il parfois avec regret, ne précipitons rien. Le bonhomme peut mourir et alors Bianca sera ma femme, je n'aurai plus qu'à fermer les portes du casale et à mettre les clefs dans ma poche.

Chez Fabio, ainsi qu'on le voit, l'amour n'excluait pas l'intérêt, d'ailleurs nous savons qu'il avait commencé par convoiter les écus d'Orsino.

Les choses restèrent les mêmes encore pendant quelque temps ; il semblait à ses yeux qu'elles dussent durer ainsi toujours. Les deux jeunes gens n'avaient rien de caché l'un pour l'autre. Les dimanches et les jours de fête, après la messe et les vêpres, Fabio, suivi de Bianca et du fermier, allait dans le parterre et le potager ; il arrangeait, soignait, arrosait les fleurs préférées de la jeune fille, émondait les rosiers, semait des graines de plantes rares qu'il avait rapportées de Rome, ou bien, assis à une table de marbre, sous une tonnelle de chèvrefeuille et de vigne qui traversait le jardin d'un bout à l'autre, il leur lisait avec enthousiasme le Dante, l'Arioste ou le Tasse. Ce dernier auteur servit plus d'une fois d'interprète aux pensées de Fabio, et ce n'était pas ces jours-là que la jeune fille trouvait le poëte le moins éloquent.

Le soir, dans la semaine, après les travaux finis, les comptes terminés, l'intendant faisait la partie de cartes du fermier, pendant que Bianca, assise à côté de son père, s'occupait de couture ou de broderie, levant de temps à autre ses beaux et grands yeux bleus sur le jeune homme, comme pour lui dire : Supportez à cause de moi, les brusqueries de mon père ; il est un peu mauvais joueur.

Fabio n'avait donc qu'à laisser voguer son âme dans les flots azurés de l'espérance, rien ne troublait sa tranquillité, pas même un prétexte à un peu de jalousie. On ne recevait personne dans cette famille, et Bianca, chaque jour, chaque heure, semblait s'attacher de plus en plus à lui.

Cependant le factotum devint triste et rêveur. Un secret pressentiment que son bonheur était menacé vint traverser son cerveau. Il ne se trompait pas. Son existence jusque-là si calme, devait bientôt être troublée profondément.

L'arrivée inattendue d'un neveu du fermier, avocat à Rome, fort joli garçon, d'une éducation distinguée et d'une mise élégante, qui contrastait avec les allures un peu paysannes de Fabio, vint donner un aliment sérieux aux craintes jusque-là chimériques de l'intendant.

Excepté pour l'intendant, ce fut, ce jour-là pour tout le monde, à la ferme, une fête de famille, car les vieux serviteurs avaient connu le neveu du fermier, alors qu'il n'était encore qu'un tout jeune homme.

Ce neveu, Ulysse Galeyra, était né à Frosinone. Il n'avait quitté ce pays que pour entrer au collége, et finir ses études à l'université de Bologne. On l'avait connu enfant, on le retrouvait homme, et chacun allait affectueusement lui serrer les mains.

Bianca et le fermier l'accueillirent avec les plus bruyantes démonstrations de joie.

Pour compléter son éducation, sa famille avait envoyé Ulysse en France et en Allemagne, et les histoires de ses courses à travers l'Europe réjouissaient fort le fermier, qui, oubliant ses projets de grandeur pour sa fille, se prit tout à coup d'une belle passion pour son neveu, et résolut d'en faire son gendre.

— J'avais rêvé, se disait-il, un marquis pour Bianca, je lui donnerai un avocat : c'est mon neveu, après tout. J'aime mieux que mon bien reste dans la famille.

Fabio, instinctivement jaloux d'Ulysse, trouva de mauvais goût l'accueil empressé qu'on lui fit. Il ne pouvait, sans un sentiment de mauvaise humeur qu'il ne prenait pas la peine de déguiser, supporter la présence de ce malencontreux cousin. Et pendant les deux semaines que celui-ci passa au casale, il lui arriva plus d'une fois de trahir sa colère par des maussaderies de mauvais goût. Si le vieux fermier et son neveu ne firent eureusement aucune attention à ces boutades, elles n'échappèrent pas à Bianca, qui voulut calmer l'intendant. Mais elle eut beau lui dire qu'elle n'aimait son cousin que comme on aime un parent, un ami d'enfance, ce fut peine perdue ; Fabio l'accusa brutalement de coquetterie et de trahison.

Cette jalousie dégénéra en rage, un soir que Fabio, après un souper qui avait été largement arrosé des meilleurs vins de France, entendit Orsino murmurer en regardant sa fille s'éloigner au bras d'Ulysse :

— L'année prochaine nous marierons ces deux enfants-là.

Bianca, blessée par les reproches immérités de Fabio, s'était tenue depuis quelque temps dans une réserve froide qui irritait notre jaloux. Mais quand elle vit l'homme qu'elle aimait agité, hors de lui, et véritablement malheureux, elle ne sut que faire, et mettant de côté toute fierté, elle épuisa, pour consoler le jeune homme et le convaincre de son amour, tous les raisonnements qu'elle croyait propres à ramener le calme dans son cœur déchiré. Rien n'y fit. Alors elle plaignit sincèrement Fabio, et des effets remontant aux causes, elle se prit à détester sérieusement celui dont la présence avait suffi pour troubler la joie tranquille du casale.

Un soir que son père, retiré dans sa chambre, dormait profondément et qu'elle veillait, assise devant l'âtre de la grande cheminée de la salle où l'on se tenait ordinairement, Fabio, parti pour Rome dès le matin, rentra fort tard et se trouva seul avec elle. Le cœur plein d'angoisses et d'inquiétudes, il supplia en sanglottant, la jeune fille de lui pardonner ses injustes reproches, ses injurieux soupçons des jours précédents, puis lui prenant les mains et les couvrant de baisers, il lui demanda pour la millième fois peut-être de nouveaux serments que Bianca, heureuse des bonnes paroles de son bien-aimé, lui renouvela sans hésitation.

Fabio lui dit alors des vers qu'il avait faits pour elle. Tous les Italiens sont quelque peu poëtes et musiciens. Le pauvre garçon ressentait vivement, il exprimait de même, et ses vers, incorrects quelquefois, étaient toujours passionnés et colorés. Si une jeune fille ne trouve pas toujours beaux les vers qu'elle a inspirés, elle a souvent une profonde indulgence pour celui qui les a faits.

Le pardon accordé, il fut convenu que le dimanche suivant, à la rentrée des vêpres, on tenterait près du fermier une démarche qui mît fin à une situation désormais intolérable. Fabio ferait la demande en mariage, et Bianca présente l'encouragerait et l'appuierait au besoin. On ne doutait pas du succès. Le fermier aimait sa fille à l'idolâtrie. Comme intendant, Fabio avait, depuis trois ans bientôt, rendu des services importants à Orsino; c'était par ses soins, son intelligence, son activité que tout marchait au casale, le bonhomme se reposait entièrement sur lui; il y avait donc grand espoir que leur projet serait agréé.

— Mon père est si bon, ajoutait Bianca, il est habitué à faire toutes mes volontés, il consentira à notre mariage dès qu'il saura que je vous aime, mon Fabio !

On se sépara plein de confiance dans l'avenir. Doublement heureux de cette résolution prise et du départ du neveu, qui eut lieu le lendemain, les deux amants comptèrent impatiemment les heures jusqu'au dimanche, jour où la décision d'Orsino devait sanctionner leurs projets.

Le jour venu, les deux jeunes gens se concertèrent de nouveau en allant à l'église du village voisin pour y entendre la messe. La jeune fille au retour passa au jardin et fit mille câlineries au vieillard, en même

temps qu'un pompeux éloge des mérites et du dévouement de l'intendant pour eux. Le fermier reconnaissant
la justesse des observations de sa fille, l'autorisa à annoncer à Fabio qu'il doublait ses gages, et que désormais, à partir de la Saint-Jean, il l'intéressait dans
toutes les opérations commerciales. Bianca vit dans ces
dispositions un heureux augure pour son projet. Si
son père donnait une si belle part au factotum dans
ses affaires, c'est qu'il reconnaissait son mérite et
qu'il sentait le besoin de se l'attacher. Eh bien! en me
le donnant pour mari il n'aura plus la crainte que Fabio
nous quitte.

Les deux amoureux s'en furent aux vêpres, à deux
heures, et pendant la route l'intendant apprit les
bonnes dispositions d'esprit dans lesquelles se trouvait
le fermier à son égard.

Cependant Bianca fut obligée d'encourager l'intendant à faire sa demande, celui-ci, malgré toutes les
protestations d'amitié du père Orsino, ne se sentait qu'à
demi rassuré.

Il est inutile dire que ce jour-là les psaumes et les
chants religieux, si poétiques qu'ils puissent être, ne
furent pas même entendus par le jeune homme dont
l'esprit était ailleurs qu'à l'église. Bianca au contraire pria avec ferveur; on devine ce qu'elle demandait au ciel.

En rentrant à la ferme l'intendant eut besoin pour
s'enhardir de boire une fiachette de vin de Montefiascone. Cependant il ne manquait habituellement ni d'audace ni d'énergie. Un regard de la jeune fille, qui

semblait lui reprocher sa faiblesse, tout en faisant rougir son front, rendit à son cœur un peu de fermeté.

Après avoir remercié son *padrone* des bontés nouvelles dont il venait de le gratifier, après avoir à l'avance réclamé l'indulgence d'Orsino pour la demande hardie qu'il allait lui faire, après avoir protesté de son désintéressement et du sentiment noble et vrai qui inspirait sa démarche, il finit, non sans peine, par demander au fermier la main de sa fille !

CHAPITRE V

A cette demande imprévue, Orsino chancela un instant comme un homme ivre et tomba abasourdi plutôt qu'il ne s'assit dans son vieux fauteuil de chêne sculpté. Puis voyant que sa fille semblait être la complice de Fabio, son visage, de pourpre qu'il était devint livide, ses yeux s'injectèrent de sang, ses narines se dilatèrent, et sur ses traits apparut l'expression d'un dédain tellement accablant pour Fabio, que Bianca en eut froid au cœur. Enfin, Orsino se leva et dit avec un éclat de voix plein d'ironie :

— Toi, épouser ma fille ?

— Je l'aime, balbutia l'intendant, et elle...

— Misérable !... ni toi ni elle n'avez le droit de vous aimer ; d'ailleurs, tu mens !... ma fille ne peut aimer un valet !...

— Mon père ! s'écria Bianca suppliante.

— Si ce traître a dit vrai, reprit le fermier avec une fermeté de langage que sa fille n'avait jamais entendu, je ne suis plus ton père !

Quant à toi, hypocrite maudit, prends tes nippes et pars à l'instant même pour Sermonetto, va respirer l'air natal ; celui du casale ne te vaut plus rien. Pars donc, misérable, et souviens-toi que ce soir il vaudra mieux pour toi te trouver chargé d'or sur le chemin de la bande de Pierre de Calabre, que de rencontrer les poings du vieux fermier que tu es venu trahir, comme un espion, un voleur, un traître ; mais pars donc !

Fabio n'avait pas prévu ce dénoûment ni cette explosion de colère terrible. Attéré par ce langage, il était muet. Son visage avait pris une teinte livide. Et comme pétrifié, il restait debout devant son patron sans trouver une seule parole à dire.

— Tu m'as entendu ? s'exclama plus doucement le fermier ; eh bien, tourne-moi les talons sur l'heure.

Bianca s'était tue jusque-là. La colère furieuse de son père l'avait interdite. Mais devant la douleur navrante du jeune homme, toute son énergie d'enfant gâté lui revint ; elle courut se jeter dans les bras de son père.

— Mon père ! mon bon père !... je l'aime ! s'écria-t-elle.

— Mon enfant, répliqua sévèrement le fermier, jusqu'à ce jour, j'ai fait toutes tes volontés ; je ne t'ai contrariée en rien ; mais depuis longtemps j'ai promis ta main à ton cousin qui t'aime, lui aussi, et qui est venu ici tout exprès pour me rappeler ma promesse.

En disant ces paroles, il mentait. Mais, on le sait, Orsino rêvait une position brillante pour sa fille. Il la voulait voir femme d'un citadin, d'un avocat. Un moment de faiblesse pouvait tout compromettre ; il resta inébranlable en apparence. Au fond, il souffrait horriblement de faire ainsi violence à son enfant.

Bianca ne s'attendait pas à cette résistance invincible ; aussi, désespérée, les yeux pleins de larmes, la voix étouffée par des sanglots, elle essaya encore de fléchir la volonté de son père. Celui-ci ne voulut rien entendre. Elle eut beau lui répéter qu'elle aimait Fabio depuis le jour qu'il était entré au casale, que cet amour était sa joie, son bonheur, sa vie, il resta inaccessible aux prières de sa fille, et pour couper court à toutes discussions dans lesquelles il craignait de faiblir, il ordonna à Bianca de se retirer dans sa chambre, et lui enjoignit de se préparer le lendemain matin à partir pour Rome.

Puis, revenant sur ses pas, il ouvrit la porte de la cour, puis celle qui donnait sur la route, et poussa dehors le pauvre intendant.

Épuisée, tordue par les angoisses les plus poignantes, Bianca ne put ou n'osa prolonger une résistance inutile. L'état d'irritation où elle voyait son père lui faisait un devoir de se taire. Retirée chez elle, elle s'affaissa sous le poids d'une douleur profonde, sans espoir et sans recours. Elle passa la nuit assise sur le bord de son lit, silencieuse, et en proie à ces angoisses fiévreuses qui nous écrasent comme un mauvais songe et nous enchaînent à notre douleur sans nous laisser même le désir ni la force de la secouer.

Fabio, de son côté, à moitié fou de douleur, resta longtemps sous la porte du casale, comme un chien à la porte de son maître, et s'assit sous les énormes mûriers taillés en parasol qui en ombrageaient l'entrée.

La fraîcheur de la nuit, en rafraîchissant son cerveau, en rappelant ses esprits à la triste réalité, ramena le jeune homme aux instincts primitifs de sa nature. A la résignation muette de tout à l'heure succéda une colère sourde. Il se rappela les injures d'Orsino, et le valet murmura à demi-voix des paroles de vengeance.

— Il a brisé mes espérances, tué mon bonheur, flétri ma vie; eh bien, je le frapperai à mon tour et je serai impitoyable comme lui.

Ces paroles, rapportées au fermier, furent prises au sérieux. En Italie comme en Corse, une menace de vengeance ne tombe jamais sans germer.

Le lendemain matin, le père emmena sa fille à Rome, où ils restèrent plusieurs semaines occupés aux préparatifs du mariage qu'il avait hâté sans en dire la cause véritable.

— Je suis vieux, disait-il, je puis mourir, et je ne serai tranquille que quand j'aurai vu ma fille établie.

La veille du jour fatal, Bianca et le fermier revinrent au casale accompagnés du futur, Ulysse Galeyra, de sa famille et de quelques amis.

L'heure de se rendre à l'église sonna. Bianca, résignée ou contrainte, dut se préparer à s'unir à son cousin. Le cortége nombreux, auquel s'étaient joints quelques voisins invités, s'achemina vers l'église de la paroisse du casale. Jamais fiancée n'eut une figure plus triste. Ulysse attribua cette pâleur à l'émotion bien naturelle que doit éprouver une jeune fille à ce moment suprême. Le père était bien un peu ému, il aimait son enfant et il lui en coûtait de faire violence à ses affections ; mais il trouvait sa propre justification dans le bonheur dont elle jouirait à Rome, où son mari allait occuper un rang élevé et par son talent et par la fortune dont il allait la doter.

— Ah bah ! se disait-il, elle oubliera cet efflanqué de Fabio ; toutes les femmes finissent toujours par aimer le père de leurs enfants, à preuve ma défunte ! Bianca me saura gré un jour d'avoir montré de la fermeté.

L'amour de Fabio pour la jeune fermière avait été deviné par tous les gens des pays voisins, et bien que ce jeune homme n'eût été jusqu'alors qu'un intendant, chacun trouvait néanmoins que par sa famille et son instruction il valait le fermier et qu'il méritait bien l'affection et la préférence que la jeune fille lui avait accordées. Aussi, lorsqu'on apprit ce qui s'était passé, on plaignit d'autant plus Fabio qu'on détestait Orsino.

Dès le lendemain de la scène à la suite de laquelle Fabio avait été chassé du casale d'Olivano, Orsino, avons-nous dit, retiré dans la ville éternelle y était resté plusieurs semaines. Il y avait dans cette absence prolongée du fermier un autre motif que celui de préparer le trousseau de son enfant. Le fermier espérait que Fabio, après avoir donné un libre cours à sa colère, se déterminerait à quitter le pays. Il se trompait.

Nul n'est plus tenace qu'un Italien amoureux. Fabio, bien accueilli par quelques personnes du bourg voisin, y prit domicile.

A son retour de Rome, Orsino apprit par ses gens la présence de l'intendant dans le voisinage et trouva prudent de se tenir sur ses gardes. Il se rappelait les menaces que ce jeune homme avait proférées, et il se promit d'avoir l'œil sur son ancien serviteur.

Dans le trajet du casale au bourg, le fermier, en tête du cortége, fouillait de ses regards inquiets tous les accidents du terrain où un homme pût se cacher. On traversa le village sans encombre. On était arrivé devant le presbytère, et comme on allait y entrer, il surprit Fabio caché dans un coin, la main armée d'un couteau à moitié enfoui dans la manche de sa veste et prêt à troubler d'une manière tragique la joie de la famille.

Le fermier était, comme on le sait, taillé comme l'Hercule Farnèse ; tout en surveillant de l'œil son ex-factotum pendant que le cortége entrait à l'église, et au moment où celui-ci se disposait à suivre la noce, Orsino s'élance d'un bond sur Fabio, le saisit à la gorge, lui brise le poignet droit d'un vigoureux coup de poing, puis enlève le malheureux jeune homme comme il eût fait d'un enfant, le porte dans une ruelle voisine où en moins de temps qu'il n'en faut pour raconter cette scène, il lui disloque les membres et le laisse pour mort sur la place.

Après cet acte de sauvage brutalité il rentra dans l'église, où le mariage s'accomplit sans que personne de la noce se fût aperçu de son absence et n'eût entendu les cris désespérés du moribond.

Fabio, couvert de sang et brisé, fut relevé inanimé et

recueilli par des moines capucins qui le portèrent dans l'infirmerie de leur couvent.

Son état était des plus graves. Si les fractures n'offraient aucun danger pour la vie, des lésions internes pouvaient à tout moment déterminer un épanchement ou une inflammation et entraîner la mort.

Pendant les dix premiers jours, le malheureux jeune homme fut bien près de passer dans l'éternelle patrie des ombres. Mais grâce à la force de sa constitution, à sa jeunesse et surtout aux soins assidus et intelligents qui lui furent prodigués par les bons moines, Fabio guérit.

Sa convalescence fut longue et pénible. Quelque distraction qu'on essayât de lui donner, il resta pendant plusieurs semaines sombre, taciturne et dans un état voisin de l'hébétement.

Bientôt cependant l'espoir de revoir Bianca, vint sourire à son imagination. Ce malheureux ne pouvait se faire à l'idée qu'elle était à jamais perdue pour lui, qu'elle appartenait enfin à un autre. Mais quand sa pensée le reportait au jour où il avait été meurtri et presque tué par le fermier, toutes les rages humaines se déchaînaient en lui pour lui tordre le cœur; il s'écriait en serrant les dents et fermant les poings qu'il lançait vers le ciel en sorte de menace : Je me vengerai!

Ce ne fut qu'au bout de quatre mois qu'il put marcher sans le secours d'un moine et parcourir seul les vastes jardins du couvent.

Ce couvent est placé sur une hauteur, espèce de cône dominant tout le pays et la campagne de Rome. Les bâtiments sont sur un versant, les jardins sur l'autre, de telle façon qu'en passant du cloître et des parterres somptueusement plantés d'arbustes et de fleurs splendides, au vaste potager couvert de légumes et peuplé d'arbres fruitiers, on arrive sur le sommet du mamelon, d'où la vue n'a d'autres bornes que l'horizon. D'un côté la mer dont les reflets d'argent produits par les rayons du soleil sur l'ondulation des eaux arrivent aux bons pères capucins comme des rayons réfléchis par un vaste et mobile miroir; de l'autre les coupoles, les dômes, les tours, les clochers, les palais et les aiguilles des obélisques de la ville éternelle se détachent dans un ciel bleu d'une pureté indescriptible et se découpent en festons bizarres.

Les bâtiments forment un carré régulier. A l'entour, règne une galerie cloîtrée où les moines, en été, se promènent à l'abri des chaleurs accablantes du climat. Au milieu une cour dallée sous laquelle est une citerne pour recueillir les eaux de pluie, qui, à défaut de sources, est d'une indispensable utilité sur un lieu aussi élevé. Sous les galeries et en face de chaque arcade formée de deux colonnes, l'une ronde, l'autre torse ou cannelée dans le goût bysantin, s'ouvre une petite porte massive donnant accès dans une cellule composée de deux pièces, éclairées l'une et l'autre par une petite fenêtre sur les jardins du couvent et la campagne de Rome. De ces cellules on descend par quelques marches en pierre de taille dans une petite cour également dallée où chaque capucin est autorisé à cultiver en caisses et en pots, des citronniers, des orangers, des terraspiques, des millepertuis, des rosiers, des figuiers de l'Inde, selon le goût et les préférences du moine.

Les jardins et les vergers enclos de murs faisant terrasse, sont coupés d'allées droites, entrecroisées et ombragées de guirlandes de vignes, de grenadiers, de lauriers et de magnolias. C'est là que Fabio se promenait pendant sa convalescence, au milieu de groupes de moines, travaillant en silence à la culture des légumes et des fruits.

Ce spectacle d'hommes, nés la plupart dans les hautes classes de la société, venus là pour y trouver la paix du cœur et le repos de l'esprit, se livrant à la prière et aux plus rudes travaux manuels pour l'amour de Dieu, fit une profonde impression sur l'âme de Fabio. Sa colère et sa haine semblèrent se fondre. Il parut avoir oublié ses projets de vengeance,

On eût pu croire que, tout entier aux douceurs de la convalescence, et presque miraculeusement échappé à la mort, il ressaisissait trop voluptueusement l'existence pour la troubler par des projets de vengeance et de meurtre.

Les moines surveillaient leur malade avec une inquiète sollicitude. Ils avaient deviné avec cette pénétration qui est naturelle aux religieux que cette nature en apparence apathique et engourdie, recelait une âme énergique, passionnée et capable, dans un moment d'exaspération, de le pousser au crime.

Le supérieur, vénérable vieillard à tête chauve, à barbe blanche, mais dont la figure dodue et le vaste abdomen n'accusaient pas une vie purement contemplative, s'occupa particulièrement d'assouplir cette âme inculte, et essaya d'y faire descendre le pardon, l'oubli des offenses et la crainte de Dieu.

Fabio, docile en apparence, répondait dans ces entretiens qu'il n'en voulait à personne, qu'il pardonnait à -celui qui l'avait si cruellement maltraité, et à la perfide qui l'avait trahi et abandonné.

Sous l'influence des soins empressés dont il avait été l'objet, Fabio avait repris toute sa vigueur.

Les pères capucins, un matin, annoncèrent au convalescent que l'Esculape de l'endroit l'autorisait à sortir du couvent, ce qui voulait dire :

« Mon cher ami, vous êtes guéri, vous pouvez aller chercher pâture ailleurs; il y a assez longtemps que vou êtes ici. »

Pour les moines, comme pour les gens du monde, la charité a des limites.

Fabio remercia avec effusion ses bienfaiteurs. Il était sincère dans l'expression de ses sentiments de gratitude.

Le lendemain, après le déjeuner, il prépara ses affaires, les enveloppa dans un mouchoir de couleur, y joignit quelques provisions, consistant en vivres pour le corps, en images de saints et de saintes, en scapulaires, et en quelques livres de prières pour les besoins de l'âme. Fabio eût mieux aimé une *fiachette* de Montefiascone ou d'Orvietto. Mais les pères capucins ne sont pas prodigues de leur vin ; d'ailleurs, l'eau est saine au corps et ne trouble pas l'esprit, lui fut-il répondu par l'économe; tout ce que je puis faire, c'est de vous donner quelques racines de *fenocchio* et ma bénédiction.

Avant de partir, Fabio s'aperçut qu'il n'avait plus de souliers, et que les sandales qu'on lui avait données ne lui tenaient plus aux pieds; il en fit l'observation aux moines.

— Nous ne sommes pas fabricants de chaussures, mon frère, lui répondit le prieur, et il n'est pas absolument nécessaire d'avoir des souliers pour marcher à son salut. Va donc, mon garçon, les ronces du chemin t'ouvriront les portes du ciel.

CHAPITRE VI

Fabio chez les brigands.

Le soleil caressait amoureusement de ses premiers rayons la nature, son éternelle bien-aimée, quand Fabio sortit du couvent. Les brumes du matin en se dissipant découvraient à ses regards avides des monts, des rochers, des ravins, des vallons animés par une végétation vivace. Les oiseaux chantaient, et il semblait au jeune homme que leur gazouillement joyeux fêtait sa liberté.

Il était libre enfin, libre et fort. Pendant cette longue convalescence, sa croissance s'était terminée, et le repos et la bonne chère avaient fait le reste. En brandissant son bâton de voyage qu'il laissait retomber sur le feuillage bordant le sentier, il s'écriait :

— Ce n'est pas aujourd'hui, maître Orsino, que vous auriez si facilement raison de moi.

Puis, comme pour chasser de son souvenir cette triste

pensée, il se mettait à courir en chantant à pleine voix quelques chants d'église qu'il avait appris des moines. Puis il s'arrêtait pour respirer à pleine poitrine cet air pur dont il avait été privé si longtemps.

Les premières heures passées à courir, à chanter, à admirer ces grands bois avec la joie d'un propriétaire, inspectant après une longue absence ses domaines chéris, ses idées se firent plus nettes, et il réfléchit au parti qu'il allait prendre.

Retourner au toit paternel, il n'y pensait pas.

Comment reparaître sans Bianca, qu'il avait prématurément annoncée comme devant être prochainement sa femme, dire la cruelle vengeance du fermier? à cette idée son orgueil et sa haine se réveillaient à la fois! Tout en rêvant au parti le plus convenable qu'il aurait à suivre, il avait longtemps marché sans s'occuper de la route qu'il suivait quand la nuit le surprit. Il était au bord d'un grand bois, et il eut beau chercher dans ses souvenirs, il ne put trouver le chemin du casale, car c'était là qu'il avait résolu d'aller.

Rompu de fatigue, il s'assit au pied du premier arbre qu'il rencontra. Il n'avait encore pris aucune nourriture, il tira de son mouchoir un morceau de fromage, deux racines de *fenocchio*, du pain et une bouteille d'eau qu'il devait à la munificence des moines, et mangea de bon appétit; puis, son frugal repas achevé, il s'endormit profondément sans se préoccuper ni des brigands ni des bêtes fauves.

Le matin il fut éveillé vers quatre heures par les grelots des mulets d'un charbonnier conduisant ses marchandises à Tivoli, et qui traversait un sentier près de là. Il lui demanda le chemin de Castel-Madama, dont il entendit bientôt sonner l'angélus.

Le charbonnier lui offrit une place à côté de lui. Fabio accepta. La conversation s'engagea bientôt, et l'intendant apprit que Bianca habitait Rome avec son jeune époux. Ils sont venus une ou deux fois voir le vieux fermier, et la joie la plus pure semblait éclairer leur visage. Aussi tout le monde est content. Orsino est toujours un ours mal léché, mais enfin on le respecte à cause de sa fille.

Fabio en entendant ce récit, fit de suprêmes efforts pour contenir sa rage et refouler la colère qui grondait sourdement dans son cœur et dans son cerveau.

— Merci, l'ami, je ne vais pas plus loin, lui dit-il, et il descendit de la mule.

La façon brève avec laquelle ces paroles étaient dites ne permit pas au charbonnier de faire d'objections.

Tournant le dos à Tivoli, dont il n'était qu'à un mille, Fabio résolut d'aller tout droit demander à s'enrôler dans la bande du fameux Pierre de Calabre, qui campait alors sur les hauteurs escarpées du mont Artemisio, dont la base est enveloppée par la forêt de la Faggiola, la même où le Tasse fut arrêté, alors qu'il la traversait pour se rendre de Rome à Naples.

— La poverina, se disait-il en songeant à Bianca, a dû céder à la volonté de son vieux Satan de père.

Et alors toutes ses colères se déchaînaient contre celui-ci. Plus tard il accusait Bianca, et entraîné alors par la véhémence de sa douleur, avivée par une atroce jalousie, il englobait toute la famille dans ses projets de

vengeance et d'extermination : la fille, le gendre, le père
et il ajoutait :

— Oh ! je me vengerai !

Puis ses yeux s'illuminant tout à coup, il s'écriait :

— Et elle ! elle, l'ingrate ! s'est-elle souvenue des serments qu'elle m'avait faits? Non, elle m'a laissé. Elle a
entendu mes cris, elle a entendu les coups m'accabler,
mes os craquer, ma voix demander grâce à son assassin
de père, et elle, que j'ai tant aimée, n'est pas venue
à mon secours. Elle n'a pas même daigné intervenir par
une prière pour celui à qui elle avait juré affection éternelle. Oh! rages d'enfer ! et elle est heureuse, et elle
l'aime, et elle est à lui!... s'écriait-il en grinçant des
dents ; sois maudite ! Allons ! combien ont *pris la montagne* qui n'avaient pas d'aussi justes vengeances à satisfaire. Allons! Fabio, s'écria-t-il enfin le cœur gonflé
d'angoisse et les yeux brûlés par les larmes, le sort en
est jeté. Fais-toi brigand !

Sur les indications d'un pâtre qu'il rencontra chemin
faisant, il prit le chemin de Cisterne. Après une marche
pénible de quelques heures, il se trouvait à la base du
mont Artemisio, lorsqu'il fut arrêté par un paysan
armé.

— Halte-là ! on ne va pas plus loin ! Si tu fais un pas
en arrière, les balles de mon espingole iront se loger
dans ta cervelle.

Face à terre et fais le mort ; nous allons causer.

Fabio, à cette injonction qui ne souffrait pas de réplique, s'étendit tout de son long sur le gazon et attendit
que le brigand commençât son interrogatoire.

L'habitude des brigands italiens lorsqu'ils arrêtent les voyageurs, est de les contraindre à se coucher à plat ventre sur le sol, sec ou humide, poudreux ou bourbeux, n'importe. Dans cette situation, un homme est facile à surveiller et inhabile à se défendre.

— Qui es-tu? fit le brigand.

— Mon nom est Fabio, et je suis de Sermonetto.

— Que venais-tu faire ici à cette heure?

— Je désire parler à Pierre de Calabre.

— Que lui veux-tu?

— Je ne le dirai qu'à lui-même.

— Par le corps du Christ, si tu es un espion, tu seras réduit à l'état de chair à saucisse. Reste là, comme si tu devais y prendre racine. Si la rosée te gêne d'un côté, retourne-toi de l'autre, mais il t'est défendu de te poser sur tes pattes. Dans dix minutes je t'apporterai la réponse du commandant; si tu tiens à ta peau, ne songe pas à t'en aller.

A cette époque, les bandits, activement traqués par les détachements de l'armée napolitaine et les dragons des États pontificaux, s'étaient réfugiés dans ce groupe de montagnes, de rochers, de mamelons bouleversés auxquels on a donné le nom de mont Artemisio, vraies retraites de bandits taillées à pic, où l'on ne peut parvenir que par escalade et en s'aidant des mains aux broussailles qui s'échappent des fissures et des crevasses. Après une ascension des plus laborieuses, on arrive à une plate-forme d'un kilomètre carré de terrains incultes garnis de roches énormes et de buissons

épais. Des cavernes, naturelles ou creusées, servent d'a-
bris aux bandits qui l'habitent.

De là, part une longue crête de rochers dont les flancs
taillés à pic comme une muraille vont se souder, à sept
ou huit cents pas plus loin vers le sud-ouest, à un
autre groupe de mamelons, d'où s'élancent ces nombreux chaînons qui bordent les marais Pontins. Cette
arête est comme une chaussée suspendue entre deux
sommets de montagnes. Elle est tellement hérissée de
rocs et de broussailles, qu'il est impossible à d'autres
qu'à des hommes habitués à cette manœuvre d'y passer sans se rompre le cou. En un mot, c'est une véritable forteresse.

Le bandit reparut quelques instants après, et ordonna
à Fabio de le suivre.

— Si tu n'as pas les dents d'un sanglier, les griffes
d'un vautour et l'agilité d'un écureuil, tu ne parvien-
dras jamais là-haut, lui dit-il en montrant du doigt le
sommet d'un de ces rochers abruptes.

Fabio en voyant les difficultés qu'il fallait vaincre pour
parvenir si haut sans éprouver de vertige, recula d'effroi,
et d'un geste sembla dire je renonce à une pareille
escalade.

— Non pas, répliqua vivement le brigand, qui comprit sa pensée. Non pas, signor; quand on vient jusqu'ici, on ne recule plus. Tiens, vois-tu ce petit carré
de terrain à ta gauche?

— Oui, après.

— Remarque combien il y a de branches d'arbre en
croix piquées dessus.

— Eh bien, après.

— Quoi, après? tu ne comprends pas? Comme les hibous, tu n'y vois peut-être que la nuit. C'est le cimetière de ceux qui se sont tués soit en montant soit en descendant le chemin qui conduit à notre demeure. Pour ne pas mentir, quelques-uns de ceux qui reposent là, Dieu ait leur âme en pitié, ajouta-t-il en ôtant son feutre luisant de crasse, ayant refusé de faire cette promenade, je les ai guéris de la peur avec cette espingole.

Il vaut mieux pour toi que tu tentes l'ascension. Tu as trois chances sur vingt d'y arriver. Si je te logeais les douze balles de mon espingole dans la tête, tu n'en reviendrais pas, à moins que tu ne sois sorcier où le diable en personne.

La première pensée qui vint, à ces paroles, dans l'esprit de Fabio, ce fut d'étrangler son interlocuteur et de s'enfuir après au plus vite. Mais devant l'espingole armée, il jugea plus prudent de tenter l'escalade, et faisant contre mauvaise fortune bon cœur, il répondit au brigand :

— J'ai l'œil bon, le pied agile, la volonté ferme, ne cherchez pas à m'effrayer; en route donc pour la promenade. A vous, signor, de me montrer le chemin.

— C'est juste, mais prends garde que le pied ne te manque.

— Ne craignez rien, dit tout haut l'intendant. — Si le pied me manque, murmura-t-il tout bas, tu rouleras avec moi, gredin, car je vais t'emboiter le pas.

Et le bandit commença l'escalade en rampant pour ainsi dire le long des roches, en s'accrochant aux racines et aux branches. Chemin faisant, il racontait à son compagnon comment le dernier enterré dans le cimetière avait bondi de roches en roches et s'était empalé sur une des branches d'un gros chêne.

Fabio suivait pas à pas le brigand, bien décidé à s'accrocher à lui dès que les forces commenceraient à le trahir. Enfin, au bout d'un quart d'heure d'efforts surhumains, et couvert de sueur, les mains ensanglantées et les habits en lambeaux, il mit le pied sur la crête du rocher.

Ce chemin n'était pas le seul qui conduisît auprès des brigands. Il en existait un autre beaucoup plus facile et moins périlleux. Mais on faisait prendre celui qu'il venait de gravir à tous ceux qu'on soupçonnait d'intentions malveillantes. C'était une espèce d'épreuve.

Les bandits étaient pour la plupart réunis dans une cabane de feuillages et de fougères, adossée à un énorme sapin parasol, dont le tronc lisse et droit soutenait l'édifice circulaire. Les uns, assis par terre, jouaient aux cartes ; d'autres, couchés à plat ventre, s'amusaient aux dés ; un autre groupe, dehors, entourait un damier, où deux bandits, les plus fats de la troupe, donnaient à leurs camarades le spectacle de deux champions combattant pour l'honneur. Enfin, quatre ou cinq autres dormaient encore à moitié ensevelis sous des feuilles sèches, tandis qu'un mouton rôtissait à quelques pas plus loin sur un brasier ardent et répandait dans l'air un fumet délicieux. Dans un trou, couvert de branchages, se trouvaient de nombreuses outres, pleines de vin du pays. Une douzaine de moutons et quelques chèvres, dérobées aux troupeaux des alentours, broutaient aux buissons.

Le costume de ces messieurs ne témoignait pas en faveur d'une propreté bien sévère. Tous avaient la figure couverte d'une couche de poussière solidifiée par le temps et vernie par le soleil ; les jambes enveloppées d'une toile grossière entourée de ficelles soutenant une pièce de peau de buffle en guise de semelle ; une culotte de drap sombre, montrant la corde et rapiécée, se confondait avec une veste de la même étoffe et du même âge. Quelques-uns portaient sur l'épaule le sarrauolo traditionnel, marron foncé. Leur chapeau conique, entouré de cordons de velours noir retenus par des attaches en fer, était orné d'une énorme plume de paon sur laquelle ressortait une petite image en plomb de la Vierge.

Ces hommes, au teint fortement cuivré et hâlé, aux yeux noirs et farouches, avaient un langage heurté, entremêlé de jurons effroyables accusant l'extrême irascibilité de leur nature indomptée.

Rien ne les distinguait cependant d'un simple paysan des montagnes de la Sabine. Et n'eût été une ceinture en laine bleue ou rouge, fanée, frippée, servant de râtelier à tout un arsenal d'armes des plus meurtrières, on les eût pris pour de pauvres paysans.

Le chef, Pierre de Calabre, dont l'autorité sur ses gens était aussi absolue que celles des tzars sur leur soixante-dix millions d'esclaves, se tenait comme simple spectateur dans le groupe du damier.

Que l'on se figure un homme de moyenne taille, mais épais d'encolure et large d'épaules ; une tête énorme sur un torse de taureau. Des cheveux roux, plantureux comme un fagot d'épines, une barbe épaisse et de même couleur lui couvraient une partie du visage et ne laissaient à découvert qu'un nez énorme, bourgeonné et rugueux ; des yeux petits, fauves et durs, enfoncés dans le crâne ; des sourcils comme un paquet de joncs ; des dents aiguës et longues comme celles d'un loup ; le geste vif, la parole saccadée. Si nous ajoutons enfin que la propreté de son visage, de ses mains et de son vêtement faisait un heureux contraste avec ses compagnons, on aura le portrait exact de ce chef fameux qui fit trembler le roi de Naples.

A l'approche de Fabio, les brigands se levèrent et l'observèrent avec curiosité ; Pierre seul resta assis, accoudé sur une saillie de rocher, et son regard pénétrant, continu, chercha à lire dans l'âme du nouveau venu.

Fabio soutint avec le plus grand sang-froid l'examen du bandit.

— Que me veux-tu, aimable jeune homme? dit Pierre avec cette familiarité amicale que les brigands des Calabres et des Abruzzes allient à la plus farouche cruauté.

— Entrer à votre service pour que vous m'aidiez à me venger, répondit Fabio.

— Ah! et qu'as-tu fait pour mériter cet honneur? As-tu mis en déroute une compagnie de barbares (Autrichiens)? As-tu mis en fuite toute la séquelle du roi de Naples, et dépouillé Sa Majesté en personne? As-tu coupé la route de Rome à Naples? arrêté des officiers français? Et Pierre faisait ainsi allusion à quelques-unes de ses nombreuses prouesses.

— Je n'ai rien fait de semblable, mais je ferai mieux que tout cela, répliqua Fabio avec une énergie concentrée.

— Tu as la présomption d'un Borgia! Eh bien, parle, parle vite, et sois plus bref que le plus bref des brefs du Saint-Père, ajouta le brigand en riant de son jeu de mots.

Fabio se mit à lui raconter en quelques paroles rapides les torts que la société s'était donnés vis-à-vis de lui : il aimait une jeune fille et en était payé de retour. Il l'avait demandée en mariage, et le père, pour toute réponse, lui avait brisé les os et les membres. Il serait à cette heure dans les marmites de l'enfer si les moines de Castel-Madama ne l'avaient pas recueilli et soigné. Ce que je demande, c'est me venger. Je veux tuer le père, la fille, le gendre, et pour y parvenir, j'exterminerai, s'il le faut, la moitié de Rome !

— Excepté le Saint-Père, fit un brigand en se découvrant dévotement.

— Je ne demande pas tant, dit Pierre à Fabio. Tu jures, sur la madone, de ne jamais trahir tes camarades ?

— Quand on veut se venger, on ne songe pas à trahir.

— C'est bien, mais rappelle-toi que si tu te parjurais

un jour ou l'autre, nous te ferions avaler cela, dit-il en montrant une arme. Maintenant que te voici presque des nôtres, tu vas prendre part au repas du soir. A la première affaire, nous verrons si tu es digne d'entrer en notre compagnie. Nous ne servirons ta vengeance qu'après que tu auras fait tes preuves.

Un des brigands apporta une fiachette d'Orvietto. Pierre la prit, en but la moitié, et la passant à Fabio il lui dit : — A toi.

Fabio vida la bouteille d'un trait.

— Nous venons de boire à la même coupe, ajouta le chef de la bande. Maintenant ta main dans la mienne.

Fabio lui tendit la main.

— Quels sont tes noms ?

— Gasparo Fabio.

— Gasparo !.. C'est le nom que portait un de mes braves, tué par un chien de dragon dont le diable aura l'âme. Si tu es aussi courageux que lui, aussi rusé, aussi habile et aussi fort, ma troupe n'aura rien perdu, et les sbires, les dragons de nosseigneurs de la police auront un adversaire redoutable.

— Je ferai plus que lui et peut-être plus que...

Pierre s'aperçut de l'hésitation de Fabio, et lui dit :

— Parle sans crainte, mes oreilles savent tout entendre.

— Eh bien! je ferai peut-être plus que vous.

— Bien dit. J'aime cette présomption, elle me prouve que tu es digne de vivre avec nous.

— *On* m'a fait souffrir des tortures inouïes, je veux me venger !

— Gasparo, reprit alors d'un ton solennel Pierre de Calabre, tu feras partie dès aujourd'hui de ma troupe si tu veux jurer trois fois sur cette madone de ne jamais trahir tes compagnons, et d'exécuter sans hésitation les ordres de ton chef.

— Je le jure ! je le jure ! je le jure !...

— Bien dit, garçon ; désormais tu es des nôtres.

4.

CHAPITRE VII

L'intendant Fabio devient le brigand Gasparo. — La chanson des capucins.
— Les brigands et la madone d'Olivano.

La réception de Gasparo terminée, les bandits se ran-
gèrent autour d'une roche qui leur servait de table,
sur laquelle on apporta un mouton rôti ; chacun en prit
sa part, et deux bidons emplis du vin de la côte de
Velletri, volé dans les caves d'un des propriétaires voisins, firent le tour de la compagnie.

Pierre de Calabre avait à sa gauche une jeune femme
de vingt à vingt-deux ans, dont le visage quoique bruni
faisait un contraste heureux avec ces figures accentuées
et farouches ; Gasparo était à sa droite, et à côté de celui-ci, le second de la troupe. Gasparo remarquait avec
surprise l'amabilité et la galanterie de Pierre pour cette
femme, et sur l'observation qu'il en fit à son voisin, celui-ci lui répondit à mi-voix et avec un sourire ironique :

— C'est une charmante prisonnière, dont le capitaine

voudrait bien se faire aimer, mais ce sera chose moins facile pour lui que d'arrêter un voyageur ou de détrousser une diligence.

Gasparo remarqua bientôt que la belle Italienne lançait à son interlocuteur quelques œillades des plus expressives ; il pensa que le lieutenant pourrait bien avoir plus d'empire sur le cœur de la belle que son capitaine. Mais il était trop préoccupé de sa vengeance personnelle pour arrêter longtemps son esprit sur ces détails amoureux.

Après le repas, l'un alluma sa pipe, un autre sa cigarette, on s'étendit négligemment sur l'herbe et on causa par groupes. Les uns racontèrent des hauts faits de brigands célèbres, les autres des histoires d'amour. De temps en temps des rires bruyants éclataient ; ces messieurs ne se souciaient pas plus d'être entendus et surpris, que s'ils eussent été d'honnêtes citadins en partie de plaisir. Il va sans dire qu'à force de causer trop intimement avec les bidons, les brigands devinrent turbulents, tapageurs. Pierre dut à plusieurs reprises mettre le hola ! Un instant son autorité fut méconnue et il dut, l'espingole à la main, recourir à la menace pour faire rentrer son monde dans la modération.

— Tu es bien chatouilleux ! s'écria l'un d'eux ; est-ce parce que tu es en bonne fortune que |tu te montres si dur aux amis ?

— Silence ! dit-il en faisant entendre de grossiers jurons ; ou je fricasse au plomb la cervelle du premier qui élève la voix !

Pierre se rasssit près de la fillette et jeta un regard vainqueur sur son lieutenant, qui, malgré son désir de paraître joyeux, ne put réprimer un mouvement de jalousie. Pierre était trop vivement épris de sa prisonnière pour faire attention au dépit de son compagnon, qu'il aimait, mais dont il sentait instinctivement la rivalité. Il appela un des siens.

— Allegro !

— Maître ?

— Approche en compagnie de ta guitare.

Cet Allegro était le plus habile, le plus amusant chanteur de la troupe ; c'est pour cela qu'on lui avait donné ce sobriquet. C'était le plus singulier type qui se pût voir ; grand, efflanqué, sec comme un hareng, on l'eût pris pour Don Quichotte, d'autant qu'il affectait des allures extra-martiales, bien qu'il fût loin d'être le plus courageux de la troupe. Mais on lui pardonnait ses défauts en faveur de son talent de chanteur et de conteur amusant. En un mot, c'était le loustic de la bande, et il se tirait à merveille de ses attributions. Quand il chantait, sa figure grimaçait d'une façon si grotesque que les plus sombres se mêlaient aux rires bruyants de l'auditoire.

— *Mio padrone*, voulez-vous un chant d'amour pour la bellissima signorina ?

— Non ! je veux un chant joyeux pour ces messieurs, reprit la jeune fille.

— *Tropo felice* d'obéir à vos ordres, dit-il d'une voix qu'il fit la plus douce possible. Je vais vous chanter le vin des excellents pères capucins.

Puis il entonna d'une voix vibrante le couplet que voici et que nous traduisons, ainsi que la chanson, le plus fidèlement possible :

> Un jour, les pères capucins
> Se dirent : Buvons tous nos vins ;
> Quand le prieur, homme de tête,
> S'en vint, hélas ! troubler la fête.
> *Benignè.*

Ici le chanteur changea de ton et imita le nazillement et la voix chevrotante d'un vieillard.

En reprenant le couplet des frères, il enflait au contraire ses joues et roulait de gros yeux.

LÉ PRIEUR.

> Mes frères, à quoi pensez-vous,
> De boire ainsi comme des trous ?
> Si vous ne faites abstinence,
> Je vais vous mettre en pénitence,
> *Ad exemplar.*

LES FRÈRES.

> Mais on dit qu'autrefois, Noé
> Du jus divin s'est enivré.
> De celui qui planta la vigne,
> Suivre l'exemple est chose digne,
> *Nunc responde.*

LE PRIEUR.

> Mais Noé, quand il s'enivra
> Avec le raisin qu'il planta,
> N'en savait pas la force exquise,
> Et sa faute lui fut remise,
> *Et subito.*

LES FRÈRES.

Les révérends Bénédictins,
Nos frères, les Dominicains,
Et toute la gent monacaille,
Buvaient sec et faisaient ripaille.
        Oh ! quid dicis ?

LE PRIEUR, en colère.

Oh ! la sotte comparaison !
Ils en buvaient avec raison.
Pour rougir vos affreuses trognes,
Vous buvez comme des ivrognes
        Nunc et semper.

LES FRÈRES.

Prieur, seriez-vous donc fâché ?
Boire un peu trop, est-ce un péché ?
Quand plus d'un moine, sans dispense,
De bon vin se remplit la panse,
        Perjucundè.

LE PRIEUR, calmé.

Je vois que je vous prêche en vain ;
Au moins, est-il bon, votre vin ?
Voyons. — Je sens la soif qui ronge
Mon gosier sec comme une éponge
        Sic bibamus.

LES FRÈRES.

Pour trinquer avec le prieur,
Qu'on nous verse à tous du meilleur :
Vin blanc ou vin rouge, qu'importe ;
Si c'est du bon, qu'on nous l'apporte !
        Potabimus.

LE PRIEUR, d'une voix chevrotante.

J'accepte encore un ou deux coups,
Puis aux cellules rentrons tous.
Le jurez-vous au moins, mes frères ?

LES FRÈRES.

Oui.

LE PRIEUR.

Sur quoi ?

LES FRÈRES.

Sur nos verres !

LE PRIEUR.

Ingurgite.

Hélas ! tant de coups furent bus,
Que tout en maudissant l'abus
Du vin qu'ils trouvaient délectable,
Le prieur roula sous la table,
Crapulentus.

Les brigands trouvaient eux aussi le vin excellent, et depuis deux heures ils avaient bu tant de coups qu'ils étaient dans un état voisin de l'ivresse, et que plusieurs, comme le prieur, ronflaient au pied de la roche. Ceux qui avaient encore un reste de raison applaudirent Allegro et le prièrent de leur raconter une histoire comique.

— Attention, messieurs, dit Allegro.

— Comment veux-tu qu'ils t'écoutent ? reprit Pierre de Calabre, ils sont pire que tes capucins.

De ce que les Italiens ont la réputation d'être sobres, et qu'en voyage ils boivent autant d'eau que leurs bêtes, on aurait tort de croire qu'ils ont pour le vin le même mépris que les Musulmans. Quand le vin ne leur coûte rien ils en boivent des quantités effrayantes. La terre, après les chaleurs de la canicule, n'a pas une propriété plus absorbante. Le mauvais vin, disent-ils, vaut toujours bien de l'eau bénite. Aussi, à la campagne, la plupart des vols par effraction, la nuit, n'ont-ils d'autre but que de voler du vin. L'Italien voleur a toujours le palais en feu. Sa nourriture de mortadelle, de preschiutto épicé lui enflamme le gosier.

Allegro, au lieu d'un conte, répéta, pour être agréable à Pierre, les derniers couplets de la chanson, et bientôt le chanteur resta avec une vingtaine de bandits qui ronflaient comme des trompettes et qui n'avaient pas voulu, par politesse, laisser seuls les chefs de la bande.

Pendant que Allegro chantait sur un air grotesque sa chanson des capucins, qui avait beaucoup diverti la jeune fille et Pierre de Calabre, Gasparo s'était tenu à l'écart, plongé dans de sombres réflexions. Il se faisait en cet homme un combat terrible. Il venait de s'aboucher avec des bandits couverts de sang et de crimes pour se faire aider dans sa vengeance. Mais cette vengeance accomplie, il comprenait pour la première fois qu'il lui serait désormais impossible de les quitter, et que fatalement il devait vivre de leur vie. Il sentait tout l'odieux de sa position, et se demandait s'il devait persister dans ses projets.

— Ah bah! se dit-il en lui-même, accompagnant sa pensée par un geste énergique du bras, ah bah! Le sort en est jeté. J'y suis, j'y resterai. Voilà à quoi m'aura réduit une affection profonde pour une femme indigne et coquette. Que mes crimes retombent sur sa tête.

Pierre n'avait pas complétement oublié près de sa belle la surveillance active qui lui avait mérité le commandement, aussi s'était-il aperçu de la tristesse et de l'air rêveur de son nouvel acolyte. Devinant le sujet de sa tristesse, il s'approcha et dit en lui frappant sur l'épaule :

— A quoi penses-tu, Gasparo?

— A ma vengeance, répliqua celui-ci en se levant avec précipitation. L'heure approche et j'ai hâte d'en finir avec mon homme. Je connais les affaires de mon ancien patron Orsino, ses échéances des fermages, et je songe qu'en exécutant dès ce soir mes projets, vous aurez la chance de mettre la main sur ses sacs de scudi.

— Il est donc riche et avare le bonhomme?

— Comme un cardinal.

— Combien te faut-il de compagnons?

— Cinq! Pendant que je me chargerai du vieux fermier, vos hommes fouilleront les caisses et les tiroirs.

— Mais qui donc est si riche dans les environs, à Castel-Madama?

— Ce n'est pas à Castel-Madama, mais au casale d'Olivano.

— A Olivano! s'écria Pierre stupéfait et regardant

Gasparo comme pour s'assurer s'il avait bien toute sa raison.

— Eh bien! qu'avez-vous à me regarder avec ces yeux étonnés?

— Ce que j'ai, misérable! ce que j'ai... c'est que tu es un traître ou un idiot, hurla Pierre d'une voix terrible.

— Pourquoi donc? répliqua Fabio, étonné de la colère soudaine du bandit.

— Cette jeune fille dont tu parlais, c'est la madone d'Olivaro.

— Elle-même!

— Une sainte! la poverina! Et tu veux l'égorger... assassiner son père, hurla le brigand, dont les yeux lançaient des éclairs de fureur. Et tu viens ici me proposer de t'aider à commettre un crime abominable... scélérat!... Ah! tu veux porter une main sacrilége sur une créature que nous vénérons à l'égale de la vraie madone, *santa mia stella!* Tu veux, *per Baccho*, que nous t'aidions à exterminer sa famille, à brûler sa maison! vociféra le brigand.

Puis, appelant ses compagnons, il leur dit :

— Eh! vous autres, savez-vous ce que cet oiseau-là me propose de faire? de tuer la madone d'Olivaro, ni plus ni moins.

— La madone d'Olivaro! firent les brigands en se reculant avec terreur et comme si la foudre fût tombée au milieu d'eux.

— Il faut le clouer sur une planche comme une chauve-souris, dit l'un.

— Nous allons le lapider, répartit un autre.

— Si nous le mettions en broche à la place du mouton? riposta un troisième; nous le ferions griller comme saint Laurent.

— Étrangler son vieux brigand de père, un sorcier, passe encore, exclama Pierre; il s'est enrichi à faire l'usure. Mais elle! la poverina! la madone des madones! une sainte que le Saint-Père devrait canoniser vivante comme sainte Rose de Viterbe. Tu mérites la mort et tu vas la recevoir de ma main... Qu'en pensez-vous, vous autres ?

— J'aurais mieux fait, pensa Gasparo, d'exécuter moi-même mes projets sans recourir à personne. Comment sortir du guêpier où je me suis si niaisement fourré?

Il se faisait cette question pour la vingtième fois au moins, lorsque Pierre, impatienté de son silence, lui dit rudement :

— Ta langue de vipère est-elle paralysée ? nous entends-tu, triple traître?

— J'ai bien entendu, répliqua ce dernier d'une voix brève et ironique : ces messieurs ont des scrupules.

— Tu railles, misérable !

— Je m'en garderais bien. D'ailleurs je n'ai pas envie de rire, et ne suis pas venu au milieu de vous pour cela; mais j'admire la manière dont vous procédez à un jugement; vous me condamnez sur une présomption; vous rejetez ma proposition, mon idée, et cela avant de m'avoir entendu. Tenez, vous n'êtes tous que des crétins !

A cette apostrophe grossière, tous les brigands se regardèrent les uns les autres, stupéfaits de l'audace de Gasparo.

— C'est juste, dit Pierre après un moment de silence ; parle, nous t'écouterons.

Désappointé de l'accueil que l'on venait de faire à ses propositions, Gasparo ne sut d'abord que répondre. Conduit au milieu des bandits par un sentiment de haine atroce, il avait cru trouver en eux des instruments dociles, des auxiliaires toujours disposés à faire un mauvais coup. Au contraire, ses projets tournaient contre lui. A la figure de ses compagnons et aux sentiments qui les animaient il vit qu'il était un homme perdu s'il ne détruisait le prestige qu'avaient fait à Bianca sa charité et son caractère. Il avait oublié cela dans son aveugle colère, et il sentait bien qu'avoir médité la perte de la famille de Bianca, le pillage de sa maison, sa mort enfin, était aux yeux des bandits un crime irrémissible. Il maudit l'instant où la pensée lui était venue de se faire brigand et de chercher des aides pour se venger.

— Il mérite d'être écorché vif ou empalé comme un mécréant qu'il est, s'écrièrent plusieurs brigands.

— Pardon, signor Pierre, reprit résolûment Gasparo en appuyant sur les mots. Je songeais à la proposition que faisaient tout à l'heure ces messieurs. Je me demandais ce qui pouvait être le plus agréable ou d'être empalé ou d'être écorché.

— Parle, explique-toi, mais sois bref, répartit le

chef des brigands, que ces paroles ironiques apaisèrent un peu.

— Vous savez déjà mon histoire avec Bianca, sa coquetterie, sa trahison. Je jure par tous les saints du paradis que je l'ai respectée comme une sainte. Elle a été parjure, cette madone, dit-il avec ironie.

Ce que les brigands italiens pardonnent le moins dans une femme, c'est le parjure. Presque tous ont dû prendre la montagne à la suite d'un crime analogue à celui que l'intendant méditait d'accomplir. La bande de Pierre, après ce discours, manifesta des intentions un peu moins hostiles.

— Tu parles comme saint Jean, en vérité *Bouche-d'Or*, répartit Pierre de Calabre. Elle t'a laissé rouer de coups et elle a été parjure, ces deux choses sont admises comme circonstances atténuantes et te vaudront des indulgences au tribunal de Satan.

— Parjure! passe encore, reprit Gasparo, quelle est la femme qui ne l'est pas? si ce n'est de fait, du moins d'intention; mais me préférer un autre parce qu'il est riche, et me repousser parce que je suis pauvre... c'est une action infâme!

— Il a raison! dirent quelques brigands.

Pierre fit un signe de tête affirmatif.

— Si je ne savais pas la madone d'Olivano, que vous respectez comme une sainte, aussi ingrate envers vous qu'envers moi, me croyez-vous assez stupide pour venir ici? Quand vous saurez la vérité, je vous permettrai de m'accommoder à n'importe quelle sauce.

Oui, vous êtes des niais. Vous protégez une femme que j'ai entendue vingt fois faire le souhait de vous voir tous pendus et expédiés pour l'autre monde.

— La vipère ! s'écrièrent quelques bandits.

— Vous respectiez la maison, les richesses de son père, qui souhaitait à chaque heure du jour de vous voir mettre en chapelle. Vous respectiez ce cousin, un avocat qui vingt fois souhaita devant moi de vous voir entre les mains des sbires ; de vous voir amener à Rome pour y être jugés à mort ; de voir vos têtes grimacer dans les cages de fer de la piazza de Cisterne, et devenir la pâture des corbeaux et des pies.

— Horreur ! s'écrièrent quelques bandits.

— Ils espèrent cela ! rugit Pierre dont la figure blémissait de colère. Compte sur nous, garçon, nous t'aiderons. Mais quel est donc ce freluquet de cousin qui voudrait voir nos têtes données en pâture aux corbeaux comme on fit de celles du Meschino et de ses infortunés compagnons ?

— C'est un cousin du général Manhès.

Le général Manhès était la terreur des brigands.

Gasparo avait habilement ménagé sa péroraison en prononçant le nom de ce général si redouté des bandits, il n'avait qu'un but : d'exaspérer Pierre de Calabre, car il mentait en disant Ulysse Galeyra cousin de Manhès.

A ce nom qui tombait comme la foudre au milieu de la bande, Pierre se leva précipitamment, prit la main de Gasparo et lui dit en jurant :

— Nous t'abandonnons le gendre, le père, et cette

madone du diable, toute la maison ; tue tout, brûle tout.
Tu peux compter sur nous, nous t'aiderons. Vistrijelli
et Colpalocchio te suivront avec six hommes. Et si tu ne
parviens pas à saisir cet avocat de l'enfer, j'irai à Rome
l'enlever pour me donner le plaisir de le pendre à l'une
des hauteurs de Cisterne où il souhaitait de voir ma tête
et celle de mes compagnons.

Tous les brigands applaudirent à l'intention de leur
chef ; et il fut décidé que le lendemain soir on descen-
drait vers le casale et que l'on y ferait un auto-da-fé de
toute la famille d'Orsino.

CHAPITRE VIII

Pierre de Calabre.

A vingt ans, Pierre était renommé à Sorrento par sa force prodigieuse, son caractère irascible et indomptable. Il vivait là, tranquille, avec son père et sa mère ; une petite vigne, un champ d'oliviers et quelques lopins de terre composaient toute leur fortune. Le père, né dans les Calabres, avait reçu le surnom de Calabrais, que son fils devait plus tard rendre si tristement célèbre.

Pierre était un garçon de belle venue, mais d'un physique peu agréable. Sa grosse tête couverte d'un chevelure plantureuse, sa figure osseuse où naissait déjà une barbe rousse, un nez accentué et des yeux assez petits, profondément encaissés dans leur orbite, des dents fortes mais blanches, tout en lui accusait une énergie peu commune. Ses membres bien développés et musculeux accusaient une force prodigieuse.

Ce grand garçon, redouté de tous, était cependant dominé par une jeune fille, presque une enfant encore, et devant laquelle il tremblait comme la feuille. Cette belle jeune fille, Rosina, la blanchisseuse, la compagne de ses jeux d'enfance, sa petite voisine comme il l'appelait, s'en faisait obéir sans réplique. Ces deux enfants s'aimaient, et jusqu'alors les parents de l'un et de l'autre n'avaient vu dans cette liaison, née du voisinage où ils avaient toujours vécu, qu'un sentiment d'amitié.

Mais le jeune homme sentait depuis quelque temps l'amour naître en lui, et il s'efforçait de le faire partager à la jeune fille.

Fière de son autorité sur Pierre, Rosina en abusait quelquefois pour le retenir auprès d'elle, les jours de fête, à la messe, à vêpres, à la promenade. Elle jouait avec le pouvoir qu'elle exerçait sur lui. Elle n'obéissait pas à un sentiment de coquetterie, mais au sentiment de fierté qu'éprouve toute femme en domptant une nature indocile et puissante. Les femmes, d'ailleurs, aiment surtout le courage et l'énergie, dans l'homme auquel elles donnent leur amour. Il faut le dire à leur avantage, les Italiennes sont dénuées de tout sentiment de coquetterie. Du jour où elles sont sérieusement éprises d'un homme, elles sont exclusivement à lui de cœur. Aussi, en ce pays, l'amour va-t-il bon train.

Pierre aimait éperdûment Rosina, et celle-ci avait foi en lui, une foi aveugle. Il arriva que, malgré la surveillance la plus active de la mère de Rosina, les deux jeunes gens eurent des entrevues plus fréquentes à

5.

l'insu de leurs parents. Leurs relations devinrent plus intimes.

Le père de Pierre n'aurait jamais consenti au mariage de son fils avec une jeune fille sans fortune; aussi les jeunes gens cachaient-ils leurs amours le mieux qu'ils le pouvaient.

Mais un soir, Rosina dit à Pierre, en pleurant, que M. le curé était entré chez sa mère, et que s'étant prudemment retirée dans une pièce voisine, elle avait tout entendu. Le curé venait prévenir sa mère de ce que tous deux croyaient être un secret.

Pierre alla de suite chez ce dernier et le menaça de sa colère, s'il disait un mot.

— Je suis bien aise de vous voir, jeune homme, dit le moine. J'allais chez vous, pour vous apprendre que monseigneur l'évêque veut que vous répariez votre faute; et de ce pas je vais chez votre père.

Et le curé sortit en effet, se rendit chez le Calabrais, auquel il se plaignit du scandale que donnait son fils à la ville de Sorrento.

Le Calabrais appela Pierre et lui frotta les épaules avec un rotin.

Le même soir, on trouva le curé, la gorge clouée sur le parquet de sa chambre, avec un long couteau de boucher.

Ces mots étaient tracés en gros caractères sur un papier posé en forme d'écriteau sur le corps de la victime:

« Ne vous mêlez point des affaires d'autrui. »

Pierre après son crime s'enfuit dans la montagne avec Rosita et se fit bandit.

En ce temps-là les bandes s'organisaient avec une incroyable facilité. Le gouvernement napolitain avait autre chose à faire que de les poursuivre. Il avait sur les bras une guerre redoutable avec les héros sans culottes et sans souliers de la République Française qui venaient d'entrer en Italie. Déjà ils étaient maîtres du Piémont, de Milan, de Venise, de la Toscane et de Rome, et l'avant-garde de l'armée de Championnet campait aux environs de Capoue. Les Bourbons de Naples avaient épuisé leur trésor en fêtes et en orgies; il ne leur restait plus un ducat pour solder leur armée. En face de deux ennemis également redoutables, le roi de Naples composa avec les brigands, les prit à sa solde, et les organisa en bandes de guérillas qui harcelèrent les détachements de l'armée républicaine pendant la campagne et l'occupation.

Toutes ces bandes de la Calabre s'étaient formées sous les auspices du cardinal Ruffo, et composaient ce que les Italiens ont appelé la *Compagnie de la foi.* Chacune d'elles avait son chef qui agissait isolément ou de concert avec les autres, selon ses intérêts. L'une était commandée par le fameux Rodio, l'autre par Roccaromano, celle-ci par Sciarpa, celle-là par Pronio, d'autres par Nunziante, Salomon, Michel Pezza (Fra Diavolo), et Pierre de Calabre qui, un an après avoir pris la montagne, avait été nommé chef. Ces bandes tinrent la Péninsule en feu, combattant tantôt l'armée française, tantôt harcelant les populations, détruisant les propriétés, sans but politique, dit un historien contemporain, se nourrissant de rapines, et se livrant à d'incessantes fureurs.

Ces bandits, que le Bourbon de Naples avait enrôlés sous ses bannières, inquiétèrent l'armée de la République, pillèrent ses convois et entravèrent plus d'une fois leur marche. Masséna, lors de son entrée en Calabre, vit, avant d'avoir fait la moitié du chemin, tuer une bonne partie de ses soldats par des brigands embusqués derrière des rochers inaccessibles. Le sol de cette partie de l'Italie, partout hérissé de difficultés et d'accidents, offrait à ces bandes des refuges inexpugnables où il était impossible de les poursuivre.

La Compagnie de la foi, conduite par ces chefs, poussa l'audace jusqu'à projeter d'enlever Rome, alors au pouvoir des Français. Le général Garnier vint au devant d'elle, la rencontra au bas de la côte d'Albano, la battit à plate couture et ne fit point de quartier. Après cette dure leçon, chacun de ces chefs se jeta dans les montagnes et agit pour son propre compte.

Pierre retourna en Calabre et devint la terreur du pays. Son caractère était plus féroce, encore depuis la mort de Rosina: doué d'une force gigantesque, il *travailla* seul d'abord, dépouilla les voyageurs, rançonna les bourgs, les villages et quelquefois les villes.

Puis il organisa une bande, d'abord de dix hommes choisis parmi les plus intrépides bandits, et, avec cette poignée de brigands, il tint plus d'une fois tête à des détachements envoyés contre lui par Murat. Dans une de ces rencontres, le général Decamps fut tué. Pierre s'empara de son uniforme et de ses armes, s'en revêtit, et se montra partout habillé en général. Bientôt son audace ne connut plus de bornes. Un jour il fit dire au roi de Naples, Murat, de lui envoyer d'autres généraux pour renouveler ses habits. Il mit le siége devant Potenza et ordonna aux paysans des alentours d'avoir à lui payer, dans les quarante-huit heures, une contribution assez considérable, que sinon il pillerait et incendierait le pays.

La Péninsule italique était littéralement livrée au pillage et à la merci des brigands. Un tel état de chose ne pouvait continuer plus longtemps. Le gouvernement napolitain dut, pour exterminer ces bandes, investir des pouvoirs les plus étendus, d'une sorte de dictature le général Manhès qui, par la farouche énergie de son caractère, fut jugé digne d'une telle mission. Il n'y alla pas de main morte, et un seul exemple suffira pour montrer avec quelle rigueur terrible il procéda à la destruction des bandits.

Benincasa, l'un des chefs de la Compagnie de la foi, fut le premier qui tomba entre les mains de Manhès ; on l'amena lié et garotté à Cosenza. Là, le général napolitain lui fit publiquement couper les poignets ; on lui pansa les moignons et on le conduisit à pied, les deux membres mutilés suspendus à son cou, jusqu'à San-Giovanni in Fiore, son pays natal, où il mourut bientôt après, admiré de ses concitoyens, par sa brutale intrépidité. Pendant l'opération il n'avait ni poussé un cri, ni articulé une plainte.

Traqué par le général Manhès, Pierre se retira dans les forêts de Nicastro : Manhès l'y suivit sans relâche et extermina un à un les neuf dixièmes de sa bande. Il ne restait plus à celui-ci qu'une femme et cinq bandits dévoués. Malgré sa ruse, sa prudence et sa pénétration, il tomba dans un piége où il perdit le reste de ses compagnons. Poursuivi à outrance et resté seul, il fut atteint à la cuisse par plusieurs balles; il résista avec toute l'énergie d'un lion blessé. Appuyé sur un tronc d'arbre il se défendit comme une bête féroce, et la terreur qu'il inspirait éloigna les assaillants. Bientôt après il tomba d'épuisement; on le crut mort, on s'avança pour le fouiller, Pierre, se relevant d'un seul bond, tua deux soldats de deux coups de feu et poignarda le troisième. Les autres s'enfuirent et Pierre profita des ombres de la nuit pour se cacher chez des amis qu'il avait dans le cœur du pays. Après sa guérison, il passa dans la Sabine et y réorganisa une bande nouvelle avec laquelle il exploita les marais Pontins pendant plusieurs années. Bientôt les populations de ces contrées apprirent qu'elles avaient un maître. — Je vous protégerai, disait-il, contre les collecteurs du Saint-Père, mais gare à celui qui me trahirait, sa vie est là, dans mon espingole, où qu'il se cache je l'atteindrai moi ou l'un des miens. En échange de cette discrétion et de ce silence inspirés par la crainte, Pierre leur rendait des services. L'un ne pouvait pas payer l'impôt, le collecteur était prié de passer devant sa porte sans s'y arrêter. L'autre, avait un démêlé avec la justice locale, aussitôt le juge et les procureurs étaient sommés de le rendre à la liberté, attendu que maître Pierre le trouvait innocent. A celui-ci il donnait de l'argent, à celui-là autre chose dont il avait besoin. En un mot, il régnait sur ces localités. La bande manquait-elle de pain, vite les paysans en cuisaient et le lui portaient, certains d'avance d'être payés.

Chaque paysan était en quelque sorte une sentinelle faisant bonne garde, instruisant Pierre de ce qui se passait, de ce qui se disait, soit dans le pays, soit à Rome même.

C'est par ces moyens qu'il apprenait que telle et telle famille devaient passer par les marais Pontins, et qu'il se préparait à les dévaliser.

Pierre de Calabre, depuis plusieurs années, vivait comme un seigneur féodal, au milieu de ses vassaux, usant toutefois de son autorité avec assez de modération, repoussant l'assassinat et n'y ayant plus recours qu'à la dernière extrémité, pour sauver sa tête. Les voyageurs, certains d'avance d'être dévalisés en passant par les marais Pontins, composaient avec le brigand, et moyennant une somme peu importante, recevaient l'assurance de n'être pas inquiétés, et il leur donnait le signal dont ils devaient faire usage en chemin, signal toujours respecté. Il semblait que Pierre dût s'éterniser dans les montagnes et que le gouvernement papal, impuissant à le réduire et à le prendre, eût pris le parti de le laisser mourir en paix.

Bon nombre d'officiers français, lors du gouvernement de Murat, furent arrêtés par Pierre de Calabre, dépouillés toujours, et quelquefois égorgés, selon la bonne ou méchante humeur du chef. Paul-Louis Courier, entre autres, fut plus d'une fois dévalisé, « heureux, dit-il, dans une de ses lettres, quand on lui laissait ses bottes. » Ce qui ne lui arriva qu'une seule fois sur six, parce qu'il avait plu toute la nuit et que c'était un dimanche.

— Je ne veux pas, lui dit Pierre, que vous gagniez un rhume par ma faute, le jour consacré à fêter le Seigneur !

Mais Pierre avait un ennemi qui ne le perdait pas de vue. Pour mieux l'endormir dans une parfaite sécurité, cet ennemi paraissait l'avoir oublié. D'ailleurs, Pierre était sur les États Romains et n'avait, pensait-il, rien à redouter des entreprises du général Manhès. Celui-ci ne s'endormait pas, cependant ; il s'était juré de l'avoir mort ou vif. Tout vient à point à qui sait attendre, se disait-il.

Le général Manhès connaissait les faiblesses du brigand ; il avait le cœur sensible, et quand il crut le moment venu, il lança à travers les marais Pontins une jeune fille de *Procida*, petite île à l'entrée du golfe de Naples, renommée par la beauté remarquable de ses femmes. Moyennant promesse d'argent, dont moitié, mille ducats, furent comptés d'avance à sa famille, elle consentit à remplir le rôle qu'on lui proposait. A peine âgée de vingt-deux ans, elle était d'une énergie et d'une astuce fort rares. Sa mission était de se faire prendre par les brigands et de jeter, par la jalousie, la diversion entre le chef et les lieutenants.

Elle quitta Naples et s'achemina vers Terracine. Comme elle traversait seule sur une mule les marais Pontins, elle fut accostée par un homme, qu'à son costume elle jugea être un contadino. Cet homme portait sa veste sur l'épaule et un bâton à la main.

— Eh ! bonjour, signorina bellissima.

— Bonjour, signor.

— Où allez-vous ainsi seulette ?

— Je vais à Rome implorer du Saint-Père la grâce d'un frère qu'on a mis en prison pour une peccadille.

— Je vais aussi à Rome ; je suis fatigué, je me reposais-là. J'ai les jambes qui me rentrent dans les épaules, et si vous êtes aussi charitable que vous êtes belle, vous me laisserez prendre une place sur la croupe de votre bête.

— Oh ! volontiers, répliqua la jeune fille ; mais à une condition.

— Laquelle ?

— C'est de ne pas me débiter des fadaises le long du chemin. Vous me paraissez avoir la langue vraiment bien déliée, vous êtes jeune encore... et les hommes sont si faux ! dit-elle en lançant sur son compagnon une œillade provocante qui troubla quelque peu le voyageur.

— Convenu ; mais j'y mets à mon tour une condition.

— Parlez.

— C'est que vous ne me regarderez plus de cette manière. Vos yeux sont aussi ardents que la fournaise du Vésuve, et à moins d'être né avec un caillou près de l'estomac...

— Je vois que j'ai eu tort de vous écouter. Mais c'est égal ; montez, mais rappelez-vous qu'à la moindre licence, je vous coudrai votre habit dans les côtes avec cette aiguille.

Et elle lui montra un stylet d'acier fin.

— Vous êtes une fière femme, vraiment, et si jamais je me convertis au mariage, je souhaite d'en trouver une telle que vous. Elle saurait défendre son honneur et le mien par-dessus le marché.

— Je suis de Procida, où jamais ni fille ni femme n'ont failli !

Le contadino s'élança sur la croupe de la mule, qui, se sentant un surcroît de charge sur l'épine dorsale, fit quelques difficultés pour se remettre en route.

— Holà ! ma roussette, dit la jeune fille, ne fais pas attention. Il est vrai que mon compagnon n'est pas léger comme l'Amour ; mais bah ! le chemin et le temps sont beaux, et je doublerai ta ration à la prochaine étape. Vous tenez-vous bien, signor ?

— Je serais plus solide encore si mon bras pouvait enlacer votre fine taille.

— Prenez garde aux aiguilles !

— Allons, je suis sage et je me tiens à la selle.

L'homme et la jeune fille allèrent ainsi pendant une heure, parlant de choses et d'autres, puis enfin des brigands qui pourraient bien les arrêter.

— Pour échapper à ces gredins, si nous passions par la traverse, ils nous prendraient pour des gens du voisinage et nous laisseraient aller en paix.

— Connaissez-vous le chemin ?

— Comme si je l'avais fait.

— Eh bien, conduisez-moi, je me fie à vous.

Et ce disant, la jeune fille jeta rapidement un coup d'œil sur le contadino et soupçonna aussitôt qu'elle avait affaire à un des bandits de Pierre, peut-être à lui-même.

Pourtant, se disait-elle, on me l'a dépeint fort laid, et celui-ci est assez joli garçon. N'importe. Je suis en bon train. Je gagnerai mes deux mille ducats et j'aurai aidé à exterminer un tas de gredins.

Après une heure et demie de marche à travers les broussailles et les joncs, on arriva à un sentier ouvert dans les flancs escarpés de la montagne. Là, la jeune fille descendit de selle pour alléger sa bête, et fit le reste du chemin à pied, à côté de son compagnon qui tenait passé dans son bras la bride de la mule. Au bout d'une demi-heure, et au détour d'un bouquet de bois épais et fourré couronnant un talus très-élevé, ils se trouvèrent tout à coup devant une masure à la porte de laquelle jouaient deux petits enfants, et où des poules picotaient quelques poignées de grains qu'on venait de leur jeter. Au bruit du pas du cheval, une vieille femme sortit de l'intérieur et s'écria en voyant le contadino.

— Tiens ! c'est toi, Peppo.

— Oui la mère, nous venons nous reposer chez vous un moment. Servez-nous pour la signora d'abord, du lait et du pain tendre si vous en avez, et une fiachette accompagnée d'une bille de fromage pour moi. Après vous songerez à la mule.

La vieille femme rentra, apprêta sur une table noire et graisseuse les objets qu'on lui avait demandés, et les nouveaux venus déjeunèrent de bon appétit.

A peine avaient-ils fini, que la pièce fut envahie aussitôt par une dizaine d'hommes à figures sinistres.

— Que fais-tu ici, fils de malheur ? s'écria brutalement l'un d'eux.

— Vous le voyez, commandant, répliqua le compagnon de la Procidane, je tiens compagnie à la signora.

— Qui est-elle, d'où vient-elle, que fait-elle ici, qui l'y a amenée ?

— Elle vient de Naples, elle va à Rome, et c'est moi qui l'ai conduite par ici.

—J'avais défendu qu'on arrêtât les femmes; et sa voix devint terrible.

— Calmez-vous, signor, répliqua la jeune fille, monsieur ne m'a pas fait violence; il s'est fait mon guide et je l'ai suivi, parce que je le croyais un honnête citadin. Il paraît que je me suis trompée, et que je suis tombée parmi les gens de Pierre de Calabre, que l'enfer réclame.

— Que t'a fait Pierre pour que tu lui souhaites cette gentillesse ? dit-il d'un ton plus radouci.

— N'est-ce donc pas assez de me voir au milieu de gens de votre espèce? faudrait-il que je fusse prête d'être égorgée pour vous souhaiter toutes les malédictions? — Si vous avez jamais eu gros comme l'épaisseur d'un cheveu de respect pour une femme, reconduisez-moi sur la route, car j'ai hâte d'aller à Rome. J'ai été détournée de mon chemin par cet homme... Et si Pierre l'apprenait...

— Ta, ta, ta, la belle, Pierre, c'est moi, — Et pour te remettre en ton chemin, bonsoir. — Quand je trouve un ducat sur la grande route, je le prends et je le garde, sans m'inquiéter de son propriétaire. Aujourd'hui, je rencontre une perle et je m'en empare.

— Vous voudriez me faire violence !... vous seriez un lâche... s'écria-t-elle en tirant son poignard.

— Allons, pas de gros mots, poulette. Je suis veuf. La Providence te conduit sur mon chemin, je te prends pour épouse. Le curé de la paroisse sera mandé ce soir et nous unira. Nous ferons des noces splendides... à la face du firmament ; les étoiles nous serviront de témoins.

La jeune fille, soutenue jusqu'ici par une énergie de fer, se sentit faiblir à ces paroles railleuses. Elle comprit que la mission dont elle s'était chargée n'était pas sans périls de toutes sortes. Décidée à tenir tête à l'orage, elle s'approcha du brigand et lui dit :

— Signor Pierre, ce que vous dites là n'est pas sérieux.

— *Per el sangue del Christo,* cela est très-sérieux.

— Mais ce serait démentir toute votre vie chevaleresque à l'égard des femmes. Puis j'ai un fiancé que j'aime ; et, en vérité, si j'avais le choix, je préférerais mon guide, dit-elle en montrant son compagnon de route.

— Ton guide, c'est mon lieutenant.

— Que m'importe ! il est jeune et vous êtes... et elle lança au jeune homme une œillade qui le fit frissonner de la tête aux pieds.

La jalousie venait d'entrer dans le cœur de Pierre. La jeune fille s'en aperçut et ajouta :

— Il est naturel que la jeunesse aime la jeunesse.

— Allons ! en route, répliqua durement Pierre. Vous, signora, vous ne pouvez plus nous quitter. Si je vous laissais aller, vous bavarderiez. Vous vivrez parmi nous comme vous l'entendrez. et pour vous mettre dans l'impossibilité de fuir, nous allons dès ce soir manger votre mule. Avec ce qui en restera, nous ferons des saucissons de Bologne, dit-il en riant de sa plaisanterie.

Et la nouvelle Judith dut suivre son Holopherne dans les montagnes des marais Pontins.

Pendant une semaine, la jeune Procidane désespérait Pierre un jour, et le lieutenant l'autre. Ces deux hommes se défiaient l'un de l'autre, et il eût fallu peu de chose pour amener une rixe sanglante. Cela ne faisait pas le compte de la jeune fille ; elle voulait livrer Pierre vivant.

La Procidane en était là de sa périlleuse entreprise, lorsque Fabio fut acclamé comme membre de la bande de Pierre, sous le nom de Gasparo.

CHAPITRE IX

Une visite au casale d'Orsino. — Un artiste allemand. — Pierre de
Calabre et la belle Procidane.

Le lendemain de la réception de Gasparo, jour fixé
pour l'expédition contre la famille d'Olivano, le temps,
qui s'était montré radieux jusqu'à deux heures de l'a-
près-midi, s'assombrit tout à coup. Le tonnerre grondait dans le lointain. L'état du ciel annonçait l'orage
pour le soir. Soit que l'atmosphère, chargée d'électri-
cité, eût influé sur le tempérament excessivement nerveux de Gasparo, soit que son esprit se fût alourdi et sa
volonté amollie, au moment de partir il hésitait, paraissait inquiet, agité. Les brigands s'aperçurent qu'il chan-
celait dans ses résolutions. Sur l'ordre de Pierre un
homme descendit dans la *cave* et en rapporta une demi-
douzaines de bouteille d'orvietto et de montefiascone ;
au bout d'un quart d'heure le futur bandit avait retrou-
vé toute son audace ; l'orvietto lui avait rendu tout son

courage et le montefiascone avait dissipé ses remords.

Les bandits ne voulaient pas laisser échapper une si belle occasion, aussi le pressèrent-ils de se mettre en route.

Il faisait nuit, le ciel charriait d'énormes nuages noirs et gris, derrière lesquels la lune disparaissait à chaque instant. Les éclairs se rapprochaient et le vent commençait à siffler : l'heure était propice à une expédition de la nature de celle que les brigands entreprenaient. Quand on approcha du chemin descendant au casale et qu'on aperçut les silhouettes grises des murs de la ferme d'O-livaro se détacher dans l'obscurité, l'intendant sentit son courage faiblir encore une fois, et sa loquacité fit place à des paroles lentes, coupées par un léger tremblement convulsif, puis enfin, il se tut et se prit à réfléchir :

— Si ce sacripant de père est là, se disait-il, il est fort comme un bœuf. Et il se rappelait le jour de la noce et l'infirmerie du couvent.

— Tu trembles, je crois? fit un bandit en le regardant sous le nez.

Ces paroles ramenèrent Gasparo au sentiment de haine prêt à fuir de son cœur, et il répliqua :

— Oh ! non, non ; seulement je me plains de ce diable de vent qui me glace, il est si frais ce soir; et je suis mouillé jusqu'aux os. Oh! tu vas voir tout à l'heure si je sais me venger, reprit-il après un moment de silence.

Et comme il achevait ces mots, les brigands arrivaient à la porte de la ferme. Il frappa lui-même, puis se jeta précipitamment en arrière de ses compagnons afin de ne pas être reconnu par les gens de la maison, ni par Orsino.

Tout le monde était alors à souper. Ce fut le fermier lui-même qui vint ouvrir.

A la vue de ces hommes, de leur accoutrement, il ne lui fut pas difficile de deviner leurs intentions, et il eut assez de présence d'esprit pour se dire le valet de la maison.

—Entrez, signors, entrez vous chauffer. Je cours avertir mon maître qui est dans les étables, leur cria-t-il en s'éloignant avec précipitation et avant qu'on eût le temps de le reconnaître.

Puis il s'esquiva par une fenêtre donnant sur une basse-cour ; de celle-ci il passa dans un enclos en sautant par dessus le mur et de là dans les champs où il courut une partie de la nuit, cherchant à gagner Tivoli, où il arriva exténué, après une course affreuse de quatre heures.

Il ignorait que Gasparo fût au nombre des brigands.

Pendant le temps que le bonhomme arpentait prestement la plaine, et escaladait les montagnes, les bandits fouillaient les meubles, où ils ne trouvaient rien que des sacs vides ; ils faisaient main basse sur les jambons dont le casale était somptueusement garni, buvaient le vin tiré pour le souper, et se mettaient à table sans se soucier du fermier Orsino, pendant que l'ancien intendant le cherchait vainement de tous les côtés, de haut en bas et dans tous les coins.

Trompés dans leur attente, et ne pouvant mettre la main sur le fermier pour *s'expliquer* avec lui, les ban-

6

dits s'en prirent aux servantes et à un pauvre peintre allemand qu'à son costume hétéroclite, ils prirent pour un confrère exploitant isolément le pays, et qu'ils accusaient de les avoir devancés dans cette expédition.

Celui-ci, comme on le pense, déclina au plus vite cette qualité et cet honneur et le leur fit entendre dans ce langage macaronique particulier à la race tudesque :

— Ché zouis natal Pafarois ; cathaulik et raumain de relichion, è vero, signori. Jé né gonnais apsoliment berzonne ici, où ché né zouis entré que pour timanter à souper et à coucher. Yo sono, oune artiste en paysache ; oune artiste en paysache... è vero, signori.

Puis l'artiste se remit à fumer sa longue pipe en porcelaine de Saxe où était peinte la figure de sa fiancée, et sans plus faire d'attention à ce qui se passait autour de lui que s'il eût été seul dans la maison.

Néanmoins les brigands persistèrent dans leur opinion et l'emmenèrent prisonnier dans la montagne accompagné de deux servantes auxquelles fut confié le département de la cuisine. Ces sortes d'enlèvements étaient assez fréquents, et ce qu'il y a de curieux, c'est que, généralement, les femmes enlevées s'attachaient aux bandits à qui elles étaient échues et ne les quittaient plus.

Une de ces servantes, qui avait toujours eu un faible pour Gasparo, alors qu'il était l'intendant du fermier, devint bientôt sa maîtresse. Térésa c'était son nom, donna à Gaspardo tous les renseignements nécessaires pour qu'il pût poursuivre sa vengeance. Il apprit ainsi que toute la famille avait quitté le pays pour se retirer à Rome, et que le fermier n'était revenu au casale que pour terminer ses comptes avec les paysans qui commerçaient avec lui. Ces comptes étant réglés, il était probable qu'après la soûleur qu'il avait dû avoir ce soir-là, le fermier ne remettrait plus les pieds au casale.

Le lendemain, pour indemniser la bande du coup manqué chez le fermier d'Olivano, Pierre de Calabre désigna huit bandits, parmi lesquels Gasparo, pour arrêter la malle-poste qui portait à Rome la caisse du fisc et du collecteur. On tua le conducteur et les gendarmes ; les bandits n'épargnèrent que le postillon, dont le métier était de conduire, disaient-ils, les chevaux le plus lentement possible : d'où Gasparo conclut que certains postillons rendaient quelquefois des services à la bande, et qu'on devait avoir des égards pour eux.

Le malheureux artiste que sa mauvaise étoile avait conduit à Olivano pour y faire des croquis, fut, pendant les trois jours que dura sa captivité, le jouet de la bande. Chaque jour on le menaçait de mort. Et en manière de passe-temps, on le conduisait en grand appareil, entre deux haies d'hommes armés des pieds à la tête, au lieu où l'on devait, lui disait-on, le fusiller.

Le lieu de l'exécution était au bord d'un sentier large de deux mètres. Un côté s'appuyait sur des roches verticales ; l'autre était bordé de précipices tapissés de broussailles dont les cîmes formaient comme une balustrade naturelle, d'où la victime pouvait voir le cimetière des brigands. Là, on faisait asseoir le pauvre Allemand sur l'arète de l'abîme comme au bord d'une tombe, et des bandits lui appuyaient l'un un poignard sur le cœur, l'autre un pistolet sur les tempes en lui demandant s'il croyait que l'on dût, pour abréger ses souffrances, enfoncer l'un et tirer l'autre de haut en bas ou de bas en haut. Et quand ils avaient, avec une joie de cannibales, jeté ce malheureux jeune homme dans les plus horribles perplexités, ils remettaient l'exécution au lendemain et le ramenaient dans la cabane, où, du reste, on lui fournissait abondamment de quoi se nourrir.

Gasparo n'avait pris aucune part à ces atroces tourments, qu'il avait intérieurement blâmés et pour lesquels il éprouvait une secrète horreur.

De son côté, pendant ces quatre jours entièrement occupés par l'amour qui remplissait son cœur, Pierre n'avait pas eu connaissance des tourments horribles du malheureux Allemand. Quand il apprit ce qui s'était passé, il entra dans une grande fureur et ordonna l'exécution du pauvre diable. Comme il maugréait contre les cruautés inutiles de ses hommes, le lieutenant prit leur défense en disant :

— Il faut bien qu'ils s'amusent un peu ; ils n'ont pas, comme vous, les yeux de Rosina pour les aider à passer le temps inoccupé.

Les brigands rirent de la réponse atroce et perfide de Peppo.

Pierre mordit sa lèvre, ce qui était un signe de grande colère, et caressa l'un des pistolets de sa ceinture. Rosina, qui craignait pour le lieutenant, s'interposa et dit à Pierre :

— Il est vrai que depuis mon séjour ici, capitaine, vos amis sont privés de vous plus que de coutume. Je vous demande grâce pour Peppo et grâce aussi pour ce pauvre artiste, mon cher maître.

Après un moment de réflexion, Pierre reprit d'une voix calme :

— Conduisez ce malheureux sur la route de Tivoli. Lieutenant, vous irez ce soir à Albano, vous prendrez le costume d'un marchand de bestiaux, et vous verrez s'il n'y a pas un bon coup à préparer pour rattrapper le temps perdu.

Un éclair de joie brilla dans les yeux du lieutenant et de la jeune Procidane.

L'Allemand fut conduit aux portes de Tivoli ; mais il avait vieilli de quarante ans. Ses amis de Rome ne le reconnurent plus. Ses traits étaient décomposés, il avait les yeux hagards, la figure flétrie et la tête blanche comme celle d'un vieillard. Au bout de quelques semaines, il mourut à l'hospice, fou des suites de sa frayeur.

Gasparo, voyant le maître de bonne humeur, lui demanda l'autorisation d'emmener avec lui, le soir même, quelques hommes, afin d'aller à Rome pour en finir avec cet Orsino maudit.

— Deux hommes te suffiront, plus éveilleraient des soupçons. Cette fois, mon garçon, ajouta Pierre, tâche d'être plus heureux qu'à la ferme ; des saucissons, deux servantes et un ostrogoth de peintre, tout cela est plus embarrassant qu'utile.

— Que vous méprisiez les jambons, bien que ceux-ci soient bons, je le comprends encore, capitaine ; mais qu'il en soit ainsi de Térésa qui fait si bien la cuisine, cela n'est pas juste.

6.

— Tu dis cela parce qu'elle te réserve les meilleurs morceaux, repartit Pierre en souriant. Il paraît que la *Bianca* est oubliée, mon gaillard ! Seulement, ici seul j'ai le droit de choisir, et si tu veux que je *te marie* avec Térésa, fais tes preuves, l'ami ; sinon le sort décidera de l'époux à lui donner.

— Demain j'aurai gagné la faveur d'en faire ma femme ; par l'enfer ! je jure que les écus du fermier seront en votre possession, capitaine ; je ne demande rien pour moi de ce butin. Ma vengeance assouvie et Térésa me suffisent.

— Va donc, mais ne vends pas la peau de l'ours avant de l'avoir tué.

— Puisque vous avez été si bon pour tous et si aimable pour moi, murmura la Procidane, j'ai encore, mon maître, quelque chose à vous demander, mais non pas devant tous.

Elle dit ces quelques paroles sur un ton si doux, si charmant, si mielleux, que Pierre de Calabre, dont la méfiance n'était pas le moindre défaut, eut un instant la pensée que la fillette pouvait bien cacher quelques projets mauvais pour lui. Mais cette pensée s'effaça de son esprit aussi vite qu'elle y était venue.

— Parle, lui dit-il quand ils furent seuls ; et si ce que tu as à me demander est possible, c'est chose consentie.

En parlant il plongeait son regard pénétrant dans les yeux de la belle qui, craignant d'être devinée ou de se troubler, répondit avec vivacité :

— Eh ! mon Dieu, capitaine, pourquoi me regarder ainsi ? ce que j'ai à vous dire est tout simple : voilà quinze jours que je suis votre prisonnière, ma famille doit être inquiète de ma longue absence ; mon frère est en prison, enfin je veux... je désire rassurer mes parents et me rassurer moi-même.

— Écris-leur ; je leur ferai parvenir ta lettre.

— Ce n'est pas cela, je voudrais...

— Tu veux t'en aller ? reprit vivement Pierre.

— Eh ! non, reprit Rosina ; je ne veux pas fuir ; la vie que je mène ici n'est pas, il est vrai, absolument séduisante, mais je ne sais pourquoi, elle a du charme pour moi. Je m'y habituerais volontiers... si vous étiez...

— Si j'étais... achève.

— Moins violent. Vos colères me font peur. Et pourquoi de la colère ? Est-ce qu'un homme de votre force et de votre courage devrait être ainsi ? Vous seriez vraiment beau à mes yeux si votre figure ne se contractait pas si souvent.

Elle baissa les yeux comme honteuse de ce demi-aveu.

Pierre tressaillit et leva sur la jeune fille son regard fauve et farouche.

— La grâce que tu as à me demander est donc bien délicate que tu cherches à *m'enguirlander !*

— Vous êtes un ingrat.

— Eh bien ! je t'écoute, fit doucement le brigand.

— Laissez-moi aller à Molo di Gaëte, et je vous jure de revenir.

— Que veux-tu aller faire dans ce pays maudit ? Est-ce pour me vendre ?

La Procidane pâlit et fut un instant décontenancée ; mais elle reprit bientôt son assurance :

— Vous êtes un ingrat ! répéta-t-elle ; vous ne voyez donc pas que depuis mon séjour ici vous m'avez inspiré un sentiment d'admiration tel que je n'aurais pas la force de m'enfuir. Oui, Pierre, cela vous paraîtra peut-être étonnant que dans le cœur d'une honnête fille il puisse se trouver un amour vrai pour un homme de votre trempe.

— Achève vite ! fit Pierre dont l'agitation trahissait la pensée et l'espoir.

— Et je consentirais à devenir votre femme si vous me promettiez de quitter ces montagnes et de gagner la Toscane où nous vivrions tranquilles, du fruit de notre travail.

— Vrai !... Oh ! répète, répète ce que tu viens de dire, Rosina !

— Le voulez-vous ?

— Tout ce que tu voudras !

— Eh bien ! j'ai une parente qui habite Molo. Son mari, chaque semaine, porte à Naples le produit de sa pêche. Il passe par Procida. Je ne veux pas laisser ma famille dans l'inquiétude. Permettez que j'aille la prier de leur faire passer de mes nouvelles, et de leur dire que je me suis fixée à Terracine, où j'ai trouvé une bonne condition, et que j'y resterai. Cela fait, je reviendrai, je le jure.

— Qui t'accompagnera ? tu ne peux aller seule.

— Votre lieutenant, dit-elle d'un air malicieux ; c'est lui qui m'a amenée ici, c'est à lui de...

— Lui ! s'écria Pierre en bondissant comme une bête fauve blessée. Non ! j'irai moi-même.

— Demain, dit Rosina.

— Non, tout de suite, dit Pierre ; il y a loin, nous n'arriverons pas avant le jour... Pourras-tu faire la course ?

— Je m'appuierai sur vous, mon Pierre.

Pierre, au comble de la joie, fit ses préparatifs, dit à ses hommes qu'il allait s'absenter pour quarante-huit heures, et, quelques heures après ce colloque, il partait pour Florence.

Au moment de passer la frontière, le brigand hésita. La jeune fille s'en aperçut et lui dit :

— Vous avez peur d'être reconnu. Laissez vos armes dans ces buissons, coupez un bâton, attachez au bout le bissac, on nous prendra pour le mari et la femme allant à nos affaires. Et d'ailleurs, qui vous connaît ? Depuis cinq ou six ans on vous a oublié.

—Tu as raison ; il se débarrassa de son espingole, de ses pistolets, et ne garda qu'un stylet.

Six heures sonnaient comme ils arrivaient l'un et l'autre sur les hauteurs qui dominent Molo-de-Gaëte ; la brume commençait à se dissiper, et sur la Méditerranée glissaient en chatoyant les premiers rayons du soleil le-vant. Un bruit de plusieurs chevaux allant au trot vint jusqu'aux oreilles de Pierre. Il tressaillit et se retourna vivement :

— C'est singulier, se dit-il, toute la nuit il m'a sem-blé entendre des pas derrière nous.

Et comme il prononçait ces dernières paroles, des chouettes blotties dans les creux des rochers se mirent à pousser leurs cris lugubres.

— Est-ce que ces oiseaux maudits, se dit-il, m'annonceraient un malheur ?

Pendant quelques instants il marcha seul, pensif, dans le sentier abrupte tracé dans la montagne ; puis, plusieurs voix se firent entendre, il se retourna vivement ; une quinzaine de soldats s'avançaient derrière lui, cherchant à le cerner.

— Rosina ! hurla-t-il d'une voix furieuse.

Et la jeune femme ne répondant pas, il la chercha des yeux. Il la vit qui, au risque de se tuer, se laissait glisser, les jupes rassemblées dans ses jambes, le long des pentes rapides au bas desquelles s'adossent les maisons de Molo. Il comprit qu'il était joué et vendu à Manhès. Après quelque hésitation, une idée de vengeance traversa son cerveau. D'énormes pierres étaient çà et là comme semées sur la montagne. Les soulever l'une après l'autre et les lancer dans la direction de la jeune fille fut pour lui l'affaire de quelques secondes. Un grand cri retentit dans l'air. La Procidane était écrasée.

— Bien, se dit le brigand, tu n'en vendras pas deux, fille du diable !

Dix minutes après il tombait aux mains des soldats napolitains, commandés par le propre lieutenant de Pierre, qui était de connivence avec Rosina.

Pierre fut conduit à Naples devant Manhès et le soir même fusillé.

CHAPITRE X

Gasparo succède à Pierre de Calabre.

Pendant que Pierre allait ainsi se jeter tête baissée
dans le piége tendu par Rosina, trois hommes, vêtus du
sarruolo brun du pays, partaient au point du jour
par la vallée de Poli et de Palestrine encaissant les torrents descendus des montagnes vers la rivière l'Anio,
près Ponte-Lucano. Ils laissaient Poli sur la droite et les
Polesans dormir à l'abri de leurs murailles, défendues
d'ailleurs par des roches escarpées, tapissées de broussailles épineuses. Cette petite ville, perchée comme un
nid d'aigle tout au haut d'un rocher, n'est plus que
l'ombre de ce qu'elle fut sous les Conti, qui avaient alors
sous leur domination plus de quarante villes, et s'enor-
gueillissaient d'avoir vu sortir de leur maison plusieurs
papes, plusieurs princes, et un grand nombre de cardinaux.

Après une course de deux milles sur un sentier rocailleux, si étroit qu'il eût été difficile à deux hommes d'y marcher de front, les brigands passèrent au pied des ruines du palais de la Catena, appartenant jadis aux Cœsarini. Ces trois villas, encadrées de magnifiques jardins embellis de nombreuses fontaines en marbre, voient aujourd'hui leurs parterres, leurs bois, leurs potagers, leurs réserves à blé, leurs moulins à huile, leurs étuves, tout, en un mot, abandonné aux reptiles et aux renards, qui y vivent en liberté.

Là commence cette sublime campagne de Rome, couverte de monuments et de ruines splendides.

Lorsque nos trois hommes furent arrivés au bas de ce chemin, ils longèrent les murs de Preneste, — Preneste que Sylla dépouilla d'une partie de son territoire; puis ils traversèrent ce que les Romains appellent le camp Orazio, en souvenir d'une campagne qu'y possédait le célèbre poëte romain, que les paysans des alentours regardent comme un grand magicien contemporain de l'empereur Néron, et le camp de Pyrrhus, et la plaine des Herniques, entre les montagnes d'Albe et les Apennins. Gasparo, comme poussé par la main d'un génie infernal, marchait devant ses compagnons qui faisaient de leur mieux pour le suivre. Cette course effrénée à travers des sentiers, des broussailles, des ruines, durait depuis quatre heures lorsqu'ils s'arrêtèrent sur le sommet de la dernière arête qui domine la campagne de Rome. A leur gauche la petite ville de San-Vetturino se perdait dans des ombrages touffus et des taillis épais. Pour échapper à la curiosité des habitants, aux ardeurs d'un soleil torréfiant, ils se réfugièrent dans les ruines

de l'ancienne *Æsula*, à quelque distance de San-Vetturino, et y passèrent tout le milieu du jour.

Vers le soir ils reprirent leur route en se dirigeant vers
Corcolle, par Passerano, l'ancienne *Scaptia*, et suivirent
la prairie jusqu'à la voie Collatine, laissant de côté le lac
de Santana ou Castiglione, jadis lac de Gabie, les
figuiers qui croissent sur ses bords, à l'ombre desquels
furent élevés Romulus et Rémus, où Sextus Tarquin fut
sacrifié à la vengeance des citoyens romains dont les
pères étaient tombés victimes de sa tyrannie.

Les brigands ne suivaient pas le droit chemin ni les
sentiers battus pour aller à Rome. Il était du plus grand
intérêt pour eux, surtout pour Gasparo, de n'éveiller la
curiosité de personne. Ils allaient de ruines en ruines,
comme des touristes visitant ces sublimes restes de la
splendeur romaine, qui garnissent de toutes parts cette
campagne si populeuse autrefois, mais aujourd'hui plus
déserte que les vastes solitudes où les Pharaons ont laissé
les monuments de leur orgueil.

De Gabie ils cheminèrent vers Castellacio, au moyen-
âge *Castrum Osæ* ou Losæ, villa de Lucrèce, dont il ne
reste plus que des décombres et des ruines informes;
ils arrivèrent à la nuit tombante sur les bords du ruis-
seau de Veresis, et s'arrêtèrent à une mauvaise auberge
où ils soupèrent.

Ces lieux qu'ils traversaient sont pleins de souvenirs
anciens. C'est près de là que Furius Camillus combattit
les Gaulois l'an 365 de Rome, lorsqu'ils se retirèrent de la ville éternelle, que Tarquin défit les Sabins,
et que se trouvent les sources de l'*aqua Virgina*, qui

alimentent la fontaine de Trevi. C'est près de là que le fameux sarcophage aux Amazones et la Vénus accroupie ont été trouvés, ainsi que la statue de Germanicus, les beaux bustes de Julien et d'Antonin, et les nombreux marbres portant des inscriptions précieuses au point de vue archéologique, et qui furent portés dans la villa Borghèse. Le magnifique sarcophage de porphyre de sainte Hélène, mère de Constantin le Grand, qu'on admire aujourd'hui au Vatican, vient aussi des fouilles faites dans ces lieux. Enfin, nos bandits, après avoir longé les aqueducs, entrèrent à Rome, vers dix heures, par la porte San-Lorenzo ; ils contournèrent les murs d'enceinte, passèrent devant Saint-Jean de Latran, la Scala-Santa et devant le Colysée. Minuit sonnait au Capitole comme ils passaient sous l'arc de Titus et débouchaient sur le Campo-Vacchino, où ils prirent haleine en se cachant près des chariots attelés de buffles, dont les propriétaires attendaient l'ouverture du marché de la place Navone.

Vers une heure du matin, ils prirent à droite au-dessous des prisons Mamertimes et se perdirent dans le dédale de ruelles de ce quartier, le plus ancien de la ville éternelle.

Arrivés à l'avant-dernière maison, près de l'église de la Trinité-du-Mont, nos trois hommes s'arrêtaient et disparaissaient par un soupirail de cave, forçaient la porte intérieure et pénétraient dans une pièce au rez-de-chaussée, sans que les habitants de cette demeure eussent entendu le moindre bruit.

Quelques minutes après, les trois brigands montaient

au premier étage et entraient dans une chambre où un homme était endormi. Cet homme, c'était le fermier d'Olivano. Surpris dans son sommeil, et se voyant en face de trois bandits, le bonhomme voulut se lever, appeler au secours, mais en un instant il fut baillonné et garotté.

— Si tu pousses un cri, je te coupe la gorge, lui dit à voix basse son ancien intendant.

Puis, celui-ci approchant une lumière du vieillard :

— Tiens, regarde-moi ; me reconnais-tu ? Ah ! tu ne me savais pas si près, Orsino ?

— Fabio ! soupira le vieillard en laissant retomber lourdement sa tête sur son oreiller. Il ne proféra pas un cri, pas une plainte, mais il fit mentalement une prière à la madone ; il se sentait perdu.

— Il y a bientôt un an, tu m'as brisé un bras et tordu le corps comme un lien d'osier. Je pourrais te tuer ; je l'avais même juré. Je n'en veux pas à ta vie. Tu es le père d'une femme que j'ai aimée à l'idolatrie, dont j'étais aimé, et que tu m'as enlevée.

Le vieillard fit un mouvement comme pour répondre.

— Tais-toi, serviteur de Satan, fit vivement Gasparo en serrant les dents de colère et en pressant convulsivement un couteau qu'il tenait. Tu as disposé de la main de ta fille contre sa volonté. C'était peut-être ton droit, dit le brigand avec un sourire satanique, mais il ne t'appartenait pas de disposer de ma personne comme tu l'as fait. Tu connais le talion, n'est-ce pas ? tu sais que le sang veut du sang ? Eh bien donc, sang pour sang, œil pour œil, bras pour bras.

A ces derniers mots, le père de Bianca, devinant les intentions du bandit, rentra ses bras sous son corps comme pour les défendre de la mutilation.

— Allons, Gasparo, dépêchons, dit l'un des compagnons.

— Je veux, reprit le jeune brigand, dont les yeux injectés de sang jetaient des éclairs sinistres sur le visage de son ancien maître, je veux emporter le bras qui a brisé le mien. La résistance est inutile : il sera fait comme je dis.

Gasparo procéda à la mutilation terrible. Quand on eut dévalisé les meubles, Gasparo dit :

— Eh bien! avais-je tort de vous promettre une bonne récolte?

Comme ils se disposaient tous trois à se retirer, l'un d'eux s'arrêta court :

— Un instant, dit-il, dans les entreprises dangereuses la moindre imprudence peut amener un résultat terrible.

Et en finissant ces mots il poignarda le vieillard pendant que les autres commençaient à descendre l'escalier.

— Je viens de dépêcher notre homme, ajouta-t-il en essuyant entre ses doigts la lame de son long stylet; mais ne moisissons pas ici, je vous en prie ; dépêchons-nous. L'air de Rome sent la potence, il n'est pas sain pour nous.

On entendit comme une plainte.

—Non pas, non pas, répliqua Gasparo revenant sur ses

pas. Vous aviez raison, cette sorte de besogne ne doit pas être faite à moitié. Si tu l'avais manqué nous serions perdus. Et, comme il rentrait dans la chambre, le vieillard râlant encore, d'un coup du même couteau il lui ouvrit la gorge.

Les trois bandits traversèrent précipitamment les rues de la ville encore désertes et sombres et s'acheminèrent vers la porte Saint-Sébastien, devant laquelle les dragons de garde fumaient et jouaient aux cartes en compagnie de la sentinelle, dont le fusil était resté dans la guérite.

Les portes étaient encore fermées. Il eût été téméraire de demander le passage à cette heure indue. Gasparo et ses compagnons jugèrent plus prudent, au risque de se casser le cou, de longer les murs délabrés et troués qui ceignent la ville éternelle, de grimper jusqu'à la première galerie percée d'ouvertures cintrées, et, en s'accrochant aux broussailles, de descendre dans le chemin de ronde.

Une fois hors les murs, ils prirent à travers les vignes jusqu'au delà du sépulcre de Cecilia Metella, puis ils suivirent la voie Appienne, bordée de tombeaux jusqu'à plus de cinq milles de Rome.

Pendant que Gasparo et ses acolytes s'éloignaient du théâtre du crime, expliquons pourquoi le fermier était seul dans son logis à Rome.

Après le mariage de Bianca, le fermier Orsino ne jugea pas prudent de retenir sa fille et son gendre auprès de lui à Olivano, ni de les laisser à Rome.

— Tant que Fabio ne sera pas complétement rétabli de la correction un peu rude que je lui ai donnée, je n'ai rien à redouter de lui ; mais, dès qu'il sera sorti de l'infirmerie des moines, sa première pensée sera de se venger, et ce n'est pas à moi qu'il osera s'en prendre : je l'ai étrillé d'une trop solide façon. Le drôle est vindicatif : il est de Sermonetto, un repaire de bandits, c'est tout dire. De quoi se sont mêlés ces imbéciles de capucins ? ne pouvaient-ils le laisser crever comme un chien ? Comment soustraire ces deux enfants aux recherches de ce vaurien ?

Après plusieurs jours de réflexions, il se rappela qu'il y avait à Albano une charmante villa toute meublée, avec parc et terrasse, que le propriétaire louait l'été à des familles anglaises que la peur de la malaria faisait fuir de Rome. Il fit aussitôt seller son cheval et partit.

La villa était encore vacante ; il la loua, y amena les jeunes mariés pour y passer leur lune de miel, en leur recommandant expressément de ne pas se montrer dans la ville ni dans les environs, et il fit courir le bruit à Castel-Madama et à Rome même qu'ils étaient allés à Florence et à Naples ; lui-même, afin de n'éveiller aucun soupçon, se dispensa de les venir voir.

Ce que le père avait pensé était arrivé. Bianca avait vite oublié l'intendant. Si le mari de Bianca était, à bien l'envisager, loin d'être d'une beauté aussi mâle que Fabio, son rang flattait davantage sa jeune femme ; c'était un citadin, un *avocato*, et pour qui connaît les mœurs italiennes le *medico* et l'*avocato* sont, après le marquis et le baron, le *nec plus ultra* de la considération personnelle et de l'élégance. Aussi, en Italie, qui n'a aucun métier, se fait-il ou se dit-il avocato ou medico.

L'automne, encore si chaud en Italie, tirait à sa fin, et Ulysse Galeyra était désireux de retourner à Rome pour la rentrée des tribunaux, où, pour ses débuts dans le barreau romain, une cause importante lui était confiée. C'est dans ces circonstances que les jeunes mariés abandonnèrent la villa d'Albano, qui avait abrité les premiers mois de leurs félicités conjugales, et que, par une coïncidence fatale, le matin même de la nuit du meurtre, ils allaient se trouver sur la même route que venaient de prendre les assassins de leur père en quittant Rome.

Après une heure et demie d'une course haletante, nos bandits arrivèrent à la bifurcation de cette voie avec le chemin d'Albano, que les Romains appellent Mezza-Via, entrèrent dans l'osteria et s'y firent servir plusieurs fiachettes d'orvietto, et reprirent leur course comme le soleil commençait à paraître sur cette sublime campagne de Rome.

Arrivés au pied des premiers vignobles de la côte d'Abano, ils quittèrent la route, et se jetèrent à gauche dans les plantations afin d'échapper plus facilement à la curiosité ou à la poursuite des dragons, si ceux-ci avaient été avertis de l'assassinat du fermier

Depuis une demi-heure, ils gravissaient péniblement cette longue et énorme colline au haut de laquelle est perché la ville d'Albano, lorsqu'ils entendirent le bruit d'une voiture descendant au pas. Les trois bandits, instinctivement et par l'habitude du métier, se rapprochèrent du chemin en se faufilant entre les ados des vignes; de là, ils virent venir vers eux une espèce de cariole attelée d'un cheval vigoureux. La campagne était déserte ; quelques masures inhabitées montraient dans le lointain leurs toits dépouillés de chaume.

Le lieu était solitaire, dangereux pour les voyageurs. Les malles-postes du gouvernement, bien qu'escortées de gendarmes, y avaient été maintes fois dévalisées ; les escortes égorgées en plein jour, et sans que les cris des victimes eussent été entendus d'autres personnes que des vignerons travaillant isolément à leurs champs, qui ont tous de bonnes raisons pour faire la sourde oreille.

Les paysans italiens aimaient mieux se faire des amis que des ennemis des bandits, et pour cause. Une jeune femme était dans cette voiture auprès d'un jeune homme tenant les guides ; Gasparo les reconnut immédiatement : c'était son infidèle et son mari.

Ce n'était plus comme à la ferme.

Le hasard cette fois servait sa vengeance. En cet instant toutes les rages de la jalousie bouleversèrent ses sens.

— Laissez-moi faire cette besogne, dit-il à ses deux compagnons, ceci ne regarde que moi.

Cette femme qu'il avait tant aimée, qu'il aimait encore et qui selon lui, par sa lâcheté et sa trahison, était la cause de tous ses malheurs ; cette femme, jeune et belle, était là devant lui, à côté d'un homme qu'elle semblait regarder avec amour. Une pensée de meurtre lui traversa la cervelle comme un éclair. Un coup d'escopette retentit dans l'air ; le cheval mortellement blessé roula sur lui-même, la voiture s'abattit et les deux voyageurs furent lancés sur la chaussée. La jeune femme resta à moitié évanouie sur le pavé, son mari se releva vivement pour lui porter secours, mais d'un bond Gasparo fut sur lui, et d'un coup de stylet l'étendit raide mort aux côtés de sa compagne. « Va dans l'enfer, tu plaideras, pour ton vieux Satan de beau-père. » Bianca un instant après, reprit ses sens un moment et se trouva face à face avec l'homme qu'elle avait aimé.

Cette apparition soudaine fut pour elle comme un coup de foudre.

— Grâce, s'écria-t-elle, grâce, Fabio !

— Grâce, ingrate ! Ton père m'a-t-il fait grâce, lui ? Et toi Bianca, après m'avoir mis l'amour au cœur, as-tu eu pitié de moi ? T'es-tu souvenue de tes serments ? Ah ! tu demandes grâce, s'écria-t-il, tiens regarde cet homme, ton mari, je viens de lui plonger cette lame dans le corps, — et cette nuit même j'ai tué ton père. Sois maudite, Bianca,

— Fabio ! Fabio !

— Fabio n'existe plus pour toi. Fabio s'est fait brigand et assassin pour se venger. Fabio a pris la montagne, recommande ton âme à Dieu. J'ai juré d'anéantir ta race.

Bianca, brisée, éplorée, chercha vainement à apitoyer l'assassin de son époux et de son père.

— Oh ! grâce, Fabio ! Puis, comme frappée par une pensée qui devait la sauver, elle s'écria : Oserais-tu bien porter une main sacrilége sur une femme enceinte ?

A ce dernier mot, Gasparo encore plus forcené et ne se possédant plus de rage, lui passa d'un seul coup la lame de son couteau dans la gorge. Le coup avait été si violent que la tête fut presque détachée du tronc.

Cette scène de carnage s'accomplit en quelques mi-nutes.

7.

Sans s'inquiéter d'avantage de ses victimes, ni de ce que pouvait contenir la cariole, les trois forcenés escaladèrent vivement les échancrures profondes des talus du côté gauche de la route, et se perdirent dans les haliers et les vignes qui boisent les rampes et l'entonnoir du lac de Casle-Gondolfo, ancien cratère éteint et rempli d'eau.

Une fois en sûreté les compagnons de Gasparo le félicitèrent sur sa force et son courage. Il ira loin dit l'un.

— Il joue du couteau aussi bien que Pierre, répliqua l'autre.

Gasparo marchait silencieux et comme un hébété. Son visage était livide.

Comme les bandits contournaient le lac de Castel-Gondolfo pour s'éloigner plus encore de la grande route, et cheminaient sous cette délicieuse avenue couverte d'épais ombrages, que dans le pays on appelle les galeries, conduisant au couvent des Camaldules, la clochette de la petite et très-vénérée chapelle de Rocca-di-Papa appelait les religieux et les fidèles. Gasparo s'arrêta soudain, comme frappé par une puissance invisible.

— Laissez-moi, dit-il à ses compagnons, attendez-moi ici dans ces halliers, je vais vous rejoindre dans quelques instants.

— Où veux-tu donc aller? lui demandèrent ceux-ci, inquiets et stupéfaits, en voyant la décomposition et la lividité du visage de leur camarade; oublies-tu qu'il est déjà tard et qu'avant d'avoir franchi le Montecavo et atteint les premières rampes de l'Artémisio, nous pouvons être rejoints par les dragons et les sbires du pape?

— Que m'importent les dragons et les sbires ! reprit-il avec véhémence : tenez, j'entends des cris, j'ai peur de moi-même... J'ai besoin de prier... je vais prier pour elle... *la mia Bianchina*, *la mia stella*... ajouta-t-il en sanglottant et en levant les mains vers Albano, comme pour rappeler les crimes qu'il venait de commettre ; puis il disparut à travers la forêt. On l'entendit pendant quelques instants descendre l'escarpement de la colline en s'accrochant aux branches d'arbres.

Le remords venait de descendre tout à coup dans l'âme de cet homme, jusque-là dominé par la colère. Ce que n'avaient pu faire les supplications d'Orsino et de Bianca, le simple tintement de la clochette d'une chapelle l'obtenait, l'âme de Gasparo s'ouvrait au repentir et à la pénitence.

Arrivé à la chapelle, dont l'autel repose sur un bloc de rocher détaché du haut de la montagne et que la main de la Providence arrêta à dix pas du village qui est au-dessous, Gasparo s'agenouilla quelque temps, offrit en ex-voto à la Vierge son arme meurtrière encore teinte de sang. L'idée lui vint tout à coup de se rendre au couvent de Montecavo pour y faire pénitence et prendre l'habit de moine, et oubliant ses compagnons, il s'y achemina aussitôt.

Ce couvent, l'un des plus curieux de l'Italie, occupe toute la croupe d'un énorme mamelon entouré de forêts majestueuses. De ces jardins on jouit d'une vue des plus pittoresques.

Il frappa à la porte, et le frère custode vint lui ouvrir et le conduisit à la cellule du frère supérieur. Cette cellule ne se distinguait des autres que par la blancheur des murailles, récemment badigeonnées à la chaux. L'ameublement se composait d'un lit de bois peint, garni d'une paillasse et d'une couverture de laine, d'une petite table sur laquelle reposait un christ, d'une tête de mort et d'une seule chaise. Le supérieur se tenait debout.

A la vue de ce jeune homme couvert de poussière et de sang, les jambes trempées de rosée, il devina tout de suite à qui il avait affaire, et il s'empressa de faire remarquer au meurtrier que son couvent n'avait pas droit d'asile, que la police papale saurait bien y découvrir sa retraite, et l'en faire sortir pour le livrer aux tribunaux. Que le mieux pour lui était de se retirer dans les États Napolitains, où la justice de ce pays n'avait pas à lui demander compte de méfaits qui ne la regardaient pas.

— Là, comme ici, on m'y découvrira et on demandera mon extradition, répliqua le bandit d'une voix sombre. Puisque vous ne pouvez me recevoir et sauver mon âme, le mieux pour moi est de reprendre la montagne.

Le supérieur, peu soucieux de recueillir un tel hôte dans son couvent, lui ouvrit lui-même les portes et le vit s'éloigner avec une assez vive satisfaction.

Gasparo quitta le couvent en lançant l'anathème sur les moines, et descendit précipitamment l'étroit sentier qui conduit à Albano. A mi-chemin, il rencontra ses compagnons qui l'attendaient, étendus sur l'herbe comme des gens qui se reposent. Tous trois se mirent en route pour rejoindre leur repaire.

Pendant que Gasparo tuait Bianca, Pierre de Calabre écrasait dans sa vengeance la belle Rosina, qui, du même coup, venait d'enlever aux bandits leur capitaine et son lieutenant.

Manhès espérait que, ces deux chefs une fois séparés des autres bandits, il lui serait facile, grâce au découragement et à la division qui surgissent toujours en pareil cas, d'anéantir jusqu'au dernier des hôtes des marais Pontins.

Le lieutenant de Pierre, à qui avait été promis le grade d'officier dans l'armée royale, à la condition qu'il aiderait à exterminer ses compagnons, fut peu de temps après trouvé étendu sur les rochers qui bordent le château de l'OEuf, à Naples. Il avait la poitrine trouée comme une écumoire et la tête fracassée.

Lorsque les brigands apprirent la mort de Pierre, ce fut d'abord des cris de rage et des projets de vengeance dont le récit seul ferait frémir; on fit trève à ces concerts d'imprécations pour procéder à l'élection d'un chef. Térésa avait instruit les brigands des qualités de Gasparo. Non-seulement il était fort, courageux, instruit, de bonne famille, poëte et habile chanteur, mais personne mieux que lui n'établissait des comptes exacts et nul n'était plus juste; aussi, quand les bandits surent les exploits de Gasparo à Rome, ils le proclamèrent leur chef.

L'ambitieuse Térésa était heureuse du succès de son

amant, et celui-ci débuta bientôt dans son nouveau grade par des exploits d'une hardiesse incroyable. Ce Gasparo qui, un instant après ses premiers crimes, voulait se faire moine, devint le plus célèbre des bandits romagnols.

CHAPITRE XI

Exploits et ruses de Gasparo.

Le premier acte de Gasparo, comme chef de brigands, fut l'enlèvement de la caisse publique de Velletri, petite ville d'une certaine importance, patrie d'Auguste et chef-lieu d'une province. Cette caisse devait partir pour Rome, escortée de plusieurs dragons et ne voyager que de jour. Le brigand alla avec ses hommes se poster sur la route, à l'abri d'un ravin profond, dont les flancs étaient plantés de vignes. Vers le milieu du jour, le chariot chargé de piastres et de ducats apparut dans le lointain, contournant les sinuosité de la montagne. Une demi-heure après, le fourgon papal descendait lentement la route, franchissait le ravin sur un pont d'origine romaine, et allait gravir la pente opposée, lorsqu'une détonation formidable se fit entendre. La plupart des chevaux de l'attelage et des dragons roulèrent sur le sol avec leurs cavaliers. Les pauvres bêtes étaient mortes, mais les dragons n'avaient que des contusions sans gravité.

— Bas les armes et face à terre! crièrent les bandits.

Et tout aussitôt les vingt dragons de l'escorte jetèrent leurs armes au loin, et prirent sur le pavé la position horizontale qu'on venait de leur commander. Les bandits s'approchèrent, ramassèrent les armes et se mirent en devoir de piller la caisse. On brisa les coffres à coups de hache; ce travail s'accomplissait à la barbe des dragons impassibles ; chacun emplit ses poches et son sac de pièces d'or et d'argent, et ne se retira que pliant sous le poids.

Quand la nouvelle de cet attentat arriva à Rome, on n'entendit de toutes parts qu'un cri de terreur. Enlever violemment la caisse publique en plein jour, cela ne s'était pas encore vu. Mais Gasparo réservait, hélas! aux Italiens d'autres étonnements.

Le soir de ce même jour, lui et six hommes de sa bande pénétrèrent dans la ville éternelle, s'introduisirent dans un palais au Corso, enlevèrent le jeune comte de R..., et demandèrent le lendemain pour le rendre à sa famille une rançon de dix mille piastres. Pour le coup, les Romains se barricadèrent chez eux en plein jour, et ne furent rassurés qu'en voyant la force armée sur pied et faisant patrouille dans les rues comme en temps d'émeutes. Quelques jours après, ils apprirent que Gasparo, élu chef de la bande de Pierre de Calabre, était ce même jeune homme qui avait tué le fermier Orsino, sa fille et son gendre.

Depuis ce jour, les Romains ajoutèrent au nom du

brigand uue terminaison qui, dans leur langue, est une expression de mépris. Ils ne l'appelèrent plus que Gasparone !

Aucun brigand des marais Pontins n'a montré plus d'activité, de ruse et d'audace que Gasparone. Son cerveau devint fertile en inventions de tout genre pour s'approprier le bien d'autrui. Sur la route, il dévalisait avec une politesse de gentleman, pourvu qu'on le laissât faire et que l'on ne compromît pas sa propre sécurité par des cris ou une résistance inutile.

Un jour Gasparone, habillé en mercantile de campagne, monte à cheval et s'en va se promener sur la route de Velletri à Cisterne. Chemin faisant il rencontre un boucher qui venait de vendre des bestiaux à Rome, et tenait en travers de la selle de son cheval la grande gaule traditionnelle des bouviers romains. Gasparone engagea la conversation avec le voyageur, qui crut avoir affaire à un honnête marchand des environs.

— Vous êtes boucher ? dit le bandit.

— Et marchand de bestiaux, à Cisterne, répliqua l'homme.

— Vous faites bien vos affaires ? On dit que c'est un bon métier.

— Eh oui, pas trop mauvais, on *roulotte* tout doucement son petit magot.

— Combien, bon an, mal an, vendez-vous de bœufs ?

— Combien de bœufs, dame !... Ceux que j'élève montent bien à deux cents ; j'en achète à mes confrères au moins le double.

— Alors, vous devez avoir d'immenses pâturages.

— Défunt mon père m'en a laissé de quatre à cinq cents arpents, et j'en ai bien acheté autant depuis tantôt cinq ans.

— Diable! mais vous serez bientôt millionnaire, les bœufs aidant.

— Il faut bien que j'arrive au million; j'ai dix enfants, tous bien portants.

— Savez-vous, mon compagnon, que vous êtes bien hardi de voyager seul à la brune avec cette sacoche, qui me paraît assez pleine...

— Oh! il ne m'est jamais rien arrivé. J'ai là pas mal de scudi (écus), en effet, et j'avoue que je suis aise de vous avoir rencontré, nous cheminerons ensemble; à deux on est plus rassuré.

— Dites-moi, fit le bandit, si nous nous arrêtions à cette auberge qui est là-bas, en face de la route, pour nous rafraîchir ?

— Ça va, d'autant qu'il a fait chaud aujourd'hui, et que ma monture doit être aussi altérée que son maître.

Et les deux voyageurs descendirent de cheval et entrèrent dans l'auberge, et s'y firent servir une fiachette de montefiascone, excellent petit vin rouge parfumé, qui vaut bien notre vin de l'Ermitage et le plus fin crû de Bordeaux.

Une demi-heure après, les deux cavaliers enfourchaient leurs chevaux et reprenaient le chemin de Cisterne, dont ils n'étaient plus qu'à une lieue et demie. Une demi-lieue au delà de l'auberge, le marchand de bestiaux était arrêté par quatre bandits qui lui prenaient son argent, et se retiraient avec Gasparone à travers champs.

Avant de quitter le boucher, encore ahuri de ce qui lui arrivait, Gasparone lui dit :

— Un conseil pour ton argent, l'ami. Une autre fois, soit plus prudent et moins bavard. Si je n'avais pas connu le nombre de tes arpents de pâturage et celui de tes bestiaux, il ne me serait pas venu à l'idée de te faire enlever ta valise. Estime-toi heureux que je ne t'emmène pas pour te faire payer une rançon. Bonsoir, et *bona sera* à ta femme.

Arrivés chez eux, les brigands comptent ; il y avait onze cents scudi dans la sacoche (5,500 francs).

Quelques jours plus tard, le volé porte plainte aux magistrats de Velletri, il se lamente, en disant qu'on lui a pris trois mille piastres. Gasparone apprend cette exagération du marchand de bestiaux, et lui écrit qu'il ait à aller au plus vite rectifier sa déclaration mensongère de tout point, s'il ne veut pas avoir à lui payer, à lui, Gasparone, le surplus dans les vingt-quatre heures.

A cette injonction du brigand, le marchand de bestiaux courut chez le juge, et déclara que, pour rendre hommage à la vérité, sa valise ne contenait que onze cents scudis.

Un autre jour, Gasparone éprouve le désir d'aller avec Térésa, devenue sa maîtresse en titre, écouter l'office divin à Albano. En passant près des douaniers, il les entend dire à des domestiques qui s'apprêtaient à ouvrir une énorme caisse :

« N'ouvrez pas la malle, nous connaissons votre maître. »

Après l'office, comme il se dirigeait vers le haut de la

rue principale, il remarqua quatre hommes faisant des efforts inouïs pour descendre de la charrette en question, une malle fort lourde. Il s'informe et apprend que cette malle que n'ont pas visitée les douaniers de service, était la propriété d'un secrétaire \de l'ambassade de France, venu à Albano passer loin de Rome la saison si dangereuse des fièvres.

La nuit venue, Gasparone pénètre avec quelques hommes dans l'hôtel par les jardins, cherche la malle, la découvre dans un couloir, l'ouvre, prend l'argent et les objets de valeur, et laisse à la place une feuille de papier où étaient écrit ces mots :

— Les douaniers n'ont pas fait leur devoir ; nous faisons le nôtre. N'ayez pas d'inquiétude, le ciel vous sera ouvert !... Ce billet était signé Gasparone.

Gasparone et sa bande assiégeaient quelquefois les petites villes, et ne se retiraient qu'après avoir touché une rançon. Tivoli jadis eut à diverses reprises à payer des sommes importantes pour éloigner de ses murs ces hôtes incommodes.

Il y a déjà quelques années, le gouverneur de Frascati prit pour portier un voleur célèbre, un ancien compagnon de Pierre de Calabre, en lui promettant un entier oubli de son passé s'il consentait à signaler aux agents de la police tous ceux de ses collègues qu'il verrait passer dans la ville. A quelque temps de là, le gouverneur alla avec toute sa famille, sa jeune femme et son portier, à sa maison de campagne, éloignée de Frascati d'une distance de plusieurs milles. A mi-chemin, un courrier les rejoignit. Une affaire importante rappelait le gouverneur à l'instant même. Celui-ci eut le courage de laisser sa jeune femme, accompagnée seulement d'une femme de chambre, avec l'ancien brigand, qui heureusement se montra digne de la confiance de son nouveau maître. Ce brigand mourut concierge du gouverneur, mais si l'on n'eut jamais rien à lui reprocher, les bandits vinrent comme toujours à Frascati et ne furent jamais inquiétés, soit qu'il ne voulût pas trahir les siens, soit qu'il eût peur d'être égorgé.

Ce gouverneur fut remplacé par un ancien militaire d'un caractère résolu et peu endurant. Malheureusement pour lui, il n'avait pour toute garnison qu'une vingtaine de dragons.

Quatre brigands descendirent en ville et furent pris comme ils pénétraient dans une maison isolée.

L'autorité allait les juger pour la forme et les expédier en l'autre monde, pour l'exemple. Gasparone apprend à temps que ses frères d'armes (c'est ainsi qu'il les appelait) sont chez le juge. Il y va et se mêle aux témoins.

Sur la table, étaient les fusils, les poignards, de la poudre, des balles, des outils, toutes pièces de convictions.

Les quatre brigands, les mains enchaînées, la tête basse, attendaient en silence leur arrêt de mort.

Quand le juge eut fini d'entendre les nombreux témoins qui tous affirmaient reconnaître les quatre coupables, il s'adressa au dernier, après la demande d'usage : comment vous nommez-vous ?

— Gasparone ! dit celui-ci en se levant.

On comprend la stupéfaction du juge, des témons et des gendarmes. Le juge se remet enfin, et dit au greffier :

— Écrivez.

Celui-ci, visiblement troublé, cherche en vain la plume et l'écritoire qui sont devant lui.

— Que voulez-vous, Gasparone ? reprend le juge.

— Que vous mettiez en liberté mes camarades, dit Gasparone d'une voix ferme.

Le juge pour toute réponse fit signe aux gendarmes d'empoigner ce hardi bandit.

— A votre aise, répond ironiquement celui-ci. Mais songez-y, signor juge, votre maison et la ville sont cernées ; si je ne donne pas contre-ordre...

En disant cela, il regarda l'heure à une charmante montre, *cadeau* qui lui venait d'un Anglais ; on saura bientôt dans quelle circonstance.

— .... Dans dix minutes la ville est à sac.

Le juge, après avoir réfléchi sur l'impuissance de la petite garnison de Frascati, comprit que le plus sage était parti de rendre à la liberté Gasparone et à ses quatre compagnons.

En présence d'une telle audace, la tête de Gasparone fut mise à prix, et tous les moyens furent employés pour se débarrasser de cet audacieux coquin.

Si les environs de Rome n'étaient pas sûrs, les rues de la ville éternelle ne l'étaient guère plus ; à l'*Ave Maria*, personne n'osait s'aventurer dans les quartiers un peu déserts. Le gouverneur de Rome était sur les dents. Malgré ses encouragements, son activité, sa vigilance et son habileté, on ne pouvait surprendre aucun des bandits de Gasparone. On avait multiplié les postes de dragons sur tout le parcours des grandes voies publiques conduisant aux diverses portes. Rien n'arrêtait l'audace de cette bande ; ils dévalisaient ou enlevaient des Romains riches qu'ils ne rendaient que contre rançon.

Un jour cependant, Gasparone faillit tomber dans un piége très-habile du gouverneur. Celui-ci connaissait la cupidité de son homme ; il fit répandre le bruit qu'un riche étranger venait de gagner un quine à la loterie de la ville, et que le gouvernement, dans l'impossibilité de payer les trois cent mille piastres qui lui étaient dus, avait demandé un délai de huit jours, et que tel jour, à telle heure, cette somme de quinze cent mille francs serait ponctuellement payée à son domicile. La somme était appétissante et devait tenter les bandits. Gasparone, assurément, accourrait avec ses plus habiles compagnons : on fit bonne garde aux portes , mais, soit que les dragons eussent mal compris le signalement, soit, ce qui est plus certain, que Gasparone se fût rendu méconnaissable par un déguisement quelconque, on ne put le saisir au passage ; on eut vent de sa présence dans la ville, par un coup des plus audacieux : la caisse du gouverneur fut forcée et volée la veille même que le quine devait être soi-disant payé, en laissant au gouverneur un reçu de la somme volée, signé Gasparone. Le brigand venait de révéler sa présence ; il était dans Rome. Qn fit aussitôt fermer toutes les portes, et cerner la ville par de nombreuses sentinelles.

Enfin Gasparone allait être pris ; on était résolu à

fouiller toutes les maisons, et déjà cette longue besogne était commencée. Le bandit, heureusement pour lui, avait des amis dans Rome. On fait une fausse déclaration mortuaire, on fournit à la police un faux certificat de médecin, puis Gasparone est couché dans un cercueil, que l'on fait porter par quelques frères de la confrérie de la mort jusqu'au cimetière Saint-Laurent, situé hors des murs de Rome. Parmi les personnes qui suivaient le corps du prétendu mort, se trouvaient les compagnons du bandit. Avant de laisser sortir le convoi, on s'assure que parmi les personnes qui le suivent aucune ne répond au signalement bien connu de Gasparone. Protégé par ses amis et par l'obscurité, les enterrements à Rome se font presque toujours la nuit, Gasparone sort du cercueil et gagne la montagne.

Gasparone eut la prévenance impudente d'écrire au gouverneur de ne pas continuer ses recherches.

Nous empruntons l'anecdote suivante au ravissant conteur, dans ce genre le maître à tous, à Alexandre Dumas, qui, dans son *Corricolo*, a consacré quelques pages au trop célèbre bandit :

« On approchait de la semaine de Pâques; Gasparone était trop bon chrétien pour ne pas remplir exactement ses devoirs de religion. Il alla comme d'habitude se confesser; mais le curé lui refusait l'absolution. Une discussion s'établit alors entre le confesseur et le pénitent; et comme le confesseur persistait dans son refus d'absoudre Gasparone, celui-ci, qui ne voulait pas s'en retourner avec une conscience inquiète, tua le curé d'un coup de couteau.

« Gasparone, que tout cela n'empêchait pas d'être bon chrétien à sa manière, alla s'accuser à un autre prêtre, et des crimes qui lui avaient valu le refus du premier, et du meurtre de celui-ci. Le nouveau confesseur, que le sort de son prédécesseur ne laissait pas d'inquiéter, refusa tout juste pour se faire valoir, mais finit par donner pleine et entière l'absolution que demandait Gasparone. »

Gasparone fut toujours ainsi ; il mélangeait des actes empreints d'un sentiment religieux à des atrocités inouïes.

Un jour, dans une petite ville dont le nom nous échappe, des hommes de sa bande s'étaient emparés du saint-sacrement, du saint-ciboire, de deux ostensoires, de la patène et de divers objets d'or ou d'argent.

Dans toute l'Italie centrale, la vénération qu'inspirent les objets sacrés est telle, qu'on ne suppose pas qu'un vol sacrilége puisse y être commis, à moins que ce ne soit par le diable. Aussi les portes des églises restent-elles ouvertes, et pour arrêter Satan, on place de chaque côté de la porte des coquilles d'eau bénite.

Lorsque le bedeau rentra dans l'église et qu'il vit l'autel pillé, il crut avoir la berlue dans les yeux. Il courut chercher le sacristain, celui-ci courut quérir les enfants de chœur et les marguilliers. Tous s'écrièrent, *le Seigneur est volé !*

Ce fut, on le pense bien, grand bruit dans la petite ville. Comme on n'avait vu entrer personne, on accusait le diable.

Les couvents des alentours furent conviés à une neuvaine et firent des processions pieds et tête nus, afin de retrouver les objets perdus. Ce vol parut louche au curé, qui pensait que le diable n'avait pas le pouvoir de dévaliser personnellement son église.

— Il a bien pu, pensait-il, pousser quelques membres de la bande de Gasparone, soit, mais c'est là que se borne son pouvoir.

Il s'adressa donc à une vieille femme enveloppée de sa mantille, qui tourmentait les grains de son chapelet tout en surveillant les petits cierges dont elle avait un soin extrême, parce que les fidèles les avaient payés en l'honneur de leurs parents défunts.

Cette femme se rappela en effet avoir vu, à l'heure indiquée, deux personnes étrangères à la localité.

Huit jours après, des paysans venant le matin au marché, racontèrent qu'en passant dans un bois à quelques milles de là, ils avaient rencontré un homme qui les avait priés de remettre une caisse à l'évêque.

Cette caisse contenait les objets sacrés, avec une lettre ainsi conçue :

« Deux hommes de ma bande, poussés par le démon, ont dévalisé votre église. C'est un sacrilége auquel je ne puis ni ne veux prêter la main. D'ailleurs les coupables ne pourraient se défaire des objets enlevées sans se compromettre. Je vous les renvoie précieusement, et vous prie d'agréer mes regrets et ceux de mes hommes qui ont commis ce vol ; nous nous jetons aux pieds de Votre Grandeur en lui demandant sa bénédiction.

» GASPARONE. »

CHAPITRE XII

Nous venons, dans le chapitre précédent, d'indiquer par quelques faits l'esprit de ruse et l'audace de Gasparone. Nous verrons dans celui-ci que le bandit avait aussi ses heures de générosité.

Était-ce caprice ou calcul de sa part, il serait difficile de le dire. Les habitants de la campagne de Rome racontent à ce sujet un grand nombre d'anecdotes très-curieuses. Nous leur en empruntons quelques-unes dont nos lecteurs nous sauront peut-être gré.

Deux Anglais grands chasseurs s'étaient, après un copieux déjeuner, acheminés vers la forêt de la Faggiola qui s'étend des hauteurs d'Albano et de la Riccia au-delà de Gensano ; leur but était de chasser le porc-épic, qui est très-commun dans ces localités.

Le chasseur se fraie difficilement un chemin à travers les futaies épaisses et les taillis fourrés ou croissent nombreux et enlacés les églantiers et les épines. On ne peut se servir de chiens, qui n'y feraient pas cent pas sans être mordus par des vipères, de la plus dangereuse espèce, appelées vipères rouges. Les hommes, avant de s'aventurer dans ces montagnes, ont le soin de s'envelopper les jambes de bandelettes de cuir épais, ou de chausser de grosses et fortes bottes. Les Apennins sont des masses irrégulières et bizarres de collines élevées les unes sur les autres, comme les gradins d'un amphithéâtre. Elles sont çà et là couvertes de forêts, excepté sur leur sommet, où le granit usé et poli par le temps figure une immense carapace de tortue.

Toutes ces masses sont entrecoupées de ravins profonds et d'échancrures que les pluies creusent et transforment en torrents écumeux.

Les rares sentiers raboteux que l'on y remarque sont à peine tracés, et connus seulement des bandits qui les pratiquent. Sur les crêtes règne un désert aride. Le sol n'y présente absolument rien qui ressemble à de la végétation, si ce n'est quelques rares et maigres touffes de gramens desséchées. De là on domine toute la contrée; on a devant et autour de soi le plus vaste, le plus splendide panorama.

La Méditerranée d'un côté, l'Adriatique de l'autre; et dans le fond, vers le sud, le Vésuve dont la fumée, dans les temps calmes, se dessine en montant vers le ciel, et ressemble de loin à un gigantesque pin-parasol.

Peu de touristes ont la hardiesse de grimper jusqu'à ces sommets où, la rencontre des brigands est presque inévitable.

Nos deux Anglais s'enfoncèrent courageusement dans ces sentiers obscurs, au-dessus desquels tous les branchages variés de la forêt forment des arceaux magnifiques et sombres, et de vastes dais de verdure où çà et là se balancent des nids d'oiseaux. Bientôt le sentier qu'ils avaient suivi se perdit dans une vaste clairière d'arbres isolés dont les troncs, enlacés de plantes sarmenteuses, déployaient leurs riches grappes de fleurs éclatantes, et où aucun être humain, autre que les brigands, n'avait peut-être jamais mis le pied.

De temps à autre on entendait aussi quelques aigles, perchés sur la pointe des rochers, pousser par intervalle leur glapissement strident comme le jeu d'une scie engagée dans la pierre sèche.

Nos Anglais cherchèrent en vain le porc-épic ; aussi, bientôt harassés de fatigue, ils songèrent à faire retraite, mais il ne leur fut plus possible de retrouver leur chemin. Ils allaient de droite et de gauche, interrogeant les buissons et les hautes herbes, cherchant à retrouver les empreintes de leurs pas ; peine inutile. La situation était critique, la perspective de passer une nuit sur des rochers commençait à les épouvanter. Ils maugréaient contre la fantaisie qu'ils avaient eue d'entreprendre une partie de chasse sans avoir un guide.

Le jour commençait à tomber, et ils sentaient l'un et l'autre poindre en leur estomac un appétit que l'air vif de ces régions élevées menaçait de rendre formidable.

— Hélas ! disait l'un, si quelqu'un soupe aujourd'hui, ce ne sera pas nous.

— Et si nous nous endormons, ajouta l'autre, nous nous réveillerons peut-être entre les bras de quelque ours à la maraude.

Aiguillonnés par ces tristes appréhensions, ils poussèrent plus avant leurs recherches, espérant découvrir quelque chemin ou quelque sentier au bout duquel ils arriveraient à la plaine. Mais rien, hélas ! les étoiles commençaient à scintiller au firmament, et la lune apparaissant déjà au-dessus de l'horizon ne jetait encore, et par intervalles, qu'une clarté douteuse. Peu à peu la nuit se fit ; le ciel devint sombre et l'obscurité profonde avant qu'ils eussent fait trois cents pas. Dans les régions du midi le crépuscule est fort court, et l'on passe presque sans transition du jour à la nuit.

Les deux Anglais comprirent qu'il fallait renoncer à tout espoir de retour, du moins pour le moment. Ils ne s'occupèrent plus que de choisir le mieux possible une retraite propice pour s'y reposer jusqu'au matin. D'abord ils songèrent à grimper sur un arbre pour se garantir des bêtes fauves ; mais, outre le danger de s'y endormir sans appui, de tomber et de se rompre le cou, le vent froid qui passait à travers le feuillage conseillait un autre gîte. Ils rencontrèrent heureusement un lieu assez profond, abrité par quelques roches amoncelées et s'y blottirent du mieux qu'ils purent, après toutefois avoir eu la précaution de le couvrir de petits branchages qu'ils avaient trouvés çà et là, pour se garantir de l'humidité, remettant au lendemain l'espoir de sortir de ce labyrinthe de broussailles et de roches où ils tournaient depuis plusieurs heures sans pouvoir trouver d'issues.

Peu à peu nos deux voyageurs se laissèrent aller aux douces rêveries que provoquent ces solitudes profondes, où la nature a conservé toute sa puissance. Tant que dura ce silence solennel, nos deux voyageurs restèrent ainsi recueillis ; mais les cris lugubres des oiseaux de nuit vinrent les ramener bientôt au sentiment de leur situation qui n'était pas sans danger. Ces bois étaient l'asile des brigands, et la peur les prit tous les deux quand ils se rappelèrent les terribles aventures qui s'étaient passées dans cette forêt de la Fraggiola ; l'un et l'autre prêtaient l'oreille. Le murmure des vents glissant dans la feuillage leur semblait être tantôt des chuchotements d'hommes, tantôt les hurlements lointains des loups ou le grognement des ours. Mais bientôt, vaincus par le fatigue, nos deux Anglais s'endormirent.

Le lendemain matin, comme les ombres géantes du soleil commençaient à se répandre sur les cîmes gigantesques des Apennins et jetaient dans l'air diaphane du matin ses rayons obliques, nos deux chasseurs s'éveillèrent et se mirent en route, à la recherche non cette fois d'un sentier, mais en quête d'une proie quelconque au moyen de laquelle ils pussent satisfaire aux besoins impérieux de la faim qui les dévorait. La veille ils avaient, l'un et l'autre, soupé avec un œuf dur et un reste de pain oublié dans leur carnier et partagé fraternellement en deux.

Ils erraient à l'aventure depuis trois quarts d'heure environ, lorsqu'ils rencontrèrent un paysan singulièrement accoutré, armé d'un fusil et enveloppé de son manteau brun, marchant à travers les fourrés, le fusil sous le bras, comme quelqu'un qui se promène. Cet homme était coiffé du chapeau conique traditionnel orné de plumes de paon et de rubans de velours rattachés sur le côté par des petites boucles et garni sur le devant, d'une petite madone en argent.

— La paix soit avec vous, signori, leur dit l'homme en venant à leur rencontre, et attachant sur eux un regard profond et froid comme celui d'un oiseau de proie.

— Aho ! aho ! bonjor, répondirent les Anglais avec cet accent britannique qu'on leur connaît. C'est lé Providence qui envoâ vô à nô.

— Mais, dites-moâ, d'où sort vô ?

— De là, signori, dit le paysan en leur montrant du doigt une large fissure dans les rochers qui s'élevaient au-dessus de leur tête, à quelques pas en arrière.

— Aho ! aho ! ce été bien le Providence qui met vô sur le chemin de nô...

— Dites plutôt que c'est la Madone qui me conduit à votre rencontre... Mais que venez-vous faire ici ?

— Nô étions venus pour chesser le petite énimal qui porté sur le dos de loui des petites égouilles ; comment vô nommez cette petite énimale ?...

— Oh ! yes, yes, affirma l'autre Anglais, pour chesser le porte-épic. Oh !

— Oh ! porc-épic, yes, reprit l'autre en se tournant vers son camarade.

— Vous commencez la chasse de bonne heure, signori.

— Aho ! nô, nô, moâ et le camèrède de moâ chercher depouis hier soir lé chemin ; mais nô avions perdu nô dans le forêt, et nô avions couché nô tout le nuit déhors ; aussi nô avons fortement besoin de raosbeef.

— Où demeurez-vous ?

— A Abaino, Abaino !

— Diable ! vous en êtes à près de dix mille.

— Et de Genzano ?

— Vous y tournez le dos. D'ici, il vous faudrait au moins une bonne heure de marche.

— Aho ! firent les deux Anglais ; oune hôre ! et rien pour reconforter nô !

— Hier nô avons soupé avec oune petite œuf couite.

— Comment, vous êtes si mauvais chrétiens que vous mangez des œufs dans le carême ! Que dira votre curé ?

— Aho ! vô voloir rire.

— Si vous avez besoin, j'ai là, dans mon sac, une miche de pain et du fromage ; je vous l'offre. Si affamés que vous soyez, il y en aura, je pense, assez pour trois ; du moins pour apaiser votre faim.

La proposition fut acceptée avec empressement. On s'assit sur l'herbe, à l'ombre d'un chêne plusieurs fois séculaires, et l'on se mit à partager le butin du paysan. Pendant un quart d'heure, pas une parole ne fut échangée entre ces trois personnes, dont deux étaient trop occupées à satisfaire leur appétit. De temps en temps, le paysan fixait sur ses deux convives un regard scrutateur, et leur offrait sa gourde pleine de piquette.

— Vous êtes bien heureux de n'avoir pas rencontré Gasparone sur votre chemin. Vous me paraissez être des Anglais de distinction, et il aurait pu vous dévaliser ou vous emmener dans la montagne, pour ne vous rendre que contre une bonne rançon.

— Aho ! dit l'un des Anglais, Gaispérone, c'était oune gentleman original ; je voudré bien voir le personne de loui.

— Gasparone est un bandit, et vous êtes mal renseigné sur lui.

— Aho ! nô, c'était oune cheveleresque gentleman ; il était jaloux comme Othello, et il avait coupé le estomac de la Desdémone à loui.

— Poverina ! Le brigand, il l'a tuée comme une chienne, sans lui laisser le temps de dire un *Ave*, fit le paysan avec animation.

— C'était lé jalousie de Othello.

— La jalousie ! n'autorise pas, ne justifie pas un tel crime.

— Lé jalousie, il pardonné tout en Engolterre.

— Gasparone est un brigand, répliqua le paysan avec véhémence ; c'est un scélérat, il mérite d'être pendu, et si jamais on lui passe la corde au cou, on aura purgé la terre d'un fameux coquin.

Et en disant ces mots, le paysan plongeait ses yeux dans ceux des deux chasseurs, comme pour y surprendre leur pensée.

— Aoh ! nô voloir bien que Gaispérone soit pendu, mais pas avant que nô ayons vu loui !

— Vous tenez donc beaucoup à connaître ce bandit ?

— Aho ! c'était oune grande couriosité de nô, et nô donnons à vô deux piastres, si vous vous montrez loui à nô.

— Dieu me garde de vous écouter ; il pourrait nous prendre, vous et moi, pour des espions et nous faire une vilaine affaire.

— Aho ! nô, ne avoir pas peur ; lui être gentleman.

— Oh ! non ; on dit qu'il se soucie comme de cela de tuer un homme, surtout quand il s'imagine que l'on vient pour l'espionner. D'ailleurs, on ne sait où le saisir. Il est comme le Juif Errant, il perche tantôt ici, tantôt là. Il loge dans les bois, comme un loup. Il a une femme et va la voir dans le village accroché dans les montagnes que vous voyez là-bas !

— Essayez tojours ; tenez, je donné à vô quatre piastres.

— Puisque vous le voulez absolument, je vais vous conduire dans l'Artemisio, où l'on affirme qu'il passe souvent la nuit avec les siens. Mais je n'accepte pas vos quatre piastres, vous me les donnerez au retour. Si Gasparone soupçonnait que je me suis fait votre cicerone, il me ferait un mauvais parti. Vous jurez sur la madone de ne pas dire que vous l'avez vu ?

— Nô jiourer tot de souite !

— C'est bien. Alors, suivez-moi, messieurs, à vos risques et périls. Et le paysan ouvrit la marche, le fusil sur l'épaule et se frayant un passage à travers les taillis touffus, en cassant à demi de droite et de gauche des branches vertes. Après une heure d'une marche pénible, on arriva sur le point culminant d'un mamelon rocheux et déchiré, couverts d'énormes buissons et de troncs séculaires dont les racines étaient soudées dans les fissures de la pierre. Là, le paysan leur dit d'attendre et se perdit dans le fourré. Quelques instants après les deux Anglais entendirent comme le cri plusieurs fois répété d'un oiseau de proie passant dans le voisinage, et bientôt ils se virent cernés par une quarantaine d'individus armés qui les tenaient en joue. Ils étaient, à n'en pas douter, tombés au milieu des bandits.

— Vous avez voulu voir Gasparone, dit un des bandits qui s'avançait derrière eux; le voici.

Les deux Anglais se retournèrent précipitamment et restèrent stupéfaits en reconnaissant leur guide. C'était Gasparone en personne! c'était lui qu'ils avaient rencontré le matin et avec lequel ils avaient partagé le déjeuner.

— Vous avez fait maigre chère ce matin, messieurs, avec le contenu de ma besace; vous accepterez bien je pense une collation un peu plus confortable avec votre guide.

Les deux chasseurs stupéfaits de l'aventure et tout entiers à l'examen de Gasparone ne surent d'abord que répondre. Mais le premier moment d'étonnement passé ils acceptèrent l'offre qui leur était faite. Ils allèrent s'abriter pêle-mêle avec les brigands sous une hutte de ramée de roseaux et de foin, et se groupèrent autour d'un brasier où achevait de rôtir un porc-épic pris au lacet pendant la nuit et dont la chair leur parut tendre et délicate comme celle d'un lapereau.

— Nous sommes obligés, quand nous campons, de faire du feu la nuit, dit Gasparone, de peur que la fumée ne trahisse au loin notre présence. Mais, ajouta-t-il en riant, ce porc ne sera pas moins tendre pour avoir été cuit au clair de lune. Tenez, goûtez cela, et ce disant le bandit leur passa à chacun une large tranche de jambon fumant qu'il venait de détacher avec un eustache d'une lame formidable.

Durant le repas Gasparone causa avec les deux Anglais, leur parla des brigands de l'Angleterre et fut fort étonné d'entendre dire que dans la Grande-Bretagne, les brigands ne pouvaient pas braver longtemps les lois du pays; qu'un crime commis, le coupable était presque immédiatement arrêté, emprisonné, jugé et pendu... jusqu'à ce que mort s'ensuive.

— Mauvais pays, dit-il, que celui où l'on ne peut prendre la montagne. Il faut, à ce que je vois, dévorer en silence les trahisons que l'on vous y fait subir, les insultes et les outrages que l'on fait à votre famille.

— Mais *Gaispairone*, répliqua l'un des Anglais, la *relidgione* défend le vengeance...

— La religion, la religion, s'exclama Gasparone, remet-elle les bras cassés, la perte de l'honneur d'une femme bien aimée, punit-elle l'ingratitude, punit-elle la honte qu'un lâche a imprimée au front de votre sœur, de votre femme, de votre mère ! Tenez, Messieurs, restons-en là. Les lois que vous respectez dans votre pays ont été faites pour vos froides natures. Ici ces lois-là soulèveraient toute la population.

Puis, le déjeuner étant fini, Gasparone se leva brusquement et leur dit :

— Messieurs, maintenant votre désir est satisfait, vous

avez vu Gasparone ; il faut retourner à Albano où l'on doit être inquiet de votre absence. Je suis sûr que l'on y dit déjà que je vous ai arrêtés, tués peut-être, ou tout au moins dévalisés. Allez rassurer vos amis et dites-leur que je ne suis pas si mauvais diable que l'on me fait. Seulement, détournez ceux qui seraient tentés de faire comme vous, parce que je les tuerais comme des chiens. Ma sûreté et celle de mes hommes m'obligeraient à faire un exemple. Vous chassiez ; le hasard vous a mis sur mon chemin, c'est bien ; je n'ai pas voulu manquer ni à la générosité, ni à l'hospitalité que je vous devais ; mais sachez que vous n'avez pas fait un pas dans la forêt que je ne vous aie vus et suivis.

— Nô avoir promis au guide *quatre piastres*, permettez à nô de offrir dix ducats à vô.

— Le guide est Gasparone, et Gasparone ne vend pas les services ni l'hospitalité qu'il offre. Vous donnerez ce que vous voudrez à ceux de mes hommes qui vont vous reconduire et vous remettre sur votre chemin.

— Oh ! très-bien ! alors, moâ offrir au gentlemen *Gaispairone* oune toute petite souvenir ; et tirant de sa poche une charmante montre en or, un chronomètre, il l'offrit au brigand, qui la refusa d'abord, et finit cependant par l'accepter sur les insistances pressantes des deux chasseurs.

Gasparone appela trois hommes et leur donna l'ordre de les accompager jusqu'aux portes du couvent de Monte-Calvi ou de Larricia.

— Par le sang du Christ ! dit-il, vous m'en répondrez sur votre peau.

Les deux Anglais serrèrent la main du brigand avec les mêmes démonstrations amicales que s'ils eussent dit adieu à un ami de vingt ans ; Gasparone se montra très-touché de cette marque d'estime. Les chasseurs partirent et furent ramenés avec beaucoup de politesses auprès de Larricia, d'où en un quart d'heure ils gagnèrent Albano.

On a souvent dit que les bandits italiens avaient un grand respect pour les biens, les personnes du voisinage de leurs exploits et pour la parole donnée. Voici une historiette qui dément ces assertions.

Vers la fin de juillet 1815 ou 1816, le prince de X... habitait la villa de Castel-Madama, au pied de la ville de Tivoli, il eut l'intention de quitter sa villa ; mais l'audace des bandits était telle, qu'il n'y avait plus de sécurité pour personne à Frascati, à Albano et à Tivoli même, peuplée de plus de dix mille âmes. Sauver sa personne n'était pas impossible ; à la faveur d'un déguisement quelconque il gagnerait bien sans encombres la ville éternelle, mais le difficile était d'emporter son argenterie, ses objets les plus précieux et ses sacs d'écus. Les brigands avaient un système d'espionnage parfaitement organisé ; ils apprirent bientôt la résolution du prince et firent bonne garde autour de la villa ; il paraissait impossible que personne pût en sortir sans passer sous leurs yeux. Cependant Filipo Gazoni, l'intendant du prince, fut moins embarrassé. Il dit à son maître :

— Gagnez Tivoli et de là Rome. Je saurai bientôt vous y rejoindre, en passant même sous les yeux des brigands.

Le prince partit un matin, sous le costume d'un vigne-
ron qui va travailler à ses vignes. Filipo Gazoni sortit à
son tour le surlendemain, suivi d'un enfant traînant par
la bride un cheval boiteux et maigre, une rossinante, et
derrière un âne portant sur le dos une charge de charbon.

L'intendant avait l'air de se promener les mains derrière le dos comme quelqu'un qui prend l'air. Les bri-
grands l'avaient bien aperçu ; mais ils avaient été trompés
par ses allures, qui étaient bien celles d'un vrai paysan.
Quant à l'âne chargé de charbon, ils n'avaient même pas
songé à lui. Les sacs de charbon renfermaient l'argenterie et les objets précieux du prince.

Le soir même, Gasparone et sa bande apprirent qu'ils
avaient été joués très-adroitement, et ce fut pour eux
le thème de mille malédictions. Ils jurèrent de se venger
sur la première personne qui entrerait à Castel-Madama
ou qui en sortirait. L'occasion ne se fit pas longtemps
attendre, elle se présenta dès le lendemain, dans l'après-
midi : un chirurgien de Castel-Madama, le signor Fornari, appelé en toute hâte de Tivoli auprès d'un malade,
et l'exprès Nervali furent arrêtés par les bandits. Le chirurgien Fornari eut beau exhiber ses trousses, ses
compresses, ses lancettes, etc. ; il eut beau protester par
serment qu'il n'avait pas de fortune, ils ne voulurent pas
le lâcher et le conduisirent par des chemins et des sentiers très escarpés à Gasparone, qui lui demanda deux
mille écus romains pour sa rançon (10,000 fr.).

— Mais je suis un pauvre diable, répliqua Fornari ;
vous savez bien que je n'ai jamais eu et que je n'aurai

probablement jamais une telle somme en ma possession ;
deux mille scudis ! ! Bon Dieu !

— Fais-toi les donner par le malade que tu vas soigner, répliqua Gasparone ; il a besoin de toi pour retarder ses comptes avec l'enfer.

— Celui que je vais soigner est le sommelier du
prince.

— Le prince les donnera pour lui ; écris et dépêche-toi.

— Mais le prince est parti.

Fornari savait qu'il était inutile de combattre les prétentions du brigand, qu'hésiter même était un arrêt de
mort : il écrivit. Son langage fut naturellement celui d'un
homme qui était fort mal à son aise avec de pareilles
gens, et il suppliait qu'on lui donnât de suite les moyens
d'en sortir. Il n'avait point de fortune ; tout ce qu'il
possédait, réuni et vendu, n'eût peut-être pas produit
le quart de cette somme. Sa lettre terminée, on la fit
porter par un paysan qui travaillait dans le voisinage.
Le docteur Fornari, que la peur gagnait de plus en plus,
écrivit, une heure après, trois autres lettres adressées à
quelques-uns de ses amis, les conjurant de faire vendre
tout ce qu'il possédait dans les vingt-quatre heures, ou
d'emprunter en son nom les deux mille scudis. Un autre
paysan, qu'on alla enlever dans ses vignes, fut chargé de
porter ces autres suppliques dans la ville. Dès que la
nouvelle de la situation fâcheuse du chirurgien fut connue dans Tivoli, tout le monde sortit dans les rues ; on
se croyait à la veille d'être assiégé et mis à contribution
par ces bandits et on discutait les moyens à employer
pour résister à une agression de cette nature, qui s'était

déjà plusieurs fois renouvelée. La police prit des mesures; des dragons eurent l'ordre de garder les portes et
une estafette fut en toute hâte expédiée à Rome pour
demander du secours. Pendant ce temps, on négligeait
de répondre au pauvre Fornari et on oubliait de s'occuper de sa rançon, que les bandits espéraient voir arriver
avant la fin du jour. Rien ne vint cependant; et Gasparone, réunissant ses hommes, leur demanda leur avis :
Fallait-il tuer les deux prisonniers ou les renvoyer?

Fornari, qui avait entendu ce colloque, tomba presque
en pamoison. Il fut tiré de sa syncope par son compagnon
Nervali. Ce Nervali était un petit homme très-vif,
trapu, babillard et rageur. Il ne pouvait pardonner aux
brigands de l'avoir fait prisonnier, lui, un père de famille, qui, en maintes occasions, leur avait rendu service, soit en leur faisant parvenir des vivres lorsqu'ils
n'en avaient plus, soit en leur faisant tenir quelques
renseignements utiles qui devaient les mettre à l'abri
des dragons.

— Pourquoi me retiennent-ils ici? s'écriait-il avec
colère. A quoi puis-je leur être bon? Ma pauvre femme
sera morte d'inquiétude demain matin, la poverina!
Puis, après mille exclamations de ce genre, il se mit à
examiner les armes des bandits, et à leur faire mille
questions. Ceux-ci, pensant qu'il s'était fait espion, ré-
solurent de s'en débarrasser immédiatement. Comme il
était en train de causer avec le chirurgien, un bandit
arrivant par derrière, lui asséna sur la nuque un violent
coup de crosse de carabine. Le pauvre diable se releva
d'un bond en s'écriant :

— J'ai une femme, des enfants dont je suis l'unique soutien, de grâce, au nom de la madone, laissez-moi la vie !

Et il se défendait en même temps et des pieds et des mains contre son agresseur. Quelques autres bandits vinrent aussi l'assaillir. Le malheureux, dont l'instinct de la conservation décuplait les forces, continuait à se défendre avec une énergie extraordinaire. Enfin, cédant au nombre, il fut bientôt acculé au bord d'un précipice, il reçut un coup de stylet dans la gorge, puis on fit rouler son cadavre dans l'abîme.

Pendant cette scène horrible, qui dura quelques minutes, le chirurgien avait fermé les yeux pour ne rien voir, et, plus mort que vif, il récitait d'une voix basse et entrecoupée vingt *Pater* et vingt *Ave*, recommandant son âme à Dieu et à tous les saints du paradis. Gasparone s'approcha et lui dit, en rentrant dans son fourreau son stylet dégouttant de sang :

— Ne craignez rien, vous. Nervali était un espion, nous l'avons dépêché dans l'autre monde, où le diable l'emploiera à ce vilain métier.

Quelques instants après, le pâtre envoyé à Tivoli, revint apportant avec lui un sac contenant cinq cents écus, qu'il remit entre les mains du chef de la bande, en lui disant que c'était là tout ce qu'il avait été possible de recueillir de la générosité des Tivoliens.

— Tiens, répliqua aussitôt Gasparone en sortant du sac deux scudis qu'il mit dans la main du paysan, voilà pour ta peine. Tourne-nous vite les talons, et si tu t'amuses à causer de ce que tu as vu, c'est moi qui me chargerai de te clouer la langue.

Puis, s'adressant à un des bandits, avec un ton qui ne souffrait pas de réplique :

Que l'on reconduise ce jeune homme au bas de la montagne.

Le pauvre docteur était accablé. Cette somme, jointe à celle qu'il attendait de la vente de ses propres biens, ne devait tout au plus atteindre qu'à la moitié du chiffre exigé par les bandits, et il savait, qu'en matière de rançon, ils étaient inexorables. Dans un moment de désespoir, comme il s'écriait qu'il eût autant aimé subir le sort de son infortuné compagnon, Gasparone s'approcha vivement du prisonnier, et lui dit avec une colère railleuse :

— Docteur, ne dites pas de pareilles choses. Sachez bien que pour nous comme pour vous, c'est chose indifférente que de tuer un homme. Un de plus, un de moins, cela nous importe peu.

Le pauvre docteur, de plus en plus effrayé, se tut et s'affaissa comme un homme qui a perdu tout espoir.

Vers la fin du jour, les bandits se mirent en route, le traînant à leur suite. Après une marche pénible de plusieurs heures à travers des sentiers rocailleux et escarpés, à peine tracés dans les flancs de la montagne, ils arrivèrent dans une forêt plantureuse couronnant le sommet d'un morne assez élevé; ils s'arrêtèrent au milieu d'un épais fourré, au pied d'un escarpement. Fornari, brisé par la fatigue et l'émotion, s'endormit d'un profond sommeil et ne se réveilla que vers le matin, les membres engourdis par le froid et l'humidité. Les brigands étaient en train de déjeuner d'un énorme mouton dont ils avaient pensé à lui conserver une part embrochée dans la baguette d'une espingole. Fornari mangea peu et but beaucoup d'une eau saumâtre que deux des bandits avaient été puiser dans une mare voisine.

Puis recommencèrent pour le malheureux docteur mille taquineries horribles, qui redoublèrent ses terribles angoisses.

L'un des bandits s'approcha et lui dit à voix basse :

— Vous êtes un homme perdu, si le second courrier ne nous apporte pas au moins mille écus.

— Nous devrions envoyer à Tivoli une des oreilles du docteur, répliqua Gasparone qui avait entendu les paroles de son compagnon.

Après un moment de silence, le chef des bandits ajouta inhumainement, en ayant l'air de se tourner d'un autre côté :

— Le docteur est une bouche inutile. Si, demain vers la brune, les habitants de Castel-Madama ou de Tivoli n'ont rien envoyé, nous le jetterons dans les fondrières, au pied de ce sentier.

Mille autres propos de ce genre se croisaient autour du malheureux Fornari, qui en avait la tête martelée.

Un des hommes de la bande, d'une taille colossale, mais d'une maigreur extraordinaire, eut pitié du pauvre diable, s'approcha et lui dit :

— Ne craignez rien, docteur, calmez-vous et ne faites pas attention aux menaces et aux plaisanteries de mes camarades. Je vous garantis la vie sauve ainsi que la liberté dès le retour de votre messager, quelle que soit la réponse qu'il apporte. Personne de nous n'a certainement pas la volonté ni la pensée de vous tuer ; nous ne tuons pas pour le plaisir de tuer, sachez-le bien.

La journée se passa sans qu'aucun incident nouveau vînt rien changer à la position du prisonnier. Les paroles du brigand l'avaient calmé, et il paraissait moins abattu. Des pâtres, sur l'ordre qui leur en avait été donné, apportèrent des peaux de moutons et de chèvres, les unes sèches, les autres presque saignantes, qu'ils avaient été prendre dans les bergeries du voisinage. On les étendit sur la bruyère, et, les sentinelles posées, on se coucha, Gasparone et son second à côté du docteur, l'homme maigre un peu plus loin.

Les bergers se lamentaient d'être retenus prisonniers ; l'un des brigands, laissa tomber la crosse de sa carabine sur l'échine de l'un d'eux, avec un juron formidable ; ils se turent et firent semblant de dormir.

Vers les premières lueurs du matin tout le monde fut réveillé par un coup de fusil suivi tout aussitôt d'un cri horrible. En un instant tout le monde fut sur pied, croyant avoir à ses trousses les dragons du pape. Mais on apprit bientôt que deux des bergers, profitant de l'obscurité de la nuit, s'étaient, en rampant, rapprochés du sentier et enfuis en emportant les provisions. La sentinelle les ayant aperçus, en avait tué un ; l'autre, glissant heureusement sur la pente escarpée de la montagne, au risque de se casser le cou, avait pu échapper aux bandits. Gasparone ne changea pas la place de son campement, sûr que personne ne viendrait l'y traquer, et après avoir réprimandé avec colère ceux des siens qu'il avait chargés de veiller sur la bande, il se rendormit.

La troupe reposait depuis quelques heures lorsqu'une des vedettes vint lui dire que le jour commençait à poindre.

— C'est bon, dit Gasparone, tu reviendras dans une heure ou deux.

Puis tout rentra dans le silence.

Le docteur, bien qu'accablé de fatigue, avait mal dormi; il était d'ailleurs mal vêtu et avait pris la fièvre en couchant à la belle étoile et à l'humidité. Il avait la tête brûlante et cependant il grelotait, ses dents claquaient. L'homme maigre s'aperçut de l'indisposition de Fornari, il lui donna son propre manteau, sa peau de mouton, l'enveloppa avec soin et le recoucha plus chaudement. A ce moment un oiseau de proie jeta quelques cris en passant rapidement au-dessus des brigands, le pauvre Esculape malade le prit pour une chouette, et se signa plusieurs fois. Superstitieux à l'excès, il fut frappé de stupeur, se releva, et demanda avec anxiété quel était l'oiseau qu'on venait d'entendre.

Gasparone répondit que c'était le cri d'un faucon; ces paroles le calmèrent un peu et dégagèrent son cerveau plein de sinistres visions. Dans la position de Fornari, les plus petites choses prennent des proportions gigantesques; l'esprit se met à la torture pour trouver dans le moindre bruit, l'acte le plus indifférent, le cri soudain d'un oiseau, des objets disposés de telle ou telle manière, en croix, par exemple, des signes certains d'un malheur prochain. Malgré l'assurance que lui avait donnée l'homme maigre, le pauvre docteur avait toujours présent à l'esprit la mort tragique de l'infortuné Nervali et n'osait bouger, même pour éloigner les myriades de cousins tourbillonnant autour de sa figure, de crainte que ses mouvements ne fussent mal interprétés par messieurs les brigands.

Comme huit heures sonnaient à l'horloge d'un couvent du voisinage, Gasparone se leva et tous les hommes qu'il commandait firent de même. On mangea un morceau en grande hâte, et on se remit en route, lentement, avec précaution, en cherchant à travers d'épais halliers à gagner la crête d'une montagne voisine. La moitié de la journée se passa à parcourir des futaies plantureuses et sombres, puis on gravit un sentier rocailleux, étroit, ardu, qui était bordé, d'un côté, par des rochers tapissés de mousse, de bruyère ; de l'autre, par des broussailles et des taillis clairs-semés.

Nul bruit ne troublait le silence de ces régions élevées, on n'entendait que la voix de la brise secouant les dômes de feuillage de la forêt. A travers quelques éclaircies on apercevait la mer qui, noyée dans une brume chaude, se confondait avec le ciel en passant par gradations d'un rouge éclatant au violet sombre.

Ce sentier était si étroit que le docteur hésitait à marcher, la profondeur des abîmes lui donnait le vertige. Enfin, moitié de gré, moitié conduit ou plutôt poussé par un brigand, il parvint comme tout le monde sur le sommet d'une montagne énorme. Le froid y était vif et piquant. La Méditerranée apparaissait dans le lointain dans toute sa majestueuse splendeur. Ce magnifique spectacle jeta pour un moment du calme dans l'esprit du prisonnier ; il se sentit plus à l'aise. Ces halliers épais où toute la bande venait d'arriver et devait camper étaient, de toutes parts, environnés de rochers escarpés taillés à pic, ne laissant qu'une échancrure étroite où aboutissait le sentier par où les bandits étaient arrivés.

A la grande surprise de Fornari, ces messieurs y rencontrèrent leurs femmes ou leurs maîtresses qui les attendaient là depuis le matin. On laissa le docteur et les deux pâtres à la garde d'une sentinelle, et les bandits allèrent s'asseoir, causer et souper avec leurs dignes moitiés.

Gasparone appela le pâtre, qu'il retenait près de lui pour s'en servir comme d'estafette et d'intermédiaire.

— Tu vas retourner par le chemin le plus court à Tivoli, que tu vois là-bas sur la pente de la colline opposée. Il te faut une heure et demie pour y arriver, si tu as de bonnes jambes. Tu suivras exactement le chemin que nous avons pris pour arriver ici, et tu ne t'arrêteras qu'à la porte de la ville, où tu attendras le messager du docteur pendant deux heures ; tu l'amèneras ici, autrement il ne saurait suivre nos traces. Il faut penser à tout : tu remarqueras si personne n'examine de trop près tes talons, tu m'entends ? Tourne moi les tiens au plus vite et ne t'amuse pas, autrement il t'en cuira.

Le berger partit prestement, et, selon l'expression d'un poëte, léger comme une hirondelle joyeuse. On peut s'imaginer les angoisses qui poignaient le cœur du prisonnier. Il y avait deux jours qu'il était captif et il se rappelait les paroles menaçantes de Gasparone. Ses amis avaient-ils pu réaliser une somme convenable? avaient-ils pu vendre ses biens, ses nippes, ses livres, ses meubles? En Italie, ce n'est pas chose facile que de se défaire du jour au lendemain d'un mobilier, de terres, de maisons, etc. L'argent y est rare, et, bien que la plupart des propriétaires soient dans l'aisance, ils ont rarement de l'argent comptant; ils n'ont pas coutume d'amasser pour l'avenir; ce qui leur reste sur les revenus de leurs fermes et de leurs champs est d'ordinaire converti en bijoux, bracelets, perles, parures, pour leurs femmes et leurs filles. Leur position est un état moyen entre l'aisance et la pauvreté. Ils ne songent pas à améliorer leur condition par des spéculations industrielles. Le docteur pensait à tout cela et se disait à part lui :

— J'aurai bien de la chance si je ne moisis pas dans quelque trou de rocher. Il me paraît impossible que l'on parvienne, dans Castel-Madama et même dans Tivoli et Frascati, à trouver deux cents scudis vaillants! A moins d'un miracle du ciel, je suis un homme perdu, et il faut songer à notre salut.

Gasparone, quoi que dise le *grand maigre*, ne me laissera pas aller sans rançon, cela est bien entendu.

Le jour commençait à tomber. Les bandits, leurs femmes autour d'eux, s'amusaient à jouer à différents jeux de hasards. Les perdants faisaient entendre de grossiers jurons, les gagnants riaient aux éclats. Comme les sons lointains de la cloche d'un couvent annonçaient l'*Ave Maria* (angelus), le berger vint interrompre les joueurs et ranimer l'espérance du docteur.

Le messager de la veille le suivait à quelques pas et apportait deux sacs cachetés, une lettre, un panier de provisions et quelques chemises en toile dont les brigands s'emparèrent, bien que ces objets fussent destinés à leur prisonnier.

Gasparone prit les deux sacs, les attacha ensemble, les jeta sur son épaule et fit lever le camp. Puis, s'adressant au messager et en lui jetant généreusement quelques piastres, et se tournant à demi vers Fornari :

— Tu vas reconduire monsieur à Tivoli. Tu connais le chemin ; il est difficile, prends garde, s'il arrivait quelque accident au docteur, on m'accuserait. Tu me réponds de sa vie.

Le docteur ne se fit pas prier, et, cette fois, en repassant par les étroits sentiers qu'il avait traversés la veille, il n'éprouva pas de vertige. Il arriva dans la nuit à Tivoli, accablé de fatigue et avec une fièvre violente à laquelle se joignit le chagrin de se voir complétement ruiné et dépouillé.

Cependant Gasparone, ayant appris quelques jours après, la détresse extrême du pauvre Fornari, lui renvoya deux mille scudis.

CHAPITRE XIII

La tête d'une princesse. — La montre à répétition. — Le gouverneur de Rome prisonnier. — Arrestation et évasion de Gasparone. — Gasparone prédicateur.

Gasparone n'avait pas toujours autant de générosité, et voici un trait de froide cruauté qui explique la terreur attachée au nom de ce brigand.

Il avait appris, par ses nombreux émissaires, qu'il y avait à Rome un étranger de haute distinction, un Anglais nouvellement marié, qui visitait l'Italie en nabab, semant des sommes énormes pour satisfaire les caprices de sa jeune femme, qui aimait les arts avec passion. Il résolut de les enlever à leur prochain passage dans les marais Pontins, pour en tirer une rançon exorbitante. Soit que les renseignements lui eussent été mal donnés, soit qu'il les eût mal compris, il manqua les voyageurs d'une demi-heure. L'Anglais et sa femme arrivèrent à Terracine sains et saufs, et ne se doutant pas qu'ils avaient échappé à un danger imminent. Le brigand, furieux de voir une aussi belle proie lui échapper, conçut un hardi coup de main pour la ressaisir, si cela était possible. Il envoya à Terracine un des siens, qui lui rapporta que l'Anglais était desdendu à l'*hôtel de la Poste*, et qu'il y passerait la nuit. Il partit à dix-heures du soir avec une quarantaine d'hommes de sa bande, les plus déterminés. Il n'en fallait pas un plus grand nombre pour assiéger la ville, la prendre d'assaut et la mettre à sac. Il arriva entre minuit et une heure du matin. Tout dormait dans Terracine. Dans ces petites villes de la Péninsule italique, les habitants ont conservé les mœurs et les habitudes du moyen âge, et l'heure du couvre-feu est toujours celle où tout le monde rentre pour se livrer au repos. Gasparone fit cerner l'hôtel et y pénétra avec quelques-uns des siens seulement. Surpris dans leur premier sommeil, les gens de l'hôtel crièrent au secours. Le brigand tua ou blessa tout ce qui s'opposait à son passage, et n'eut que le temps d'enlever lady D. S..., qui se trouvait dans le plus simple appareil.

Lord D. S..., put, à la faveur de l'obscurité profonde, échapper aux bandits qui le poursuivaient, et alla se réfugier dès le lendemain matin dans la ville de Gaëte.

Vingt-quatre heures après, Gasparone écrivait à lord D. S... qu'il eût à lui faire parvenir cinquante mille piastres en échange de sa femme, qu'il avait séquestrée, mais pour laquelle il aurait les plus grands égards, et qui lui serait renvoyée saine et sauve.

« Vous avez, lui écrivait-il, dépensé rien qu'à Rome un demi-million en statues, tableaux, mosaïques, marbres antiques et autres objets d'art ; vous pouvez bien consacrer la moitié de cette somme au rachat de votre femme... »

Lord D. S..., à qui la police faisait espérer que tous les bandits allaient être pris et pendus, ne se pressa point de répondre à cette invitation du brigand.

Après trois jours d'attente, Gasparone écrivit de nouveau une lettre plus pressante, à laquelle il joignit la moitié de la chevelure de lady S... Il terminait sa lettre en disant que si, au bout de trois autres jours, il n'avait point de réponse, il lui enverrait une oreille de sa femme !

Lord S... ne crut point à tant de cruauté ; d'ailleurs il espérait que les recherches très-actives de la police ne resteraient point infructueuses. Au dire de tout le monde, Gasparone et sa bande étaient serrés de près ; il attendit.

Les trois jours expirés, lord S... reçut une troisième lettre de Gasparone, accompagnée d'une boîte renfermant l'oreille promise. Cette fois il accordait cinq autres jours ; après quoi, si les cinquante mille piastres ne lui parvenaient point, ce serait la tête de milady qu'il lui ferait remettre.

Il n'y avait plus à hésiter. L'Anglais partit aussitôt pour Naples, et en rapporta les deux cent cinquante mille francs qu'il confia à son valet de chambre, en qui il avait toute confiance, et auquel il donna les indications nécessaires pour arriver jusqu'au bandit. Le valet de chambre partit.

Lord S... attendit avec une impatience fébrile le retour de son domestique et de sa femme. Deux jours se passèrent dans d'horribles angoisses. Vers onze heures, le matin du troisième jour, un paysan déposa entre les mains du maître de l'hôtel une caisse en bois grossier, à l'adresse de lord S... et se perdit aussitôt dans les rues tortueuses de Gaëte. C'était Gasparone lui-même. La caisse fut ouverte, c'était la tête mutilée et encore toute palpitante de lady S...

Le valet de chambre, au lieu de se rendre auprès du bandit pour traiter de la rançon de sa maîtresse, avait pris la route de Rome et de Civita-Vecchia ; il s'était embarqué à bord d'un vapeur faisant échelle dans la Méditerranée, et avait gagné Marseille, puis les États-Unis, avec les deux cent cinquante mille francs.

La vie de Gasparone est remplie de faits inouïs, et, il faut le dire, quelquefois comiques. Il arrêtait, volait, dévalisait avec des procédés et certains égards, quand on ne se raidissait pas ; mais il était dur, brutal, impatient, terrible pour ceux qui osaient regimber. Il avait pour principe de ne jamais discuter et de perdre le moins de temps possible à fouiller les voyageurs. En cinq minutes une diligence était dévalisée. Il n'emportait le plus souvent que l'argent, rarement les effets, à moins cependant que ses hommes n'en fussent complétement dépourvus. Son habileté à se déguiser et à se tirer d'affaire était devenue proverbiale dans la Péninsule, où il est resté comme le type le plus complet du brigand adroit. Son audace était telle qu'il venait à Rome et à Naples, s'y promener pendant quelques jours comme le plus tranquille particulier, allait dévotement visiter les églises, parcourait la via di Toledi, Chiaza, la villa

Reale, parcourait le Corso, le Monte-Pincio, la villa Borghèse, sans éprouver la moindre crainte. Le but de ces excursions était de savoir celles des familles les plus riches qui devaient prochainement quitter Rome pour se rendre à Naples ou de Naples pour Rome. Sa curiosité satisfaite, il rentrait dans les montagnes au milieu des siens.

Un soir qu'il était au théâtre de Torre di None à Rome, il lia conversation avec ses voisins, parla de Gasparone, à propos de la malle-poste arrêtée l'avant-veille par ses brigands, près de Larricia, il apprit ainsi que la police combinait une expédition contre lui. Il lui importait de connaître les plans de la police et de déjouer les moyens dont elle allait faire usage pour s'emparer de lui.

Tout autre que Gasparone eut été inquiet. Mais le brigand était rusé comme un renard, et, d'ordinaire, sa prudence et sa sagacité mettaient en défaut la police papale aussi bien que celle pourtant si ombrageuse du roi de Naples, qui prêtait à la police des Etats pontificaux le concours le plus énergique, pour purger les marais Pontins des bandits qui les infestaient.

Gasparone écouta le spectacle jusqu'à la fin, applaudit souvent les danseuses, leur jeta même des fleurs, et sortit avec la foule comme un honnête et bon citadin qui regagne son logis.

Il se retira chez un ami dont la maison lui était ouverte et où il était aussi bien en sûreté que dans ses marais Pontins.

Cette maison, située sur la pente du mont Esquilin, dans le quartier un peu désert de Sainte-Marie-Majeure, lui donnait la facilité d'entrer et de sortir sans exciter la curiosité.

Il était tard quand il rentra. Son hôte lui apprit de son côté le bruit, qui courait dans Rome, d'une expédition formidable dans les marais pour prendre les brigands et leur chef.

Le bandit écouta son récit sans paraître s'en préoccuper, soupa de bon appétit, se coucha, recommandant à son ami de le réveiller à six heures du matin, et de lui tenir prête une mule avec son bât et ses paniers.

Le lendemain matin, vers sept heures, un moine capucin, portant un habit vieux, râpé, usé, rapiécé, crasseux, des sandales déchiquetées, ayant une longue barbe et la tête à moitié rasée, descendait vers la colonne Trajane, traversait le Corso et allait frapper à la porte du gouverneur de Rome, attachant sa monture à l'une des bornes et entrait résolûment.

—J'ai à parler à Son Eminence, dit le capucin au majordome qui venait de lui ouvrir, et ce que j'ai à lui dire est fort urgent ; ayez l'obligeance de lui demander dix minutes d'audience pour un pauvre moine, le frère custode du couvent de Monte-Cavo.

Le gouverneur fit entrer le frère custode.

— Qu'avez-vous à m'apprendre, *mio frate*, que je vous vois si matin dans la ville éternelle ?

—J'y suis venu, Excellence, apporter les produits de nos potagers, que j'ai vendus au marché, et en même temps je suis chargé par le révérend père procureur de vous dire que depuis quelques jours la bande de Gasparone rôde dans nos bois, et qu'ils poussent l'audace jusqu'au sacrilége.

— Jusqu'au sacrilége!

— Oui, monseigneur, ils nous ont volé nos plus beaux légumes, des brocolis superbes, des fenocchi, des artichauts, des fruits, et ils nous ont aussi enlevé quinze sacs de châtaignes. Le couvent sera ruiné si cela continue; ah! j'oubliais encore quatre barils de vin, le meilleur du cru.

— Les vauriens! les maleviventi! Mais que voulez-vous que j'y fasse? ces brigands sont insaisissables!

— Insaisissables! répliqua le moine. Votre Excellence ne dit pas ce qu'elle pense.

— Qu'est-ce à dire?

— Je n'ai pas eu l'intention de manquer de respect à Votre Excellence, mais je crois que ce coquin de Gasparone peut être pris en compagnie des trois quarts de sa bande.

— Diable!... que dis-tu là? Et ton moyen?

A cette exclamation de : diable! dans la bouche du gouverneur, le moine se signa à plusieurs reprises et répondit :

— Ce moyen, vous le connaissez aussi bien que moi.

— Dis toujours?

— Eh bien! ce serait de faire partir un sbire, déguisé en courrier de bonne maison, auquel vous donnerez l'ordre de recommander à tous les relais de poste, entre Rome et Terracine, de tenir prêts huit ou dix chevaux pour tel jour et telle heure. Les brigands le sauront de suite, s'ils sont de connivence avec les postillons ils s'imagineront qu'un riche particulier passera ce jour-là, et ils descendront de la montagne pour l'arrêter. Que les voitures soient pleines de gendarmes ; vous comprenez le reste. Ils sont à court d'argent, et ne manqueront pas une si belle occasion.

— C'est un moyen trop vieux, un moyen usé, ils ne s'y laisseront pas prendre.

— C'est et ce sera toujours le meilleur. Quel honneur pour vous de réussir à détruire ces brigands !

— C'est bien, j'aviserai.

Le moine se retira en se frottant les mains, et en disant assez haut pour être entendu :

— Ah ! Gasparone, tu bois le vin du couvent ; ah ! tu lui voles ses châtaignes et ses meilleurs légumes... Attends un peu, mécréant, hérétique, sarrazin, attends un peu, brigand, on t'en portera, quand tu seras dans le fort Saint-Ange, et s'il plaît à Dieu, j'espère te conduire à la potence, une torche à la main.

A Rome, les condamnnés conduits au supplice sont escortés par des moines, et les membres des confréries chantant des psaumes, les litanies et portant des torches.

Ce moine qui sortait de chez le gouverneur c'était Gasparone lui-même. Il remonta sur sa mule, traversa Rome, et regagna au pas lent de sa monture la forêt de la Faggiola.

Quatre jours après un postillon trottait, au son assourdissant de la mentonnière de grelots attachée au col de son cheval, sur la route d'Albano à Velletri, puis traversait Cisterne et entrait dans les marais Pontins. Gasparone l'attendait, l'arrêta, le fouilla, trouva sur lui une lettre du gouverneur de Rome, prévenant celui de Terracine qu'il se disposait à tendre une embûche au célèbre brigand, puis le laissa continuer sa route.

Le brigand était prévenu de l'heure et du jour ; il savait que le gouverneur commanderait lui-même cette expédition : il l'attendit de pied ferme. Cinq voitures contenant chacune sept ou huit sbires arrivèrent à Cisterne, changèrent de chevaux et repartirent pour descendre dans les marais. La première portait Son Excellence. A dix mille de là, les quatre autres voitures culbutèrent dans les fossés de la route.

Il était nuit, et monseigneur ne s'apercevant pas qu'il voyageait seul depuis près d'une heure lorsque sa voiture fut arrêtée. Les sbires tirèrent quelques coups de fusils auxquels les brigands ripostèrent, et le gouverneur fut pris, lui et ses compagnons, emmenés dans la montagne et rendus à la liberté contre une rançon de plusieurs milliers de piastres.

Gasparone avait aussi ses heures de gaieté.

Un jour de carnaval, il descend à Rome vêtu en marchand forain ; il va loger chez un ami auquel il exprime le désir d'assister et de se mêler aux fêtes et aux mascarades. Pendant les dix jours que dure le carnaval, il va dans le Corso, suit la foule, entre dans les groupes, jette des fleurs aux dames, des *confetti* (petits pois enduits de farine ou de poussière d'albâtre) aux hommes, enfin il s'amuse comme un homme dont la conscience est tranquille. Dans ses courses au milieu des rues de Rome, il se rencontre face à face avec un Anglais regardant l'heure à une superbe montre à répétition qu'il avait l'imprudence de faire sonner.

Une montre à répétition, c'était depuis longtemps le rêve du brigand. Il fait suivre l'Anglais et le soir on lui apprend que l'homme à la montre demeure dans la maison Marguerite, au pied du Monte-Pincio, près de la villa Médici. Il lui écrit une lettre avec invitation d'avoir à remettre sa montre au porteur, et de se taire s'il ne veut avoir la langue coupée. Quoi qu'il fasse, ajoute le billet, il ne sortira pas de Rome vivant s'il parle ou compromet la liberté du *commissionnaire.*

L'Anglais refuse net ; mais il laisse partir le messager sans rien dire à personne de l'aventure : il avait peur de Gasparone.

Le lendemain, un monsignor suivi d'un moine, traverse la place d'Espagne, monte la *salita* (montée) qui conduit à la demeure de l'Anglais, frappe à la porte, demande à parler au noble étranger pour lui vendre des médailles dont il était grand amateur.

A peine sont-ils introduits qu'ils saisissent l'Anglais par la gorge, lui enlèvent sa montre et se retirent en lui enjoignant de ne pas prononcer une parole avant dix minutes.

— Comment compterai-je les minutes, dit le volé, puisque vous emportez ma montre?

— C'est juste, dit Gasparone. Puis s'adressant à son compagnon : Donne-lui ta montre de cuivre. Ce que fit le faux moine avec une certaine répugnance.

L'Anglais tint parole en effet. Ce ne fut qu'au bout de dix minutes qu'il appela les gens de sa maison auxquels il raconta le vol audacieux dont il venait d'être victime ; tous se mirent à crier au voleur ! mais le bandit était déjà loin. Et personne, d'ailleurs, ne se fût soucié de courir après lui.

Gasparone avait, on l'a vu, l'imagination fertile en inventions de toutes sortes, et sa remarquable présence d'esprit le sauvait souvent des piéges dans lesquels, malgré sa défiance, il tomba quelquefois.

— On n'est pas parfait, disait-il, quand il était sorti heureusement des griffes de la police, ce sont là les inconvénients du métier.

Un autre jour, comme il descendait à Rome pour y voir une jeune parente qu'il aimait et qu'il espérait faire succéder à Térésa, il arrive au bas de la montée d'Albano, à cheval, une longue lance à la main comme les bouviers de la campagne de Rome. Certes personne n'eût pu reconnaître sous ce déguisement le bandit si célèbre des marais Pontins.

Mais la police connaissait ses visites amoureuses, et l'un de ses agents avait été chargé de le surveiller. Cet agent, rôdant autour d'Albano, soupçonne le voleur sous l'habit d'emprunt du bouvier ; il l'aborde en boîtant fortement et le prie de le laisser monter en croupe jusqu'à la porte Saint-Jean.

Le bandit, défiant de sa nature, examine son homme d'un coup d'œil rapide, croit avoir affaire à un paysan blessé et l'aide à enfourcher sa monture. Voilà donc Gasparone voyageant et causant d'affaire et d'autre avec un sbire en croupe derrière lui. On arrive à la porte de Rome.

— Vous ne vous éloignerez pas sans accepter un verre d'orvietto.

— Volontiers, dit le brigand, car cette maudite poussière que soulève le vent aurait desséché la gorge même du diable.

Et ils descendirent tous deux à l'osteria, à deux pas de la porte Saint-Jean.

— J'ai besoin de m'absenter une minute, dit le boiteux, pour panser ma jambe, ce que je ne puis faire ici devant tant de monde ; il est bon de cacher ses infirmités.

— C'est bien ; mais faites lestement, repartit Gasparone, en jetant un regard défiant sur son compagnon, j'ai peu de temps à moi ; il faut que je sois de retour ce soir à Genzano.

Cinq minutes après six carabiniers, l'arme au bras, envahissaient l'hôtel, tandis que le sbire enfourchait le cheval du brigand, s'éloignait au plus vite pour prévenir le gouverneur.

Gasparone, surpris d'abord, voulut payer d'audace, mais le signalement était précis, il dut se laisser garrotter et conduire au fort Saint-Ange, où on allait le juger. Mais en Italie la procédure est longue, elle dure des années et quelquefois des quarts de siècle ; les juges prennent leur temps afin de laisser aux criminels celui de se préparer à leur salut. Comme on espérait obtenir de lui des révélations sur les localités où l'on pourrait surprendre sa bande, on avait donné ordre de le traiter comme un prisonnier d'État, tout en le tenant sous bonne et sûre garde. Le brigand avait dans ses poches une centaine de ducats et menait joyeuse vie en prison. Sa gaieté, qui ne l'avait jamais abandonné un instant, avait fait croire qu'il avait pris son parti, et l'or qu'il répandait autour de lui avait endormi la surveillance des agents et des geôliers. On le croyait tout occupé à noyer dans le vin et dans les plaisirs les soucis de sa captivité, précisément alors qu'il cherchait à s'échapper et tramait un complot, aussi habile que simple, et auquel il dut sa liberté.

Gasparone affectait la plus grande insouciance pour la vie aussi bien que pour la mort.

Peu m'importe, disait-il à ses gardiens, quelques jours de plus ou de moins. Ma vie est trop remplie de crimes et de scélératesses pour que je doive y attacher un grand prix, et je n'aspire qu'à mon salut, et, en attendant, à bien vivre ; mieux je vivrai, mieux je me préparerai au repentir. Un estomac bien plein dispose aux larmes et à la sensibilité.

Un jour il commanda un repas magnifique dont il ordonna lui-même le menu : il avait quelques connaissances culinaires.

Il se donna beaucoup de mouvement pour tout disposer, et invita la plupart des subalternes, portes-clefs, geôliers de la prison ; les gardiens étaient métamorphosés en marmitons.

Gasparone allait lui-même recevoir tous ses invités et les conduisait à leur place. La plupart entouraient déjà la table et l'on allait servir, lorsque le brigand, qui connaissait parfaitement la localité, traversa rapidement le couloir, mit un pistolet sous le nez du seul homme qu'on avait laissé pour garder et faire sentinelle, en lui disant brusquement et à voix basse :

— Ouvre, ou tu es mort. Je suis Gasparone.

A ce nom redouté la sentinelle livre ses clefs en tremblant, le bandit ouvre la porte, la referme vivement sur lui, descend rapidement, passe devant le concierge et le piquet de garde, qui ne le connaissant pas, et le prenant pour un cuisinier, le laissent s'échapper. Le brigand se perd dans les rues de Rome, traverse la ville, escalade les murailles d'enceinte, et prend l'avance dans la campagne avant que les gardiens, qui étaient à table, s'aperçoivent qu'ils sont joués.

Tout n'est pas joie et bonheur dans cet honnête métier de bandit, et le chômage y est quelquefois forcé. La misère se fait vivement sentir. Le bandit italien vit au jour le jour et n'amasse jamais pour l'avenir.

Depuis plusieurs mois l'argent était rare, les voyageurs, certains d'être dévalisés, ne prenaient plus, pour aller de Rome à Naples, par les marais Pontins; ils préféraient la voie de mer, bien qu'elle fût plus longue et plus pénible. Alors il n'y avait pas encore de bateaux à vapeur. Les brigands étaient réduits à la plus profonde misère. — Que faire? arrêter un courrier portant une caisse? Le gouvernement prenait des précautions si grandes, que jamais on ne savait ni le jour ni comment les caisses allaient à Rome. Les convois ne s'aventuraient plus sur les grandes routes, on employait toutes sortes d'expédients pour échapper aux bandits.

Malgré leur sagacité, ceux-ci n'avaient pu, depuis plusieurs mois, mettre la main sur une seule piastre.

10.

Aller exploiter les quartiers de Rome, c'était dangereux. On avait trop abusé de ce moyen, et tout le monde était sur ses gardes, les postes avaient été doublés, triplés aux portes de la ville. Gasparone en était aux expédients.

— Je tiens votre affaire, dit un de ses compagnons.

— Voyons ce que c'est.

— Nous allons descendre vers Genzano ou Larricia, nous cernerons l'une de ces deux petites villes et nous pillerons.

— Pauvre ressource, répartit l'un d'eux, vieux stratagème, nous avons fait cela dix fois déjà, mais il y a autre chose à faire.

— Explique-toi, dit le chef.

— Voilà, dit le discoureur de la bande. Larricia est une petite ville qui est, comme vous le savez, bâtie sur le faîte d'un mamelon.

— C'est connu, arrive au fait.

— Il n'y a que deux portes, celle de Rome et celle de Genzano.

— Après !

— Après ! après, laissez-moi dire...

— Allons, bon, voilà Tranche-Cœur qui s'amuse...

— La route de Naples à Rome et de Rome à Naples...

— Satané phraseur !

— Est-il insupportable avec ses tableaux descriptifs.

— Laissez-le finir ; résignons-nous, dit Gasparone.

— Je disais donc que la route de Rome à Naples passe en escargot dans le mamelon au faîte duquel est perchée la ville. Les ingénieurs auraient pu tracer cette route au bas et éviter aux voyageurs une ascension fatigante et périlleuse. Mais ils l'ont faite en zig-zag.

— Sais-tu pourquoi ?

— Parce qu'ils avaient comme toi l'esprit de travers, répliqua le bandit.

Et il reprit :

— Nous placerons dix hommes armés au dehors de chaque porte. Les autres entreront dans la ville, et au moment de la messe, Gasparone ira dans l'église faire la quête.

— Un cierge à la main, demanda ce dernier en plaisantant... allons... Bon, bon ! ton idée me plaît. Partons. C'est demain dimanche, jour de Pâques, l'église sera pleine.

Et le lendemain, toute la bande, composée d'une soixantaine d'hommes enveloppait Larricia. Les portes étaient fermées et gardées ; Gasparone pénétrait dans l'église au moment où le prêtre faisait son sermon dont le sujet était le mépris des richesses.

— Pardon, M. le curé, s'écria Gasparone d'une voix de Stentor...

— Qui m'interrompt, répliqua le curé.

— Moi, signor.

— Quel est cet hérétique ?

— Gasparone !

— Gasp..., Gasp... voulut dire le curé, mais la parole expira sur ses lèvres.

La peur l'avait paralysé au point qu'il ne put achever, et il se précipita au bas de sa chaire, pour gagner la rue.

—Du calme, M. le curé, du calme. L'église ne menace pas ruine. Vous ne sortirez pas d'ici. Les portes sont bien gardées. Et puisque vous quittez votre poste, je vais y monter pour finir votre sermon.

—Gasparone, en effet, alla prendre la place du prêtre, se découvrit et s'adressant aux paroissiens :

—Mes frères, leur dit-il, n'ayez aucune crainte. Mon intention n'est pas de livrer vos demeures au pillage, mais de faire ici une quête pour mes pauvres compagnons qui meurent de faim. Je pense que vous vous empresserez de mettre en pratique les exhortations du saint homme qui vous prêchait tout à l'heure le mépris des richesses.

Sur ce, il descendit, prit son chapeau à la main, passa dans tous les rangs et recueillit une somme assez importante. A celui qui ne donnait pas assez, il disait :

—Mets donc là, les boucles d'argent de tes souliers, ou de ta cravate.

A un autre : —Nous n'avons pas de montre, donne-moi donc la tienne avec les breloques. *Vanitas vanitatum.*

Aux femmes : —Faites cadeau aux pauvres de votre chaîne et de vos bagues, etc., si vous voulez racheter vos péchés mignons.

Après cette collecte qui avait rempli le chapeau du brigand, celui-ci se retira en disant :

—Continuez à prier Dieu, mes frères, écoutez dévotement la messe ; que personne ne sorte d'ici avant une heure. Et il se retira suivi de tous ses compagnons, et regagna la montagne.

CHAPITRE XIV

Le tueur de brigands.

Pendant près de quinze ans Gasparone régna en maître dans les montagnes d'où il avait pu déjouer toutes les entreprises de la police papale. Mais une nouvelle heureuse pour les Italiens vint tout à coup porter l'inquiétude dans l'esprit audacieux de Gasparone, son rival, *Spatolino*, un bandit célèbre aussi, venait enfin d'être livré à la police, et il avait subi sa peine en compagnie des hommes de sa bande. Cette fois Gasparone comprit enfin qu'il avait un ennemi capable de se mesurer avec lui.

C'était un ancien juge de Larino qui avait juré de venger son frère, un pauvre maître de poste, qui s'était inutilement dévoué pour débarrasser les États Romains du bandit *Spatolino*.

Ce juge, qu'on nomma à cause de ses exploits le Tueur de brigands, avait promis de s'emparer de Gasparone, et celui-ci, prévenu de ses poursuites, recommanda à sa bande la plus grande circonspection.

Je suis sorti des griffes du gouverneur de Rome, je me suis moqué des sbires et des dragons du pape, mais aujourd'hui, mes enfants, nous avons affaire à un homme qui poursuit contre moi une vengeance terrible, et il faut se méfier de ce juge maudit plus que de tout le reste. Aussi, à l'avenir, pas d'escapades ; n'entreprenez jamais rien sans mon consentement. *Travaillons* peu, mais travaillons sûrement ; n'arrêtons les diligences que lorsqu'il y aura de bonnes prises à faire et ne nous exposons pas pour des vétilles.

Pendant quelques années il fut fait ainsi que nous venons de le dire. Gasparone n'apparaissait plus que de loin en loin, mais la proie qu'il avait choisie était toujours très-riche.

Nous venions d'entrer dans les premiers jours d'avril ; il y avait déjà quatre mois que mes compagnons et moi nous parcourions les États napolitains et la Sicile. La chaleur commençait à se faire intense, et aucun de nous ne se souciait de faire de nouvelles pérégrinations autour du golfe, bien que le plus magnifique du monde. D'ailleurs, comme chacun sait, en fait de monuments historiques, Naples est assez pauvre. A vrai dire, il y en a deux : le musée Borbonico, le plus riche et le plus curieux de la terre ; puis le Vésuve, noirâtre et fumeux, perché devant le palais des rois, comme un lampion cyclopéen, pour en éclairer la majestueuse grandeur, et servir de lanterne blafarde à cette population que le feu roi mourant recommandait à son fils en ces termes :

« Il vous faut, mon fils, trois choses pour régner sur le peuple de notre capitale : des fêtes pour l'amuser, des glaces pour le rafraîchir, et des cordes pour le pendre. »

Mais, à défaut de curiosités, outre les figues de Sorrento, le vin de Falerne chanté par Horace, le lacryma-christi vanté par les touristes, et autres friandises locales qu'il faut absolument ingurgiter sous peine de passer pour un Cosaque, les étrangers peuvent aller admirer les pantalons couleur ventre de grenouille dont les danseuses de San-Carlo s'affublent chaque soir.

Nous nous mîmes, mes compagnons et moi, en quête d'un moyen de transport convenable pour quitter au plus vite cette mer indigo sous un ciel safrané, le sirocco et son atmosphère tépide. Mais au touriste envers qui la fortune ne s'est point montrée prodigue, il ne se présente que trois moyens de quitter Naples et son soleil brutal, — qui vous cuit la cervelle pendant que son sol ardent vous brûle les pieds, — les fumeux bateaux à vapeur qui font le service de la côte, et les vetturini ou par la diligence.

Les inconvénients de chacun de ces trois moyens de locomotion sont grands et divers; et les voyageurs émérites les plus experts donneraient difficilement un bon avis.

La mer a bien des charmes, sans aucun doute, pour ceux qui ont le pied marin; mais tout le monde n'a pas le privilége de supporter avec calme les pénibles émotions qu'elle procure, et mes compagnons étaient du nombre de ceux qu'elle remue très-vivement, par conséquent de ceux qui la redoutent.

Les sensations que nous éprouvions aux appréhensions d'un voyage par terre à travers les marais Pontins seraient difficiles à décrire. Mais nous avions deux choses à redouter en suivant la grande route : les bandits et les douaniers.

— Ces *fouille-tout* ne visiteront notre bagage qu'avec une lenteur à désespérer la patience de Griselda, observa le docteur.

— Bah ! qu'est-ce que cela, s'écria le baron d'Hoy...; pures bagatelles, mais au sortir des griffes de ces fouines nous risquons à chaque pas de tomber dans celles des bandits qui, du milieu d'un buisson, nous crieront :

— *Faccia in terra !*

— Le roi Artabane, dans ses exhortations à son fils, disait que le pire de tous les maux est, sans aucun doute, la peur !

— Chassons donc nos soucis, répartit Raoul de G..., et en route.

— M. Léon Bert... n'est pas tout à fait de votre avis, messieurs, observa le docteur. Il n'a pas voulu mourir avant d'avoir vu Naples, et maintenant qu'il l'a vu, il lui tarde d'arriver sain et sauf à Venise pour toujours vivre.

Chacun faisant des sacrifices à ses goûts, nous tombâmes enfin d'accord et prîmes pour véhicule une carozza.

Qu'on se figure un coffre garni de banquettes, posé sur les quatre plus vieilles roues qu'il soit possible de trouver dans toute la Péninsule; le tout pourvu d'un tronc d'arbre, à peine dégrossi, servant de timon, et tiré par deux chimères qui, sans cesse éperonnées par les aspérités épineuses de ce timon improvisé, menacent à chaque instant l'équilibre de la voiture et la vie des voyageurs.

L'entrepreneur des messageries aurait voulu mettre à notre disposition quelque chose de plus convenable, mais c'est à grand'peine qu'il retrouva, égarée dans ses greniers, une boîte semblable à celles dont on se sert pour exhiber des animaux féroces aux regards des Parisiens. A la veille des fêtes de Pâques, les moyens de transport deviennent très-difficiles, et ce fut dans cette brouette que nous quittâmes Naples le lundi saint, le docteur Brech..., le baron d'Hoy..., Jules M***, Raoul de G... et moi. M. Jules M*** était un très-jeune étudiant de première année que, en récompense de ses travaux, sa mère avait envoyé pour six semaines en Italie, sous la direction du docteur qui l'avait reçu au débarquer à Naples.

Une seule place restait vacante dans notre voiture; elle ne devait être occupée qu'à partir de Mola, où nous devions dîner.

Si l'on s'ennuie en route, entre Rome et Naples, ce n'est pas que le pittoresque fasse défaut.

A partir de Capoue le terrain s'accidente, et lorsqu'on a passé Santa-Agatha c'est une toute autre nature.

Pendant que nous roulons paisiblement sur la route de Rome, qu'on me permette de revenir à Naples pour quelques instants ; ce qui va suivre est nécessaire à l'intelligence de cette histoire.

Chaque année, au commencement de l'hiver, il arrive des quatre coins du monde en Italie une foule d'étrangers. Les uns s'établissent à Naples jusqu'aux fêtes du carnaval, qu'ils vont passer à Rome. D'autres, au contraire, quittent la ville éternelle après ces fêtes et n'y reviennent que pour assister aux magnifiques cérémonies papales qui ont lieu dans la semaine sainte.

Or, précisément à cette époque, vers la fin du carême, il y avait à Naples une famille française très-opulente, le duc de ***, pair de France, et sa femme ; alors il y avait encore des pairs. Le duc était un homme de quarante-cinq ans, sa chevelure commençait à grisonner. La duchesse était une fort belle personne. Ils voyageaient en grands seigneurs. En sa qualité de pair, il fut invité à toutes les fêtes de la cour et du corps diplomatique, l'un des plus brillants de l'Europe, à la tête duquel se trouvaient alors MM. de Montebello et de Schwartzenberg.

Mme la duchesse, en femme prudente, avait eu soin d'emporter avec elle ses plus riches parures enfermées dans une caisse mystérieuse que l'on disait pleine de pierres précieuses.

A la cour du roi Ferdinand, madame la duchesse apparut étincelante de pierreries, comme la châsse de Notre-Dame de Lorette. Les Italiens aiment le clinquant, les couleurs vives, les choses éclatantes. Pour les gens dits du bas peuple l'or est presque un mythe. Il n'est pas rare d'en rencontrer de fort âgés n'ayant jamais vu un ducat autrement qu'en peinture. Sur le cerveau des hommes disposés par nature à prendre la montagne, l'apparition soudaine de ce métal produit un dangereux effet. La misère est d'ailleurs mauvaise conseillère et sans feu ni lieu ; cette populace, — on ne saurait donner le nom de peuple à ces misérables lazzaronnes, — assiége les hôtels, s'impose aux voyageurs et ne vit que du produit des aumônes qu'on lui jette chaque matin pour être tranquille le reste du jour.

Parmi ces tristes hères, il en était un surtout qui n'avait pu voir, sans en être profondément ému, tant de diamants sur un costume, et un costume si riche sur une créature humaine qui, après tout, n'en représentait pas moins, toute pairesse qu'elle était, une femme en chair et en os. Et il demandait tout haut à ses compagnons, — avec une apparente naïveté, — si toutes ses pierreries, converties en ducats, ne fourniraient pas à celui qui les trouverait n'importe où, et les saisirait n'importe comment, assez de scudis pour vivre en honnête citadin au fond de la Pouille ou de la Calabre, et pour passer ses vieux jours dans un *farniente* contemplatif. Chaque soir, il répétait, avec de légères variantes, ces réflexions provocatrices.

Le duc et la duchesse, en bons et fervents catholiques, se disposaient, eux aussi, à venir assister aux fêtes religieuses de la semaine sainte, à Rome. Le hasard les fit partir de Naples le même jour et presque à la même heure que nous. Au moment où le pair de France et sa femme allaient quitter l'hôtel, un palefrenier dit quelques mots à l'oreille du postillon qui allait enfourcher son porteur ; celui-ci jeta un regard rapide dans la berline et montra, par un signe de tête presque imperceptible, qu'il avait compris. Il transmit à son col-

lègue du relais suivant la confidence qu'il avait reçue ;
ce dernier la répéta à son tour à un autre ; de telle sorte
que, sans le savoir, le duc portait avec lui, le long de la
route, la nouvelle qu'il voyageait avec des valeurs fabu-
leuses. A mi-chemin, il portait déjà les trésors du roi,
et pour le moins les diamants de la couronne. C'est
ainsi qu'au bon temps de Gasparone ses émissaires lui
signalaient les coups à faire.

Le soir même de notre départ de Naples, vers cinq
heures, nous descendîmes dans l'auberge de Mola, où
le duc et sa femme arrivèrent quelques instants après
nous.

Mola est une petite ville d'un aspect des plus pittoresques et d'un séjour fort agréable. Ce n'est, à vrai
dire, qu'un faubourg de Gaëte. Ce faubourg ne se compose que d'une seule rue de deux kilomètres de longueur. D'un côté, les maisons sont scellées dans les
flancs calcinés de l'Apennin ; de l'autre, sur le rebord du
rocher taillé à pic, elles semblent au loin comme sus-
pendues au-dessus des abîmes de la mer, où elles se re-
flètent comme dans un vaste miroir. Les femmes de
Mola sont d'une rare beauté ; ce sont les seules de toute
la Péninsule qui conservent encore cette pureté de lignes qui n'appartient qu'à la race grecque ; leur magnifique chevelure, d'un châtain doré, fait le désespoir de
toutes les femmes étrangères qui traversent la ville ;
leur manière de la tordre en spirales entremêlées de pla-
ques d'argent et d'or, rappelle ces belles coiffures antiques des marbres du Vatican et de Florence.

Le seul hôtel de la ville, le meilleur comme le plus

remarquable et le plus curieux de l'Italie, occupe l'emplacement d'une des villas de Cicéron, dont les bains en mosaïque subsistent encore tout entiers. On arrive au péristyle par une longue avenue plantée d'ifs et de magnolias enguirlandés de vignes, de chèvrefeuilles et de rosiers. Du côté du nord, la vue est bornée par d'immenses chaînes de rochers dénudés ; du côté du midi, les yeux plongent dans les profondeurs du golfe et sur les plus beaux vignobles de l'Italie. La nature a déployé dans ce petit coin du monde une magnificence infinie. Quiconque a visité Mola, conserve, j'en suis sûr, et conservera toute sa vie le plus délicieux, le plus tendre souvenir de l'admirable paysage qui s'est offert à lui de la terrasse de l'hôtel. Naples n'a pas un panorama plus ravissant, un golfe plus séduisant.

Tout l'hôtel était occupé par une famille anglaise, qui, un jour, fatiguée de l'insupportable saleté des rues de Rome, s'était mise en route pour Naples, et qui, passant par Mola, avait trouvé la situation heureuse et très-accidentée, la cuisine parfaite, les vins excellents et s'était, depuis six ans, définitivement établie dans l'hôtel, où d'abord elle n'était descendue que pour y passer une nuit.

Les Anglais sont loin d'être d'aimables convives, leur amour du confortable les rend d'un égoïsme très-gênant.

Arrivez-vous par la diligence, ou en vetturino, à l'heure du dîner, à la table commune, la famille anglaise en occupe déjà inévitablement le haut bout. Les plats ne vous arrivent que conquis par la violence ou après avoir été successivement visités, tâtés, fouillés, remués de fond en comble, encore si vous ne faites pas bonne garde, tout tombe et est englouti en quelques instants dans les assiettes, ou plutôt dans l'œsophage de cette hydre de nouvelle espèce que l'on appelle — une famille anglaise, — qui, dans son système d'accaparement, ne considère les autres convives que comme des êtres d'une espèce inférieure à la sienne, indigne de s'asseoir à la table qu'elle occupe, si ce n'est à la manière de la Chananéenne, pour ramasser les miettes et les bribes du repas.

Une seule pièce restait libre et en permanence pour le service des voyageurs : c'était la salle à manger, où un dîner magnifiquement servi nous attendait. Le docteur Brech, son pupille, le baron d'Hog..., Léon Berth... et moi, nous occupâmes l'extrémité de la table la plus rapprochée de la porte par où entrait le service, afin, disait le baron, gastronome émérite, de saisir le dîner au passage. Le duc et sa femme se placèrent près de nous. Le commencement du dîner fut assez gai ; mais bientôt un orage épouvantable vint éclater sur la ville ; l'eau tombait à torrents, les éclats de la foudre se succédaient sans intermittence ; ils faisaient trembler la maison et jetaient la terreur dans toutes les imaginations.

Le service était fait par quatre ou cinq jeunes femmes, aux bras nus jusqu'au-dessous de l'épaule, au buste large et plein de ces matrones romaines que l'on ne rencontre plus que très-rarement, même en Italie. La teinte de leur peau, vigoureusement et légèrement bistrée, annonçait la santé et la force. Elles étaient vê-

tues de ce costume si original et si pittoresque des Italiennes de la montagne, avec le *panno* sur la tête et
retenu par une de ces longues aiguilles d'argent dont,
dans l'occasion, elles peuvent se servir en guise de
stylet pour défendre leur vertu ou se venger d'une in-
sulte.

Pendant tout le dîner, le maître de l'hôtel se promenait autour de la table avec un énorme trousseau de
clefs suspendu à sa ceinture, allant d'un buffet à l'autre,
de la cave à l'office, ouvrant les portes et les refermant
avec un vacarme insupportable et s'imaginant que son
vacarme était pris pour du zèle. Il avait l'air d'une vieille
femme de charge, et Raoul de G..., esprit presque toujours sérieux, mais malicieux à l'occasion, s'ingéniait à
le tourmenter et à le rendre ridicule. Raoul parlait l'italien avec la facilité et l'élégance d'un indigène, et ses
facéties, qui désespéraient le pauvre homme, étaient
pour les filles de l'auberge le sujet d'éclats de rire francs
et joyeux.

L'hôtelier avait un ridicule, toujours impardonnable,
celui de faire l'homme d'importance et de parler par sen-
tences. Raoul de G..., comme on venait de servir un plat
de mouton, lui demanda gravement :

— De quelle bête est la chair que voici?

— C'est du mouton, Excellence.

En Italie, tous les voyageurs sont des Excellences.
Ce titre que les hôteliers leur donnent leur sert de pré-
texte pour les écorcher quand arrive le quart d'heure de
Rabelais.

— Ah! c'est du mouton. Il y a donc du mouton dans ce pays-ci?

— Le mouton et la chèvre sont très-communs.

— Connaissez-vous votre histoire sainte?

— Comme si je l'avais écrite.

— Alors permettez-moi de recourir à votre science. C'est un renseignement que j'ai vainement demandé bien des fois.

— A votre service, Excellence.

— Combien de pattes avait le mouton qu'Abraham sacrifia sur la montagne en l'honneur de Dieu et en place de son fils?

Cette question, faite avec un aplomb et un sang-froid imperturbables, embarrassa visiblement l'hôtelier, qui ne s'aperçut de cette nouvelle malice de Raoul de G... que par les éclats de rire formidables qui partirent à la fois de tous les côtés de la table.

La pluie continuait à tomber avec violence et le bruit du tonnerre redoublait.

— Voici, dit un voyageur, un temps fêté par les détrousseurs de grands chemins : le bruit de la foudre dominant celui des escopettes, ils n'ont rien à redouter de la curiosité des dragons du pape et des sbires du roi de Naples.

— Des brigands! dit un autre; mais depuis l'exécution de Spatolino et la soumission de Gasparone on en voit moins dans les marais Pontins qué sur les théâtres du boulevard de Paris.

— Pas aussi rarement que vous le dites, ajouta un Italien qui se trouvait placé à côté de nous et qui parlait le français aussi purement que sa langue maternelle, et d'ailleurs on dit que Gasparone s'est évadé de la citadelle de Civita-Vecchia.

— Je regretterais en vérité, dit le docteur en riant, d'être privé du plaisir que je me suis promis de rencontrer sur mon chemin, au moins une fois en ma vie, une figure patibulaire, une tête à potence... quand ce ne serait que pour palper des bosses de brigands et donner un démenti aux absurdes doctrines de Gall et de Spurzheim et aux cinquante-trois bosses qu'ils ont inventées.

— On a toujours tort de tourner en plaisanterie ce que l'on ne comprend pas! dit un des voyageurs qui n'avait pas encore pris la parole.

Le docteur allait entamer une vive discussion sur le système de Gall avec son interlocureur quand un Génois prit la parole :

— Puisqu'il est décidé que nous ne partirons pas avant que l'ouragan ne soit passé, si chacun de nous racontait une petite histoire de brigands. Pour mon compte, je suis prêt à vous en dire une qui eut pour théâtre le Mexique, d'où je viens.

— Bravo! c'est une excellente idée, si ces dames le permettent.

Le Génois, en présence du désir de tous, commença ainsi :

— Nous étions à Mexico, une fort belle ville, qui serait habitable si les Mexicains n'avaient la détestable habitude de jouer du couteau pour un oui ou pour un non, lorsque nous fûmes rappelés en Europe, mon ami

R. de G... et moi, par des affaires d'intérêts. Malgré la recommandation que l'on nous fit de toutes parts, nous nous décidâmes à nous rendre à cheval à la Vera-Cruz pour nous y embarquer, et n'ayant avec nous que trois domestiques. Nous étions en route depuis le matin et nous avions fait la moitié du chemin, lorsque nous fîmes la rencontre de cinq voyageurs couverts de poussière et qui paraissaient voyager en chassant, le fusil sur l'épaule. Mon ami me consulta du regard ; mais comme ces hommes étaient bien mis, je les pris pour des fermiers descendant à la ville voisine. Cinq minutes après, comme nous nous étions arrêtés pour arranger, aidés de nos domestiques, nos bagages qui ne tenaient plus sur le dos des mules, nous fûmes tout à coup accostés par les cinq personnages en question.

— Bonjour, messieurs, dit l'un d'eux.

— Bonjour, mes amis, répondit Raoul qui en même temps porta la main à son chapeau de feutre.

A peine avait-il fait son salut, que Raoul se sentit un pistolet sur le côté droit de la tête et que je me trouvais dans une position analogue, pendant que les autres s'empressaient de saisir les mules et de les détourner dans un sentier voisin. Et comme ils juraient contre les hérétiques, nous prenant pour des Anglais, Raoul leur dit :

— Laissez-nous donc tranquilles avec vos hérétiques, nous sommes meilleurs catholiques que vous !

— Oh ! oh ! fit le chef de la bande. Si vous êtes bons catholiques, c'est différent. — Topez là, *mon ami*, nous vous laissons la vie; mais vous allez nous suivre dans la montagne.

Hésiter eût été imprudent, nous étions sans armes. Nous suivîmes les voleurs. Au bout de trois quarts d'heure de marche on fit halte dans un bas-fond où les mules et nos domestiques étaient déjà arrivés et couchés à terre. Les bandits nous dirent d'en faire autant.

—C'est inutile, leur dit mon compagnon, nous n'avons pas d'armes.

— C'est vrai, répliqua le chef.

Et ces messieurs visitèrent nos bagages et prirent ce qui était à leur convenance. L'un deux en prenant ma montre me demanda si elle était bonne. Pour un moment, ils n'eurent l'idée que de faire un choix parmi les objets; mais ils se ravisèrent et ils emportèrent tout.

—Laissez-nous au moins à chacun une chemise, demanda Raoul?

—Tu n'en auras pas besoin tout à l'heure, répliqua le voleur!

—Que voulez-vous donc faire de nous? s'écria mon ami en colère?

—Nous vous le dirons tout à l'heure.

—Eh bien, en attendant, passe-moi mon porte-cigares qui est dans la poche de mon paletot. J'ai besoin de fumer.

Et le voleur un peu surpris de cette demande le lui donna. Ce fut comme la prise de tabac de Sganarelle, un moyen de communication plus amicale. Et le bandit nous donna du feu. Et alors Raoul de G. leur dit :

—Vous auriez dû au moins nous laisser nos mules pour gagner Vera-Cruz.

—Accordé, fit le voleur.

—Vous ne voudriez pas nous laisser sans argent, nous exposer à mourir et de faim et de soif par cette chaleur, au milieu de ces marais pestiférés ; vous pouvez vous fier à des caballeros comme nous.

—Sacré mille noms !... Savez-vous que vous paraissez avoir un fameux caractère ? répartit le chef.

—Oui ! on le dit en effet. J'ai été négrier et pirate, et si j'avais l'usage de mes armes je vous l'aurais prouvé.

—C'est parler bien haut, dit le voleur, en lançant en l'air un nuage de fumée de tabac accompagné de jurons effroyables. Il faut que j'aie bien de la confiance en vous pour vous laisser libres.

—Merci de la confiance !

—D'ailleurs, entre camarades on ne se trahit pas.

—Dites donc l'ami, j'ai été négrier, c'est vrai ; mais je ne suis pas un voleur de grand chemin, et je vous trouve bien osé de me traiter de camarade !

—Maledetto ! hurla le bandit, tu m'insultes, je crois, quand je tiens ta vie au bout de mon pistolet ! Au fait, ajouta-t-il en se radoucissant, vous parlez comme de vrais hidalgos et nous allons vous traiter comme tels. Nous vous laissons quelques piastres pour arriver à la Vera-Cruz. Tenez, voilà six piastres.

—Plaisantez-vous ! six piastres pour cinq personnes et des chevaux ; il nous en faut au moins vingt ; vous nous en avez pris quatre cents !

Le voleur les donna en les comptant deux fois.

—Avez-vous peur de vous tromper?

Le voleur abasourdi de tant de sang-froid et d'audace ne sut que répondre à Raoul qui profita de ce moment pour ajouter :

— Laissez-nous donc des chemises et des chaussettes... Ah! aussi quelques mouchoirs, que diable, nous en avons besoin !

Le chef nous apporta ce qu'il demandait et nous dit :

—Dépêchez-vous de filer, si vous ne voulez pas qu'il vous arrive malheur.

Et il s'éloigna avec ses accolites, nous laissant au milieu d'un marais spongieux d'où nous mîmes cinq heures pour arriver à la Vera-Cruz. En entrant dans la ville, la première personne que nous rencontrâmes fut le chef des bandits qui venait nous offrir le rachat des effets dont il ne savait que faire.

Nous eûmes la naïveté de faire cet achat pour ne pas trahir la parole donnée à ses voleurs.

— Eh bien ! messieurs, vous voyez que les bandits ne sont pas toujours aussi mauvais diables qu'on les fait, dit un voyageur que nous désignerons sous le nom de l'homme à la barbe.

—Les bandits, en Italie, ne tuent guère qu'à leur corps défendant et le plus souvent, ajouta-t-il, ils ne prennent la montagne que poussés par l'injustice des hommes et les tracasseries des autorités du lieu qu'ils habitent.

L'homme à la barbe était un grand et vigoureux contadino dont la figure dure contrastait quelque peu avec

sa voix qu'il essayait de rendre douce. Ses traits anguleux accusaient une nature énergique; sa barbe longue
et noire, très-soignée du reste, encadrait son visage, et
sa mise sans prétention indiquait des habitudes bour-
geoises.

Parmi les convives, il y avait un petit vieillard d'un
embonpoint formidable. Il avait une tête énorme où les
cheveux n'existaient plus que sur le derrière, et encore
si clair-semés et d'une blancheur telle qu'ils se confon-
daient avec la couleur de la peau et qu'on eût dit que
la calvitie était complète ; sa bouche était malheureusement vierge de sa denture, et plusieurs mentons s'éta-
geant l'un sous l'autre, et dont le dernier tombait sur la
poitrine cachait entièrement un col court, apoplectique.
Au premier abord on se sentait peu de sympathie pour
cette créature aux formes éléphantesques ; aussi personne jusqu'alors n'avait fait attention à lui. Mais après
avoir écouté silencieusement et patiemment l'histoire
du Génois, et les réflexions de l'homme à la barbe, il
s'écria :

— A vous entendre on serait tenté de croire que
tous les scélérats des marais Pontins sont des proscrits,
des victimes de la police papale. Messieurs, reprit-il
en se tournant vers les voyageurs, si vous voulez bien
me permettre, je vais, à mon tour, vous raconter la vie
de quelques-uns des plus fameux bandits qui ont porté
la désolation, la ruine et la mort dans ces cantons.
Des Gabrielli d'abord et de Spatolino ensuite.

— L'histoire de Spatolino n'infirme pas ce que je vous
disais tout à l'heure, reprit ironiquement l'homme à la

barbe, d'ailleurs nous savons comment on écrit les histoires de ces prétendus bandits. On a besoin de les couvrir de sang pour justifier leur mort.

— Pardon, signor! s'exclama le gros homme, dont la figure s'éclaira tout à coup et prit un aspect étrange qui ne manquait pas d'énergie. Je ne vous dirai que ce que je sais, que ce que j'ai vu.

La façon dont les deux interlocuteurs se regardèrent alors, piqua vivement notre curiosité. On sentait comme une lutte naître entre ces deux hommes, et nous n'eûmes pas à nous repentir d'avoir retardé notre départ pour écouter l'histoire de Spatolino.

A la façon dont s'exprimait notre gros convive, on eût dit un de ces picaros de la comédie espagnole, personnage d'une jovialité bruyante, d'une hardiesse étourdie, parlant haut, criant quelquefois, gesticulant beaucoup, prenant diverses inflexions de voix pour mieux peindre les incidents de leurs récits, et exprimant par des grimaces expressives et des plus comiques ce qu'ils ne peuvent dire autrement, par la pantomime ce que les contorsions de leurs visages ne peuvent indiquer à leur gré. Riant lui-même de nous voir rire à gorge déployée.

Notre narrateur ne s'interrompait que pour jeter de temps à autre un regard de défi à l'homme à la barbe. Je dois dire que je n'ai jamais vu nulle part, en aucun des pays du monde, sur nulle scène, même en Chine, le pays de la terre où on fait les plus horribles grimaces, une personne qui eût plus de mobilité dans la physionomie; ses traits s'animaient étrangement, surtout quand il nous parlait des événements auxquels il avait été mêlé, où il avait présidé, et l'on pouvait lire dans le feu de ses regards qu'il lui tardait d'être appelé de nouveau à des occupations plus actives.

De temps à autre, l'homme à la barbe riait lui-même du récit du gros homme, mais celui qui comme moi l'eût observé eût pu voir des regards de haine s'échapper de ses yeux noirs et fauves.

« Il y a une vingtaine d'années environ, commença le gros homme, j'étais juge à Larino, dans le royaume de Naples. Cette petite ville souffrait depuis bien longtemps des dévastations commises par des bandits très-audacieux, et jamais, jusqu'alors, aucun des magistrats du pays n'avait pu les contraindre à s'éloigner. Je n'ignorais pas que j'aurais [beaucoup à faire pour purger le pays de ces affreux coquins.

J'étais installé depuis un mois à peu près à Larino, lorsqu'une bande connue dans tout le royaume pour ses atrocités, vint assiéger en plein jour notre petite bourgade. Je rassemblai à la hâte les habitants, et les brigands furent repoussés avec une perte d'hommes qu'on laissa en pâture aux oiseaux de proie et aux bêtes fauves.

Comment ferais-je bien pour me débarrasser de ces coquins? me demandais-je pendant huit jours. Je ne pouvais employer ni sbires, ni gendarmes, ni soldats. Ce moyen était trop vulgaire d'ailleurs et peu sûr.

Je fis appeler chez moi les principaux habitants de la localité, et j'appris par eux que la bande, commandée par un individu d'Avellino, était composée de gens de

la campagne, et que quatre de ces derniers appartenaient
à des familles du district.

Je fis sonder les intentions des brigands, et leur fis porter la promesse formelle que je les laisserais passer pour
se retirer ailleurs s'ils le désiraient, et que je leur don-
nerais de l'or, s'ils voulaient se rendre. Je fis si bien que
quelques brigands, séduits par mes promesses, jetèrent
des germes de discorde dans la troupe. Des rixes san-
glantes s'élevèrent entre les brigands, le chef fut massa-
cré, les autres s'exterminèrent entre eux.

Quatre seulement survécurent à cette boucherie et
vinrent chez moi réclame leur salaire et un passe-port
pour quitter le pays.

Moins généreux que monsieur, dit-il en montrant
le Génois, je les fis arrêter sur l'heure et pendre le soir
même sur la place de Larino.

Le gouvernement ayant appris au bout de quelques
jours le succès de mon entreprise, me fit appeler à Naples où je reçus du ministre des félicitations, et de la
part du roi de Naples une tabatière en or enrichie de
son portrait.

La bande d'Avellino était détruite, mais il en restait
une autre plus redoutable encore, que l'on me réservait
l'honneur d'exterminer.

Je fus donc envoyé à Complietto, petit bourg dans les
montagnes des Abruzzes. Complietto et Répabottini,
bourgs voisins, se disputaient depuis des années la possession d'un bois, et ne pouvaient s'entendre. Et comme
la justice devant laquelle les habitants avaient porté leurs
plaintes réciproques ne finissait pas de déclarer de quel

côté était le droit, on se battit à coups de fusil toute une journée, et le soir le parti vainqueur exterminait le parti vaincu ; quelques hommes échappèrent à ce carnage et se retirèrent à Naples pour raconter le fait. Les gendarmes furent envoyés sur les lieux.

Le parti vainqueur prit la fuite, gagna les forêts et les montagnes, et se forma en une bande bien connue sous le nom de *Gabrielli*, du nom des deux frères qui la commandaient.

En peu de mois, cette bande devint une des plus nombreuses et des plus formidables qui aient jamais existé dans la Péninsule. Elle portait la stupeur partout.

Les Gabrielli avaient organisé un système de rapine et de brigandage inconnu jusqu'alors ; et je dois ajouter qu'ils trouvaient de puissants auxiliaires dans les royalistes qui souvent se joignaient à eux pour brûler, tuer et voler leurs ennemis.

Après la chute du roi Murat on crut que cette bande redoutable cesserait ses hostilités, qu'elle se soumettrait comme avaient déjà fait les bandes de la Calabre. Il n'en fut rien. Elle continua d'incendier les fermes, de piller, de rançonner les propriétaires et les voyageurs, tantôt d'un côté, tantôt de l'autre.

Le comte de Bovilo, chambellan du roi de Naples, fut arrêté et enlevé comme il traversait le pays pour se rendre dans une de ses terres ; on le conduisit dans un bois et on exigea de lui une rançon de cinquante mille ducats. C'était trois fois plus qu'il ne possédait ! Une compagnie de gendarmes de cent vingt hommes, commandée par un colonel fut envoyée au secours du comte. Les gendarmes tombèrent dans une embuscade, et durent mettre bas les armes devant les brigands.

Le commandant fut tué en compagnie du comte, et tous ses hommes, désarmés et dépouillés, eurent la liberté de se retirer moyennant une rançon d'une piastre chacun.

Le gouvernement napolitain était dans un grand embarras ; il avait trop à faire à Naples même, encore ému de la fuite de Murat et du retour de son roi, dit légitime, pour songer à employer la force armée pour réduire ces bandits dont l'audace croissait de jour en jour. La bande se recrutait de tous les mécontents et menaçait de prendre des proportions formidables.

Les choses en étaient là lorsque je reçus l'ordre de partir.

Les Gabrielli apprirent bientôt que je n'avais été nommé vice-gouverneur de la province que pour procéder n'importe par quels moyens à leur extermination. Ils assassinèrent mon père, un vieillard infirme ! Oui, reprit le juge d'une voix rauque et en jetant sur l'homme à la barbe des regards étincelants de haine ; ils assassinèrent mon père, comme Spatolino, plus tard, devait mutiler mon pauvre frère. C'était un défi. Je jurai de me venger d'une manière terrible. *Sangue lava sangue*, le sang lave le sang ; cela est dans nos mœurs, comme la vendetta est dans les mœurs des Corses.

Plusieurs hommes de courage et de cœur se joignirent à moi ; ils avaient, eux aussi, à se venger ! Quand les Gabrielli surent n'avoir plus affaire à ces vils lazzaroni qui pullulent sur le pavé de Naples, ils se tinrent sur leurs gardes et se cachèrent avec soin.

Pendant plus d'un mois j'employai sans succès toutes les ruses possibles pour les surprendre. Une nuit cependant, j'avais cru les saisir dans le fond d'une gorge étroite où je faisais sentinelle avec tous les miens ; l'obscurité favorisa leur fuite.

Mon désir de vengeance soutenait mon courage ; je m'étais juré à moi-même de ne prendre ni repos ni trêve que je n'eusse exterminé tous ces bandits.

Il fallut renoncer à tous ces moyens vulgaires d'embuscades.

Je fis courir le bruit que le gouvernement napolitain, mécontent de mon insuccès, me rappelait et laissait au gouverneur seul de la province la mission de les traquer. Mes gens firent leurs paquets et les miens en plein jour et la charrette qui les portait partit le lendemain matin.

Je m'attendais bien que les Gabrielli soupçonneraient quelques piéges dans ce déménagement. En effet, la charrette passa et arriva à Naples sans encombre. Ils me crurent partis. Une dizaine de jours après la nouvelle se répandit dans le pays que le roi de Naples envoyait au saint-père plusieurs caisses de riches habits brodés d'or et d'argent, et de vases en or et en vermeil pour le service d'une chapelle. Il y en avait pour plus de cent mille piastres (cinq cent mille francs). Le fourgon qui les portait était escorté de vingt soldats armés jusqu'aux dents.

Les mêmes brigands qui avaient cerné et fait pri-

sonniers cent vingt gendarmes n'étaient pas hommes à
avoir peur de vingt soldats. D'après leur calcul, et selon
les propos qui circulaient à ce sujet, le fourgon et l'escorte devaient passer la nuit à Tobina, où ils n'arriveraient que fort tard.

Nous étions en avril 1816. La nuit était obscure. Je
fis laisser à mi-chemin, entre deux villages, une voiture
chargée de cinq barriques de vin mélangé de narcoti-
ques puissants. Pour justifier cet abandon, j'avais fait
substituer à l'une des roues, une autre roue disloquée
et refusant complétement le service. Les brigands devaient s'y laisser tromper.

Ainsi que je l'avais prévu, les Gabrielli et leurs hommes descendirent des montagnes, se faufilèrent en silence, comme des fouines le long des sentiers et aperçurent bientôt la voiture abandonnée. Ils ne résistèrent
pas à la tentation; le vin était bon, ils le burent, puis
se rapprochèrent du bourg.

Nous étions cachés dans le feuillage des arbres du
voisinage, et si nous ne voyions pas toujours les faits
et gestes des bandits, nous les entendions parler à mi-
voix. Dès que je n'entendis plus personne, je descendis
pour visiter les cinq barriques; elles étaient à peu près
vides.

— Ils sont à moi, me dis-je; et j'allai prestement
prévenir mes compagnons d'avoir à se tenir sur leurs
gardes.

Une heure après, la moitié de la bande était plongée
dans un sommeil léthargique. Mais il restait encore une

cinquantaine de brigands debout, lorsque le fourgon arriva.

L'escorte fut arrêtée, les chevaux dételés sans résistance. Les caisses furent descendues et portées à un demi-mille de la route. Là, ne pouvant les ouvrir, les bandits essayèrent de les briser. Tout à coup, cinq ou six détonations formidables, presque simultanées, se firent entendre; les caisses éclatèrent comme des bombes, renversèrent, blessèrent, écharpèrent une trentaine de ces scélérats. Vous devinez bien, dit le juge, qu'en place d'objets précieux, chaque boîte ne contenait qu'une petite machine infernale préparée avec soin par mon ordre, à Naples.

Cette terrible explosion était le signal d'une sortie générale de la population de Tobina. Tous, hommes, femmes et enfants, accoururent avec des torches de résine, et la campagne fut, en moins d'un quart d'heure, illuminée comme par enchantement.

On courut sus aux fuyards, puis on ramassa les *endormis* et les blessés, et on les jeta pêle-mêle dans les prisons. Les morts, au nombre de dix-sept, furent apportés devant une des portes du bourg. En tout, nous tenions enfin cent quarante-deux bandits.

Le lendemain matin, les blessés furent amenés au même endroit où étaient les cadavres, et on les y fusilla comme des chiens.

Restaient les quatre-vingt-quatorze individus ramassés et qui avaient dormi quinze heures sans se réveiller. Parmi eux, étaient les deux frères Gabrielli, à l'aîné desquels j'avais à demander compte de l'assassinat de mon père.

Je fis garrotter tous ces gredins, puis on les amena près des cadavres de leurs compagnons. A la vue de ce charnier, où gisaient leurs camarades ensanglantés et le visage décomposé par les étreintes d'une agonie terrible, presque tous pâlirent d'effroi et de rage. Ces cannibales, qui avaient porté le deuil et la misère dans tant de familles, avaient peur et cherchaient à briser leurs liens. Ils ne pouvaient se rendre compte de la ruse infernale que j'avais employée pour les faire tomber en mes mains. Je les fis fusiller un à un. Les deux frères Gabrielli les derniers. L'exécution dura une heure et demie.

Le soir, onze charrettes tirées par des bœufs, emportaient cent quarante-deux cadavres, que l'on jeta comme des charognes au fond d'un précipice, au nord du bourg, et qui depuis, porte le nom de Puits des Gabrielli!

J'ai conservé chez moi, comme trophée, tous les vêtements et toutes les armes de ces bandits. Plusieurs Anglais m'ont offert de cette collection un prix fabuleux; mais je ne veux pas m'en défaire. »

En entendant ces dernières paroles, nous fûmes tous saisis d'un sentiment d'horreur inexprimable. Les plus proches voisins du narrateur s'éloignèrent involontairement de lui. Il nous semblait aux uns et aux autres qu'il suait le sang.

Pourtant, cet homme qui venait de nous parler avec ce sans façon et qui nous détaillait avec complaisance toutes les pièces de son trophée conquis sur les brigands, n'était ni dur, ni farouche, ni repoussant. Sa figure ronde et satisfaite d'elle-même, exprimait plutôt la bonhomie et la franchise que la dureté et la ruse. Sa main gauche jouait sans cesse avec un énorme paquet de breloques pendues à son pentalon. Ses manières n'étaient pas communes, sa parole était douce, son esprit cultivé; en un mot, c'était un homme du monde.

L'histoire qu'il venait de nous raconter n'était cependant pas faite pour lui attirer nos sympathies.

— Vous auriez tort, ajouta-t-il, en apercevant l'impression qu'il faisait sur nous, de me juger défavorablement. Je vous inspire de l'horreur, cela est visible. Vous voyez en moi un homme qui a tué ou fait tuer trois cents individus, et vous vous dites que je suis plus sanguinaire que tous les brigands dont j'ai eu l'honneur de purger mon pays. Voilà bien un effet de la bizarrerie humaine!

Comment! vous admirez cet homme qui tue des lions et des tigres; cet autre qui tapisse sa maison de la peau des ours qu'il a tués de sa main. Vous donnez une prime et des récompenses pour détruire les loups et les renards!

Vous admirez ces grands capitaines, qui font massacrer des milliers d'hommes, piller, incendier au besoin un pays, et vous vous récriez, et vous vous reculeriez de moi comme vous le feriez à l'approche d'un reptile. Pourquoi? parce que j'ai fait seul, ou à peu près, une besogne aussi dangereuse, mais souvent plus utile!

Dites-moi. quelle différence établissez-vous entre des

lions, des tigres, des loups, des ours, qui vous mangent quand la faim les pousse, et ces brigands infâmes, ces voleurs de grands chemins, ces incendiaires qui vous attendent la nuit comme des lâches, pour vous dépouiller, vous ruiner et vous tuer en cas de résistance ? Est-ce qu'un bandit ne vit pas de rapines comme une bête fauve ?

Vous allez me répondre qu'un homme si scélérat qu'il soit mérite certains égards, et qu'en le tuant comme un chien je lui ferme brutalement la porte du repentir et du pardon ! Ah ! croyez-moi, un bandit qui, pendant dix ans, s'est souillé de crimes et a jeté le deuil et la ruine dans vingt familles, est une créature qui ne se repent pas et pour laquelle Dieu seul, d'ailleurs, peut avoir un peu de pitié. Pour nous, ce n'est plus un homme : c'est une bête venimeuse, un reptile dangereux qu'il faut écraser quand on le rencontre.

D'ailleurs, dans l'état de démoralisation où se trouvait alors mon pays, la législation était impuissante pour repousser ces brigandages, ses formes compliquées étaient lentes et sans action, et les habitants et les magistrats ne devaient compter que sur eux-mêmes ; en un mot, des exemples terribles étaient nécessaires, il fallait une répression vigoureuse et sans ménagement.

Ces terribles exploits me valurent le surnom de *Tueur de Brigands*, que j'ai conservé depuis et dont je m'honore comme d'autres s'honorent d'une récompense illustre.

Aussi je vous affirme que je n'ai aucun scrupule, et vous le voyez à la rotondité de mon abdomen, dit-il en poussant un gros et franc rire qui gagna tout le monde, le remords ne m'a pas fait maigrir. Je dors d'un sommeil paisible, et ma conscience ne s'est jamais alarmée de ce que j'ai fait. Comme Diogène apercevant un homme pendu à un arbre, je me dis quand j'aperçois un brigand suspendu par le cou à la branche d'un peuplier : *C'est le plus beau fruit qu'on puisse voir.*

— Braivo ! braivo ! s'écria un Anglais enthousiasmé, et qui finissait sa deuxième bouteille de champagne. Moâ, je propose à l'honoraible société de voloâr porter une toâst à la santé de monsieur le toueur de braigainds.

Personne ne sembla avoir entendu la proposition de l'Anglais, et le tueur de brigands continua :

— Naples n'a plus de brigands de ces côtés-ci, parce que le gouvernement a rendu les villages, les maires, les curés mêmes, responsables des crimes et délits commis sur leur territoire. Les habitants, contraints de payer une indemnité aux voyageurs volés, sont autorisés à faire fusiller, séance tenante, tout homme trouvé en possession illicite d'armes à feu. Ces lois draconiennes ont produit leur effet. Mais pour biaiser la loi, le brigand napolitain traverse quelquefois la frontière et vient voler dans les marais Pontins, puis retourne dans son village.

Le tueur de brigands, en nous faisant comprendre que notre traversée des marais Pontins pouvait bien être dangereuse, ne s'était pas occupé de l'effet qu'une semblable révélation produirait sur nous, mais son petit œil noir n'avait pas cessé de suivre la main droite de l'homme à la barbe, qui jouait négligemment avec un couteau pointu dont la lame aurait fort bien pu faire l'office d'un stylet. Mais ce dernier fut le seul sur qui cette révélation ne parut pas produire un grand effet, et, le premier, il rompit le silence qui s'était fait après ce coup de théâtre habilement ménagé par le gros homme.

— Je vous fais mon compliment, signor. Il faut un grand courage pour faire le métier, honorable sans doute à tous égards, de tueur de brigands. Mais ce n'est pas de votre courage physique que je vous louerai le plus, c'est surtout de votre force morale. J'ai beaucoup entendu parler de vous, signor, et je suis sûr que les moyens que vous avez employés quelquefois à l'extermination de ces bandits ont dû vous répugner quelque peu. Ce n'est pas un courage ordinaire qu'il vous a fallu pour pouvoir ainsi vous faire l'exécuteur de ces malheureux qui, si abominables qu'ils soient, sont cependant des hommes.

Le coup avait porté juste ; on se recula du gros homme, que son interlocuteur avait fait descendre de son piédestal pour le mettre au niveau du bourreau. Mais celui-ci, loin de se laisser décontenancer, reprit vivement :

— J'ai du courage, il est vrai, et puisque le temps ne nous permet pas de nous remettre encore en route, je vais vous dire l'histoire de ce fameux Spatolino, le digne rival de Gasparone. Peut-être que ce récit fidèle, en faisant fuir de vos cœurs cette trop généreuse commisération, vous donnera, de celui qui vous sauvera peut-être bientôt des mains de scélérats semblables, une plus juste idée d'une mission qui doit lui valoir au moins l'estime et la reconnaissance des honnêtes gens.

CHAPITRE XV

Spatolino.

Spatolino, à l'époque où *il prit la montagne*, était un garçon de vingt et quelques années, élégant de manières, d'un esprit distingué. Il avait fait toutes ses études au collége de Bologne. Il avait une belle carrière ouverte devant lui si, confiant dans la justice de notre pays, il se fût présenté devant les autorités en déclarant qu'il était le meurtrier de celui qui avait outragé sa mère. Il eût été acquitté, et la société lui eût rouvert ses portes. Hélas ! après avoir tué l'insulteur de sa mère, Spatolino crut devoir fuir et plus tard, lancé dans cette voie du banditisme, il y prit goût et y resta.

C'était un homme d'une taille ordinaire, très-bien fait, sa tête expressive s'implantait sur de larges et solides épaules. Sa chevelure, noire et abondante, ombrageait un front vaste et intelligent ; des yeux bleus d'une admirable beauté donnaient à sa physionomie une empreinte de douceur indicible. Le reste de ses traits rappelaient ces belles têtes antiques que vous avez pu voir et admirer dans le musée de Borbonico.

Il y a quelques rapports entre sa figure et la vôtre, dit le gros homme en indiquant l'homme à la barbe. — Celui-ci s'inclina en signe de remercîment.

— Oh! il y a un dicton français qui dit : « rien ne ressemble plus à un coquin qu'un honnête homme, » et il reprit son histoire.

A l'aide d'un passe-port délivré à un de ses amis, il quitta la Toscane et se retira à Rome, où il vécut pendant deux ans uniquement occupé d'études archéologiques. Les autorités françaises, assez ombrageuses dans ce temps-là, le laissèrent pourtant tranquille, car elles le prenaient pour un fou qui avait la manie des médailles, ce que les soldats ignorants appelaient de vieux sols. Pendant ces deux années il avait, à force de recherches, de soins et d'études, collectionné des milliers de *vieux sols* et plusieurs autographes des plus remarquables, au nombre desquels se trouvaient les deux plus curieuses lettres qu'Arétino eût jamais écrites, et qui, après la prise du brigand, tombèrent entre mes mains.

— Je les porte toujours dans mon portefeuille, elles sont écrites en français et toutes deux adressées au roi de France.

En un mot, aux yeux de tous, Spatolino était un maniaque de la plus aimable espèce. Il passait son temps entre l'étude, soit chez lui, soit au musée du Vatican, soit dans les autres musées de la ville éternelle, dont le

12.

plus pauvre est encore plus riche que tous les musées de l'Europe. Les lieux de ses promenades habituelles étaient les ruines, le monte Pincio, la villa Médici, la villa Borghèse, la villa Pamphili. Il ne recherchait la société de personne, et personne ne recherchait la sienne. Que pouvait-on faire de sa conversation ? On ne s'en souciait pas plus que de celle d'un marchand de bric-à-brac, parmi lesquels cependant on rencontre, à Rome, de véritables savants.

En se promenant dans le magnifique parc de la villa Pamphili, il eut l'occasion d'y rencontrer plusieurs fois une jeune fille allant avec sa mère à la recherche des violettes et des renoncules.

Angelina B. avait à cette époque une quinzaine d'années. Elle était d'une santé fort délicate ; ses traits, d'une distinction toute romaine, étaient marqués du sceau de la souffrance ; mais ses yeux d'un noir vif et presque phosphorescent, indiquaient une énergie rare. Son nez aquilin et son menton fuyant donnaient à sa figure quelque chose de l'oiseau. Son médecin lui ayant prescrit d'aller prendre l'air hors de Rome, elle avait d'elle-même choisi la villa Pamphili, la plus éloignée de Rome, mais aussi la plus splendide pour se créer l'obligation de l'exercice.

Un jour, courant à la recherche des violettes dans les broussailles, elle fut mordue par une vipère. La plaie était profonde et douloureuse ; au cri que poussa la jeune fille, Spatolino accourut, prit la vipère par le cou, la força de lâcher prise et l'écrasa sous son talon, et, saisissant aussitôt le doigt blessé, il se mit à le sucer avec énergie, puis il conduisit Angélina chez un médecin, et la jeune Romaine en fut quitte pour la peur et pour une légère blessure à la main pendant quelques jours.

La mère, reconnaissante du service que venait de lui rendre ce jeune homme, l'invita tout naturellement à venir les voir; il fut accueilli dans cette maison avec empressement. Ces visites, faites d'abord avec une certaine discrétion, devinrent plus fréquentes.

Les deux jeunes gens s'aimèrent; on parla mariage. La jeune Angélina appartenait à une famille de riches bourgeois, la dot était fort belle. L'amour, et les cinq mille piastres, décidèrent le jeune homme. Le mariage fut arrêté. Mais, au moment de le conclure, Spatolino crut de son devoir de prévenir la jeune fille et sa famille de sa position vis-à-vis de la justice. Dans le pays, on avait eu connaissance de son crime; on l'approuvait d'avoir vengé sa mère; mais comment faire pour se marier? Il fallait donner son nom, son lieu de naissance! On alla trouver un prêtre. En Italie, et principalement à Rome, chaque famille a pour commensal un abbé qui fait partie de la maison, comme conseil de la famille.

Ce prêtre était depuis longues années l'ami et le directeur de la maison. On lui révéla les faits : Spatolino avait tué un soldat français qui, pris de vin, avait outragé sa mère.

— Qu'à cela ne tienne, mes enfants, Spatolino est un bon citoyen, il n'a fait que son devoir; et d'ailleurs c'était un Français. Il n'y a pas de mal à envoyer ces mécréants, ces révolutionnaires devant le tribunal de Satan.

— Vous l'absolvez donc de ce crime?

— Plutôt deux fois qu'une! D'ailleurs, il n'y a pas de crime ; en défendant l'honneur de sa mère il défendait le sien.

En ce temps-là, les Français étaient mal vus de la population italienne en général, et des prêtres en particuculier! Ne venaient-ils pas déranger les habitudes des uns et saper le pouvoir des autres ? Quel que soit le principe au nom duquel une armée envahit et conquiert un pays, les populations reçoivent mal ces conquérants. On aime à arranger ses affaires en famille.

Ce prêtre donna l'absolution à Spatolino, et procéda un matin, à la première basse messe de son église, au mariage des deux jeunes gens.

Les premiers mois de ce ménage furent heureux. Spatolino partageait son temps entre sa jeune femme et son travail. Il put se croire oublié.

Un jour qu'il se promenait avec sa jeune femme dans les charmants jardins de la villa Doria, à Albano où il s'était retiré pour passer l'été, le hasard conduisit sur ses pas des soldats du régiment dont il avait tué le camarade. Il fut reconnu et arrêté aussitôt, puis conduit chez le maire de la ville qui, grâce aux prières de sa jeune femme, le laissa en liberté, en disant qu'il répondait personnellement du prisonnier pour lequel il avait une grande estime. Le soir, Spatolino et Angélina étaient de retour à Rome, et faisaient leurs préparatifs de voyage en toute hâte; et le matin, aussitôt après l'ouverture de la porte del Popolo, un vetturino les emmenait rapidement sur la route de Florence, par Viterbe et Radicofani.

L'Italie centrale était entièrement au pouvoir de l'armée française ; du moins ils étaient maîtres de toutes les villes, mais les montagnes offraient un refuge assuré à Spatolino, et il résolut de s'y jeter pour y vivre tranquille avec sa femme si on ne l'inquiétait pas, mais bien résolu de se défendre les armes à la main si on essayait de le prendre. Il vécut pendant quelques mois dans la retraite qu'il s'était choisie. Un matin, un de ses amis de Civita-Castellana lui envoya un exprès lui dire de se tenir sur ses gardes, que sa demeure était connue de la gendarmerie, et que le maître de poste de cette ville s'était fait le guide des sbires que l'on se disposait à lancer contre lui.

Spatolino, sans perdre de temps, instruisit sa femme du danger qu'il courait, et la pressa de retourner à Rome dans sa famille, lui disant que seul il défendrait mieux sa tête et sa liberté ; qu'il était sûr de gagner Ancône d'où il passerait à Corfou ou ailleurs, et qu'une fois à l'abri de nouvelles poursuites, il la rappellerait auprès de lui. Angélina B. résista avec énergie aux conseils prudents de son mari.

— J'ai partagé tes joies, je partagerai tes peines et tes dangers, te quitter, jamais ! N'es-tu pas mon premier, mon unique amour en ce monde ? Oh ! va, lui dit-elle, je ne suis pas si faible que tu te l'imagines. J'aurai du courage ; fais de moi tout ce que tu voudras, mais ne m'éloigne pas de toi, mon Spatolino !

— Eh bien ! soit, fuyons au plus vite.

Et ils se retirèrent dans les hautes et longues traînées de montagnes des Apennins, qui sont comme l'épine dorsale de la Péninsule, d'où partent des milliers de rameaux qui lui servent d'étais.

Spatolino y rencontra un assez grand nombre d'individus traqués par la justice qui avait à leur reprocher des méfaits assez graves. La pensée lui vint d'essayer de rassembler ces proscrits, de les grouper, et de se former une bande, comme Pierre de Calabre et tant d'autres, et de courir sus aux Français et aux Autrichiens. Tous les moyens sont bons pour se défendre, se dit-il, quand il s'agit de défendre sa vie.

En moins de quinze jours il réunit une soixantaine d'hommes déterminés, auxquels vinrent se joindre d'autres individus. C'est avec cette petite troupe, bien armée, approvisionnée et recrutée dans le plus grand silence, qu'il attendit de pied ferme les sbires lancés à sa recherche ; Spatolino ne savait pas pourquoi, le maître de poste de Civita-Castellana avait été chargé de guider les gendarmes à travers les montagnes. Il lui passa par la cervelle de faire tomber ces sbires et le maître de poste dans un piége, et il y réussit.

Un matin, un homme qu'il avait mis en vedette au bas d'un sentier conduisant à la cabane où lui et sa femme avaient établi leur demeure provisoire, lui donna le signal convenu à l'avance, alors qu'il apercevrait les sbires. En un instant tous les hommes furent postés dans des trous de rochers, avec ordre de les tuer. Le maître de poste seul devait être épargné. Lorsque cette troupe d'hommes de police se fut bien engagée dans le sentier une décharge formidable renversa tous ces hommes. Spatolino s'avança, s'empara du maître de poste et lui dit :

— Pourquoi m'en voulez-vous? me connaissez-vous?

— Je ne vous ai jamais vu.

— Je suis Spatolino.

— Je ne vous connais pas, mais je connais votre famille. Je savais que vous teniez la montagne, et c'est pour vous que je suis venu.

— Que vous a fait ma famille?

— Je la hais comme un Italien sait haïr. Vous me demandez ce qu'elle m'a fait? je vais vous le dire :

Avant que vous ne fussiez en ce monde j'avais vingt et un ans accomplis. Je faisais mes études à Rimini, et, dans la famille où j'étais reçu, où j'allais chaque soir, il y avait une jeune fille. Je l'aimais avec passion, avec délire, je me croyais payé de retour. J'avais affaire à une coquette infâme qui jouait l'amour avec moi pour mieux cacher celui qu'elle ressentait pour un autre, un de mes condisciples et mon ami!

Elle laissa aller les choses si loin que je la fis demander en mariage par ma mère; sa famille n'avait point fait d'objections, elle croyait aussi que j'étais aimé, et elle donna son consentement. Le jour de la cérémonie fut fixé; les préparatifs furent faits, nous étions à la veille même du mariage. Jusque-là, elle m'avait enlacé de démonstrations affectueuses qui me faisaient le plus heureux des hommes. J'étais ivre de joie et d'amour. Ma famille était heureuse de mon bonheur et entourait ma fiancée de la plus vive et de la plus tendre sollicitude.

Le matin du mariage, deux heures avant d'aller à l'église, ne la voyant pas descendre, on monta dans sa chambre ; elle avait disparu. Elle s'était enfuie avec mon condisciple, et était allée se marier secrètement dans un bourg à quelques lieues de Rimini, puis tous deux avaient pris la route de Bologne où ils s'établirent.

Cette jeune fille qui s'était jouée de moi d'une manière aussi odieuse, c'était votre mère, Spatolino. Et depuis lors, j'ai juré que je tirerais vengeance de cette infamie.

— Tu veux, misérable, te venger sur le fils des torts de la mère !

— L'Écriture sainte ne dit-elle pas quelque part que Dieu a maudit jusqu'à la septième génération la postérité de...

— Étrange façon d'interprêter la Bible, mais j'accepte la lutte, s'écria Spatolino ; je ne vais pas te tuer, mais je veux t'imprimer quelque part une marque indélébile de ton passage par mes mains.

Et Spatolino, d'un coup de stylet lui cassa le bras au-dessus du coude.

— Tu peux, ajouta-t-il, retourner à Civita prier les croque-morts de venir enterrer *tes amis*, à moins que l'autorité ne veuille que je les jette au bas de cet abîme en pâture aux oiseaux de proie.

Le maître de poste s'enveloppa le bras comme il put, et arriva à minuit à Civita.

Désormais, ce fut entre lui et Spatolino lutte terrible. se vit vingt fois pris

Traqué de toutes parts, toujours il échappa avec un
ou sur le point de l'être des sbires ou des geôliers.
rare bonheur, interrompit l'homme à la barbe, ce Spa-
était dans son droit, je m'en rapporte à ces messieurs ?

Le gros homme vit que jusqu'à présent on semblait
plutôt plaindre Spatolino que l'accuser, aussi reprit-
il vivement :

— C'est qu'emporté par le récit de la lutte de ce brigand avec le maître de poste, j'ai oublié de vous dire
que, une fois sa bande organisée, Spatolino s'était mis à
détrousser les voyageurs et à tuer ceux qui résistaient.

— Ceci change la thèse, reprit le docteur. Votre
maître de poste se trouvait être à la fois son vengeur et
celui de la société.

— Très-bien dit, fit le gros homme, et il continua:

— Un jour, le maître de poste tomba une deuxième
fois au pouvoir de Spatolino ; il se crut perdu et attendait sans souffler une parole qu'on l'expédiat dans le
royaume des ombres.

— Eh bien ! lui cria le brigand, tu t'attends à mourir ;
tu te trompes, mon vieux. Je n'en veux pas à ta vie,
je ne veux que te guérir de ta monomanie. Il y a dans
la maison d'Aversa (la plus célèbre des maisons d'alié-
nés, elle est entre Capoue et Naples), des fous moins
dangereux que toi: Ta maladie est passée à l'état chro-

nique, tu as besoin encore d'une légère saignée, et je vais te la faire à l'œil. Lequel veux-tu sacrifier ?

— Tuez-moi plutôt, cela vaudra mieux que de me mutiler ainsi.

— Non pas, ça ne ferait pas...

— Hé vous autres, fit-il en appelant un de ses hommes, emparez-vous de ce maniaque, que l'un tienne les bras et les jambes, et un autre la tête... Là, lui très-bien ; et de la pointe de son stylet il lui creva l'œil gauche.

— Horreur ! s'écrièrent tous les convives, l'homme à la barbe excepté !

— Tu as ton affaire maintenant, retourne chez toi. La prochaine fois que tu viendras *me consulter*, ajouta-t-il avec ironie, je te saignerai l'autre.

On pourrait croire que cette mutilation guérit le maître de poste ; il n'en fut rien, et il résolut au contraire de n'avoir ni repos ni trêve que Spatolino ne fût tombé entre les mains de la justice. Mais malheureusement le pauvre borgne se retrouva peu de mois après arrêté par Spatolino qui vainquit encore une fois la police.

— Maledetto, c'est encore toi ! s'écria le bandit.

Le maître de poste ne répondit rien, mais ramenant rapidement sa main jusque-là cachée derrière lui, il tira sur le brigand, et presque à bout portant, un coup de pistolet qui l'atteignit à l'épaule sans le blesser sérieusement.

— Tiens, tiens, il paraît que ta maladie fait des progrès. Ta manie se développe et prend des proportions alarmantes. Diable, il faut employer des moyens énergiques. Nous allons te saigner à la patte.

Et d'un coup de pistolet il lui cassa la cuisse.

Le brigand le fit monter sur une mule et reconduire chez lui où il mourut quinze jours après.

Pendant quinze ans, Spatolino, à la tête d'une troupe composée d'hommes redoutables, devint la terreur des voyageurs. Les deux routes de Florence à Rome furent à sa merci.

Il serait trop long d'énumérer ici toutes les arrestations, tous les vols, les assassinats qu'il fit ; il suffira de dire qu'aucune famille, aucun courrier ne pouvaient passer sans être en partie pillés. Il respectait la vie des voyageurs toutes les fois que ceux-ci se laissaient faire sans trop crier.

On mit sa tête à prix ; on essaya de toutes les embûches, il les déjoua toutes. Les choses étaient au pire : il venait d'arrêter et de piller la caisse de l'armée escortée de deux cents hommes, lorsque je fus appelé pour aider à détruire sa bande.

Je dois dire que pendant tout le cours de la vie criminelle de Spatolino, Angélina ne voulut prendre aucune part à ces brigandages. Mais, en femme dévouée, elle le suivit partout, partagea ses fatigues et ses courses avec un courage surhumain. Quand le danger était imminent, Spatolino l'envoyait au plus haut dans les montagnes où la cachait chez quelques paysans qui lui étaient très-dévoués. Elle se fit à ce genre d'existence, oublia ses habitudes d'aisance et de distinction d'autrefois, s'habilla en simple paysanne, et vécut comme les brigands, au jour le jour. Elle avait eu trois enfants qui, aussitôt leur naissance, avaient été envoyés à Rome, et furent soigneusement et secrètement élevés sous la protection de leur grand'mère.

Quand il en fut là de son récit, notre homme s'interrompit, regarda si la pluie avait cessé de tomber, et reprit :

— Et puisque le temps ne s'améliore pas, peut-être, messieurs, aurez-vous de mon dangereux métier une plus haute opinion, si vous voulez écouter comment j'ai pu m'emparer du fameux Spatolino.

— Dites ! dites ! s'écria-t-on en masse, nous vous écoutons.

Le tueur de brigands reprit alors, en regardant d'un air triomphant son adversaire, l'homme à la barbe :

— Pour arrêter et surprendre une bande de bandits, il faut connaître ses mœurs, ses plus petites habitudes, sa manière de faire, et pour ainsi dire le caractère de chacun des hommes qui la composent. Lorsqu'elle est formée d'hommes énergiques, prudents, réfléchis, il est extrêmement difficile de la faire tomber dans un piége. Les vieux brigands ont le flair du renard, ils déroutent la police ; les piéges, si bien ourdis qu'ils soient, ne servent à rien. Quand, au contraire, la troupe renferme des jeunes gens, des ivrognes, on peut avec de la ruse, de la patience et de l'audace, arriver à la diviser, et alors on se sert d'une partie pour exterminer l'autre, sauf à tuer légalement ceux qui restent. Les jeunes gens ont des amourettes ; et si bien close que soit la bouche des paysannes il n'est pas difficile, en excitant leur jalousie, d'apprendre quelles sont celles qui ont des relations avec les bandits. Un bandit qui a le cœur sensible est un homme perdu. Pierre de Calabre périt pour avoir trop aimé. Le brigand qui aime à fêter Bacchus est encore facile à prendre ; on peut d'avance assigner le jour et l'heure où l'un et l'autre tomberont entre nos mains.

Chaque bande a ses habitudes ; elles ont une certaine forme d'arrêter les voitures, de dévaliser les voyageurs. Les unes parlent, les autres ne prononcent pas une parole ; celles-ci tuent les chevaux, ou les détèlent ; celles-là coupent les traits ; l'une renverse les voitures ; l'autre fouille les voyageurs, et il y a dix manières de fouiller. Celle-ci bouleverse le bagage pour saisir l'argent qui peut y être caché, cette autre ne prend absolument que l'espèce monnayée.

Certaines bandes sont littéraires, pardonnez-moi cette qualification, je l'expliquerai tout à l'heure, d'autres sont joueuses, d'autres ivrognes, d'autres enfin avares et sobres. Tous ces détails ne sont pas indifférents à connaître, croyez-le bien. Les bandes littéraires possèdent une bibliothèque portative qui se compose de poëmes épiques, d'épopées, de légendes, de chansons, de contes, de mystères, etc. Au repos, la bande lit, raconte ou récite des contes ou des vers, est d'une sobriété exemplaire. Aussi, sont-elles les plus difficiles à tromper et à surprendre.

Vous savez ce qu'était Spatolino lorsque j'entrepris de débarrasser l'Italie de cet hôte dangereux. On mit dix mille piastres à ma disposition et on m'offrit autant d'hommes que j'en demanderais. J'acceptai l'argent et refusai les hommes.

La force ne pouvait évidemment rien en cette occasion. Cent faits, cent tentatives à main armée, cent excursions avec des troupes l'avaient prouvé. Je quittai Rome, comme un simple voiturier, sur une charrette chargée d'un vieux bahut et de quelques barriques vides, et je m'acheminai à petite journée vers Foligno, rêvant au stratagème que j'emploierais ; me creusant l'esprit et ne trouvant absolument rien. Arrivé dans le faubourg de la ville, je laissai à l'auberge ma charrette, j'enfourchai un cheval et gagnai les Apennins. Je descendis dans toutes les osteria ou locanda que je rencontrai sur mon chemin. J'écoutais ce qu'on racontait partout du brigand ; je questionnais même, au risque de me faire prendre pour un sbire, et quand je fus mis au courant de son caractère, de sa façon d'agir, j'arrêtai mon plan.

Avec Spatolino, homme distingué, lettré même, il fallait employer les moyens les plus niais et les plus grossiers. Son esprit devait être prêt à échapper à toutes les ruses, à déjouer tous les piéges qu'on devait lui tendre habilement.

J'allai me loger dans une osteria où je savais que le maître de la maison avait des rapports fréquents avec le bandit.

— Bonjour, signor !

— Bonjour, excellence ! Qu'y a-t-il pour votre service ?

— Vous êtes des amis de Spatolino ?...

A cette apostrophe inattendue, le brave hôtelier, croyant avoir tous les sbires de Rome sur le dos, fit un bond comme pour gagner la porte.

— Ne vous effrayez pas. Je ne suis pas Spatolino, — vous le savez bien, et je ne suis pas chargé de le poursuivre. Vous allez seulement me faire le plaisir de lui envoyer cette lettre-là tout de suite.

— Tout de suite ? c'est impossible.

— Pourquoi donc ?

— Parce qu'il m'a formellement défendu de lui envoyer qui que ce soit le jour, fût-ce même son père.

— Ah !

— Il craint qu'on ne lui tende des piéges et qu'on ne suive les traces du messager.

— Il a raison. En ces temps-ci, il faut se défier de tout et de tous ; ces Français sont si fins.

— Eh ! fit en riant l'aubergiste, ils voudraient bien tenir Spatolino ; — mais je tiens plus à ma peau qu'à leur argent.

— Ils ont donc essayé de vous corrompre, ces sacripants d'étrangers ?

— Ils m'ont offert dix mille piastres ; mais Spatolino est mon ami d'enfance, et je ne le trahirais pas pour un monceau d'or.

— Quand lui enverrez-vous mon message ?

— Cette nuit, signor.

— A quelle heure ?

— Vous me permettrez de ne pas vous le dire.

— C'est bien. Que ma lettre lui parvienne demain matin, c'est tout ce que je demande.

— Il l'aura avant le jour.

Je me retirai dans ma chambre, au premier. L'ameublement se composait d'une mauvaise couchette en bois peint, de deux paillasses et d'un matelas avec un oreiller, d'une petite table et d'un banc de bois. Il n'y avait ni cheminée ni glace, et la porte se fermait à peine au loquet.

Vers deux heures du matin, comme je sortais de mon premier sommeil, j'entendis la porte s'ouvrir doucement. Je vis un homme s'approcher de moi, m'examiner attentivement, puis tâter sur mon lit, comme pour bien s'assurer de la position que j'occupais.

— Aurait-il découvert qui je suis? me demandai-je. Si cela est, je suis un homme perdu.

Je me rassurai en songeant que le gouverneur de Rome était seul dans le secret de ma mission.

L'inconnu prit mes habits et les emporta.

— Bien, me dis-je, je sais ce qui t'amenait, tu crois trouver dans mes habits quelques indices; mon pantalon n'a pas de poches, mon gilet ne porte qu'une montre en cuivre et ma veste ne contient que mon mouchoir, dans la corne duquel il n'y a guère plus de cinq piastres.

Un quart d'heure après, le même individu rapportait mes habits et se retirait avec les mêmes précautions. Spatolino était averti, cela ne faisait aucun doute. Il avait reçu ma lettre, qui ne contenait que ces mots :

« Un commissaire, tout exprès envoyé de Rome, a une mission du plus haut intérêt à confier à Spatolino. On lui demande donc une entrevue, en le priant de désigner lui-même le jour, l'heure et le lieu, où le commissaire viendra seul. On se confie sans réserve à sa bonne foi. »

Il fut plusieurs jours à se décider, et j'appris que ce ne fut pas sans beaucoup d'hésitation. Sa femme soupçonnait une trahison.

Enfin, le cinquième jour, je reçus de lui une lettre bien tournée, comme forme et comme style, qui m'indiquait le lieu et l'heure du rendez-vous.

Je m'y rendis seul, sans armes. Spatolino m'avait devancé.

— Êtes-vous venu ici pour me trahir? me dit-il avec un air de méfiance en fixant sur moi un regard fauve. Est-il vrai, comme vous me l'avez écrit, que vous ayez à me parler d'une affaire importante?

— Je ne suis pas un traître. Le gouvernement désire, par votre entremise, faire main basse sur tous les hommes de votre bande, lui dis-je résolûment et à brûle pourpoint. Vous avez une autorité absolue sur eux; si vous consentez à être l'agent de l'autorité, on vous accorde un pardon complet. Vous serez libre de jouir en paix, là où vous voudrez, de tous les trésors que vous avez... amassés.

— Tenez, je n'y vais pas par quatre chemins : je suis las de cette vie aventureuse, au bout de laquelle je n'entrevois que la potence ou des balles dans le crâne. Vous me proposez une lâcheté, mais j'aspire au repos. J'ai une femme et des enfants que j'aime; je voudrais élever ces derniers dans la voie de l'honneur et de la religion. Je consens à un arrangement, et je promets de livrer mes hommes, si on me garantit protection pour moi et ma famille.

— J'ai plein pouvoir pour vous donner toute garantie.

— C'est bien, répliqua le bandit. Malheur à vous, si vous me trompez ; car je fais une réserve : je livrerai tout mon monde, excepté un seul homme, qui se chargera, en cas de trahison, de me venger d'une manière terrible.

— Que vous faut-il pour vous inspirer toute confiance ?

— Il me faut un acte écrit de nos conventions, signé du gouverneur de Rome.

— Qu'à cela ne tienne.

— C'est convenu. Trouvez-vous ici dans huit jours, à neuf heures du soir. Je serai là avec quarante de mes hommes, les seuls qui me suivront. Dix-neuf autres ne m'obéissent pas et ne m'accompagnent que quand il y a un coup à faire ; mais sur mes indications il vous sera facile de les prendre. Ma femme s'y trouvera également, elle ne me quitte jamais : j'exige, je le répète, qu'on lui garantisse la liberté et que vous lui apportiez un sauf-conduit spécial.

— Il sera fait comme vous le dites.

— Maintenant séparons-nous. Mon absence serait remarquée.

Et comme il avait déjà fait quelques pas, il se retourna vivement.

— Eh, signor, écoutez. Je ne réfléchissais pas ; mais ce sera le 13 du mois !... J'ai peu de confiance dans les saints du calendrier de ces jours-là.

— Vous superstitieux ! Je vous aurais cru au-dessus d'un pareil préjugé.

— J'ai mes raisons. J'ai été pris dix-sept fois, et ç'a toujours été un vendredi ou un treize.

— Eh bien, changeons le jour, si vous avez peur.

—Peur ! non ; ce qui est dit est dit.

— Au revoir.

Une heure après cet entretien, je quittai l'osteria, cheminant lentement et du pas d'un homme qui n'a rien à redouter de personne, certain que Spatolino avait pris des mesures pour qu'il ne m'arrivât rien pendant les huit milles que j'avais à faire de nuit pour arriver au faubourg de Foligno où j'avais laissé ma charrette. Je n'étais plus qu'à un demi-mille à peine des premières maisons de la ville. J'entendais les dernières rumeurs de la cité se perdre comme le bourdonnement d'une ruche le soir au soleil couchant, lorsque je fus accosté tout à coup par un homme qui prit la bride de mon cheval.

— Que voulez-vous ?

C'était Spatolino ; je ne l'avais pas reconnu.

— N'oubliez pas que je compte sur votre parole. Je vous promets dix mille écus pour honoraires (cinquante mille francs), et je pourrai vous les compter sans trop de gêne. J'ai dévalisé onze fois la caisse publique de Bologne et de Foligno, et plus de deux cents chaises de postes... Bona sera, signor.

— Bona sera, Spatolino.

— Ne prononcez pas mon nom si haut, ajouta-t-il en me tournant les talons, nous sommes trop près de la ville.

Deux jours après j'étais à Rome faisant part au gouvernement de ma négociation. Il fut décidé que l'on enverrait à Foligno une compagnie de cent hommes dont je prendrais le commandement.

Au jour et à l'heure convenus je sortis de Foligno à la nuit close ; mes hommes, enveloppés de leurs manteaux, me suivaient à distance en rampant le long des halliers. Je ne trouvai personne au rendez-vous. J'attendis. Neuf heures sonnèrent aux couvents des alentours, puis dix heures, puis minuit, et Spatolino ne paraissait pas. Je suis joué, me disais-je, et si je sors d'ici sans avoir la peau trouée, j'aurai du bonheur.

A chaque instant il me semblait entendre un bruit de pas précipités venant vers moi. J'allais d'heure en heure visiter mes gens, les engageant à veiller sur eux de peur d'une surprise. A onze heures, un épouvantable orage éclata. Les éclairs se croisaient dans les nues, le tonnerre grondait avec un fracas extraordinaire, l'horizon était tout en feu. La pluie tombait comme en ce moment, c'est-à-dire à torrents, et nous n'avions pour abri que nos manteaux. Spatolino reculait-il ? avait-il soupçonné le piége ? ou connaissant ses projets de trahison, ses hommes l'avaient-ils tué ? Je résolus d'attendre jusqu'à une heure du matin.

A minuit et demi, je vis une ombre s'avancer vers moi ; c'était le brigand. Il me fit un signal auquel je répondis. Me prenant alors par le bras et me regardant d'un air farouche il me dit :

— J'avoue que j'ai peine à vous croire. Le gouverneur de Rome craindra toujours que je ne forme une autre bande, et sous un prétexte quelconque il me fera enlever et fusiller comme un chien.

— Ne craignez rien, je suis votre garant. D'ailleurs, voici un sauf-conduit pour vous et pour votre femme.

— C'est bien, dit-il en prenant les papiers et en les parcourant à la lueur des derniers éclairs réfléchis par les montagnes voisines ; si vous êtes un traître, vous serez cruellement puni. Où sont vos hommes ?

— Là, dans les broussailles.

Bras dessus, bras dessous, et suivis des gendarmes qui marchaient en silence, nous arrivâmes au bout d'un quart d'heure au fond d'un ravin. Un bouquet de sapins nous dérobait le véritable repaire de bandits. C'était une énorme excavation naturelle bouchée par une muraille grossière faite de galets ramassés dans le terrain voisin, et scellés avec de la terre glaise. Une seule ouverture donnait entrée dans cette caverne. Spatolino frappa un coup de pierre contre le rocher, une femme vint ouvrir.

— Entrons, dit le brigand. Mes gens achevaient de souper quand je suis parti, presque tous étaient ivres. Les pauvres diables auront un triste réveil. Tenez, je suis un lâche... Je me fais horreur ! Oh ! il m'arrivera malheur...

— N'avez-vous pas deux sauf-conduits ?

— Oui, sans doute, mais comptez-vous pour rien le remords ?

— Il est trop tard pour y penser.

Le brigand entra le premier, moi derrière lui, les gendarmes après. Les quelques bandits qui restaient encore debout, croyant que leur chef amenait de nouveaux camarades, gardèrent tranquillement leurs places et continuèrent à boire et à jouer. La pièce était profonde et sombre, éclairée seulement par une torche. La femme de Spatolino observait avec anxiété les nouveaux venus, qui, à la faveur de leur déguisement et grâce à la méprise des brigands, prenaient position aussi commodément que possible pour observer le logis et les hommes. Au bout de quelques minutes, à un signal convenu, mes gendarmes firent à la fois main basse sur tous les convives.

Quatre gendarmes saisirent Spatolino, enlevèrent ses armes et le garrottèrent solidement. On lia aussi les pieds et les mains des autres.

La femme de Spatolino, que l'on avait aussi garrottée, s'écria :

— Tu es trahi, Peppo !

— J'en ai peur !... grommela le brigand, c'est aujourd'hui vendredi !

— Non, répliquai-je d'un air indifférent, ce n'est qu'une simple formalité ; demain, à Foligno, vous serez mis en liberté.

— Il y a quatorze ans que je tiens les routes de l'Italie, et jamais homme qui vive n'avait pu me tromper. *Patienza!* J'ai été trop *honnête ;* j'ai cru que l'on pouvait faire fond sur une parole d'honneur. Imprudent ! comme je me suis trompé ! Je me suis livré moi-même en voulant livrer mes camarades, et à qui ?... J'ai peur de l'avoir deviné.

Puis, apercevant sa femme chargée de liens :

— Mais, monsieur, ma femme est innocente. Que l'on me fusille, moi, passe; mais elle n'a rien à se reprocher, la poverina. Femme ! je te sauverai; non, tu ne mourras pas ! Mes chers enfants ! ô mes pauvres chérubins !

J'en eus pitié, et lui dis qu'on avait le projet de l'exiler en Dalmatie, avec sa femme et sa famille.

Plusieurs charrettes attelées de bœufs avaient été, d'après mes ordres, dirigées sur l'endroit où j'avais donné rendez-vous au brigand. On y déposa les bandits, et, pour apaiser Spatolino, je le plaçai seul avec sa femme sur une des charrettes. Puis le convoi s'achemina vers Foligno, et de là, sous bonne escorte, vers Rome, où ils furent emprisonnés au fort Saint-Ange.

Une commission militaire instruisit l'affaire. L'instruction fut longue et difficile, elle dura six mois; quatre cents témoins assignés vinrent déposer et faire connaître les innombrables assassinats des accusés. Spatolino comparut avec une quinzaine de ses complices et sa femme.

Pendant les six mois de sa prévention, bon nombre des hommes de la bande de Spatolino étaient morts; d'autres s'étaient suicidés; enfin, une douzaine, par l'imprudence du geôlier du fort Saint-Ange, avaient trouvé moyen de s'évader par un conduit souterrain aboutissant au Tibre.

A l'ouverture des débats, Spatolino, se leva, salua avec aisance... la *societa illustra*, et adressa au président ces paroles, sur un ton de gaieté comique :

— Signori, je n'ai rien à vous cacher, rien à désavouer, toutes mes actions vous sont connues, je sais le sort qui m'attend. J'ai eu l'imbécillité de me fier à la parole d'honneur de cette fouine, dit-il en me désignant du doigt; je dois donc subir les conséquences de ma crédulité. Mais si bien renseignés que vous soyez, vous ne l'êtes pas encore assez. Je vais vous donner, sur tous les crimes que j'ai commis ou fait commettre, les détails les plus exacts. Nous sommes seize ici, mais tous n'ont pas mérité la potence. J'éclairerai votre justice et saurai vous faire distinguer l'innocent du coupable.

La seule chose que je vous demande de m'accorder, pour le service que je vais vous rendre, c'est, avant de me conduire au gibet, de me laisser seul avec ma femme pendant une heure. La poverina! elle est innocente.

— Je vous le promets, répondit le président.

— J'y compte. Votre parole vaut mieux, sans doute, que celle de ce traître!

— N'en doutez pas, je vous le promets.

— Bien, nous verrons ce que cette promesse deviendra.

Spatolino s'assit et l'on procéda à l'audition des témoins.

A chaque déposition, il se levait et rectifiait les faits. A celui-ci il disait :

— Votre mémoire *bat la breloque*, mon brave homme. J'ai commis cet assassinat ou ce vol tel jour, à telle heure et de telle manière; et il entrait avec une facilité remarquable de parole dans les détails les plus circonstanciés, les plus minutieux, aggravants ou non. Son but unique paraissait être d'envelopper dans sa perte onze de ses compagnons et de sauver les quatre autres avec sa femme, dont il ne cessa de proclamer l'innocence.

— Si elle a trempé dans quelque méfait, elle n'a fait qu'exécuter mes ordres. Avec moi, il n'y avait pas à répliquer, il fallait obéir ou mourir.

Ce système de défense captivait l'auditoire. Les juges eux-mêmes cédèrent plusieurs fois au rire, devant le grotesque de certains détails, surtout lorsqu'il raconta dans quelles circonstances il avait arrêté et dévalisé une famille anglaise, entre Viterbe et Rome.

— Figurez-vous, dit-il, que les chevaux effrayés se jettent de côté, et la voiture dégringole en roulant trois ou quatre fois sur elle-même au fond d'un petit ravin. Le vieux (c'est ainsi qu'il nommait l'Anglais) sortait par la portière sa tête nue comme le ventre d'une grenouille. Il n'avait aucun mal. Sa jeune femme, également épargnée, poussait cependant de grands cris. Elle tenait à la main la perruque de son mari, et, dans son trouble, croyant tenir son mouchoir, elle la pressait sur ses yeux, comme pour ne pas voir le danger.

— Spatolino riait encore de ce souvenir; l'auditoire riait plus fort.

— Vous riez, lui dit-il en se tournant vers lui, vous riez aujourd'hui; mais dans trois ou quatre jours, rirez-vous encore, quand vous contemplerez Spatolino, la poitrine percée comme un crible par les balles de vos soldats ?

Dans l'une des audiences, la septième, je crois, comme il reprochait aux spectateurs l'inconvenance de leur curiosité et de leurs rires, il remarqua tout à coup un gendarme qui veillait sur lui. Il l'examine attentivement, puis s'écrie :

— Ah ! par le sang du Christ, voilà qui est fort, monsieur le président !

— Quoi ? qu'avez-vous ?

— Bon Dieu ! c'est un miracle, je n'en puis croire mes yeux... Le paroissien que vous voyez là à mes côtés, habillé en gendarme... je ne me trompe pas, c'est un de mes anciens compagnons ! Je n'aurais jamais cru que les Français recrutassent ainsi leur gendarmerie.

— Que voulez-vous dire ?

— Parbleu ! que ce brave gendarme-là a servi pendant quinze ans sous mes ordres !

— C'est impossible !

— Impossible ? s'écria le brigand en découvrant avec précipitation le gendarme de son tricorne et montrant une cicatrice à la tête : tenez, la preuve de ses hauts faits est écrite là... Interrogez le témoin Larino, que vous avez entendu hier : son domestique a été assassiné par ce brave défenseur des lois. Oh ! nous avons volé, pillé et assassiné de compagnie une trentaine de voyageurs pour le moins ; c'était l'un des plus habiles de la bande.

Le témoin que désignait Spatolino fut appelé, on fit descendre le gendarme dans l'hémicycle et on les confronta. Il le reconnut en effet pour l'assassin de son valet.

Indépendamment de ce témoignage, le trouble du pauvre gendarme trahit sa culpabilité aux yeux du tribunal.

Le président donna l'ordre de le désarmer et le fit asseoir sur le banc des accusés, pour y être jugé en même temps que ses anciens compagnons.

— A merveille, mon vieux ! s'écria le brigand, te voilà à la place qui te convient. Nous avons fait campagne ensemble, nous quitterons le service en même temps. Pourquoi diable es-tu venu m'escorter ici ? Tu es bien audacieux ou bien imbécile !

Le malheureux gendarme ne trouva pas un mot à dire.

Je ne pense pas, messieurs, dit le tueur de brigands, qu'on ait jamais vu et que l'on puisse voir un jour raconter avec une telle effronterie et un tel sang-froid les circonstances détaillées de plus de soixante crimes.

Après treize jours de débats remplis d'incidents souvent dramatiques, grotesques parfois, curieux toujours, le tribunal prononça la sentence de mort contre Spatolino, treize de ses compagnons et le gendarme. Sa femme ne fut condamnée qu'à cinq ans de prison. Les autres bandits furent envoyés aux galères à perpétuité.

Après cette sentence, Spatolino demanda la parole, et s'adressant au président, il dit :

Excellence, j'ai l'honneur de vous rappeler la promesse que vous m'avez faite. Je vous ai demandé de voir ma femme seule pendant une heure au moins. Je demande aussi que mon exécution n'ait pas lieu un vendredi. Ce jour-là, je n'obtiendrais pas mon pardon du Seigneur, et puisque vous avez pris mon corps, laissez-moi sauver mon âme.

— Je vais donner des ordres en conséquence. Gendarmes ! faites sortir les condamnés.

— Spatolino, votre femme pourra causer avec vous pendant une heure et demie.

— Gendarmes, vous vous tiendrez à distance d'eux de manière qu'ils puissent se parler sans être entendus.

—Quant au vendredi, accordé, dit le juge.

— Mille grâces, signor !

Le brigand profita de cette entrevue pour indiquer à sa femme le lieu où étaient cachés les trésors qu'il avait volés. Quelque bien surveillée que fût la veuve de Spatolino, on ne parvint jamais à surprendre son secret. La police papale présumant que sa propre maison les renfermait, la fit démolir pierre par pierre ; on fouilla le sol en vain. On fit à cette femme mille promesses en l'assurant qu'on lui laisserait une partie des richesses de son mari, elle se borna à répondre :

— Vous aviez fait aussi des promesses à Spatolino, les avez-vous tenues ? Rotoli (c'est mon nom) a vendu mon mari. Il n'y a pas qu'un Rotoli dans le monde.

L'exécution de Spatolino avait été fixée à quinze jours de là. Dès qu'il fut ramené dans son cabanon du fort Saint-Ange, plusieurs prêtres se présentèrent pour le disposer à s'ouvrir les portes du salut ; il leur déclara que si l'un d'eux osait entrer, il l'assommerait.

A Rome, le condamné à mort n'est soumis à aucune entrave, ni camisole de force, ni gardiens de jour et de nuit. Il est seulement enfermé dans une vaste cellule dont la porte est garnie d'une grille de fer.

— Pas de prêtre, s'écriait Spatolino en fureur. Quand vous m'aurez amené le tueur de brigands pour que je lui en fasse autant qu'au maître de poste, alors je me confesserai.

Et jusqu'à la veille de son exécution, il refusa de recevoir les secours de la religion. Les geôliers n'osaient point entrer pour lui apporter ses repas, qu'on lui présentait au bout d'une perche.

— Entrez, vous autres, leur cria-t-il; je ne vous veux aucun mal. Vous faites votre métier; triste métier, il est vrai, mais enfin c'est votre *vocation*. Il y a des gens qui naissent geôliers comme d'autres naissent bossus. Vous pouvez donc venir sans crainte.

Rassuré par ces paroles, l'un d'eux entra.

— C'est à toi seul que je veux avoir affaire désormais, dit-il; s'il en entre un autre, malheur à lui.

Confiant dans cette apparente résignation, le geôlier vint faire son service; mais le lendemain soir, comme le crédule geôlier lui apportait à souper, Spatolino l'assomma avec une brique qu'il avait descellée du parquet, le déshabilla à la hâte, revêtit ses habits et s'échappa du château Saint-Ange.

Spatolino libre, sa première pensée devait être pour moi. Je fus heureusement averti de son évasion, et je me tins sur mes gardes. En effet, deux jours après, le soir, j'entends frapper un coup violent à ma porte. C'est *lui*, me dis-je, prenons nos précautions. Je prévoyais que son désir de vengeance le rendrait imprudent.

En Italie, et à Rome surtout où il n'y a pas de concierge pour garder les maisons, les habitants ont la précaution d'établir derrière leurs portes des chaînes de sûreté qui ne permettent qu'une ouverture de quelques travers de main. J'avais fait desceller la mienne et je l'avais fait clouer à quelques pouces du parquet. En voulant passer, Spatolino devait trébucher et tomber, et alors j'étais maître de lui. Je pris une paire de pistolets et me plaçai derrière la porte, tandis que mon domestique s'apprêtait à ouvrir.

Il entra brutalement comme un homme qui croit surprendre son ennemi. Il donna du pied dans la chaîne et tomba de toute sa hauteur. La tête porta sur le parquet; il resta évanoui pendant quelques instants qui nous suffirent pour lui attacher bras et jambes et lui enlever ses armes. Quand il reprit connaissance il faillit devenir fou de rage.

— Vous êtes donc le diable en personne.

— Non, je suis le tueur de brigands, en chair et en os, pas davantage.

— Cela n'est pas possible ! Où suis-je ?

— Parbleu ! chez moi où vous veniez pour faire *mon affaire*.

— Que le tonnerre vous écrase !

— Prévenu de votre évasion, j'étais sur mes gardes et cette fois je ne vous quitterai plus d'une seconde jusqu'à ce que vous soyez bien et dûment exécuté sous mes yeux.

— Brigand ! s'écria-t-il, mécréant ! mais pourquoi m'en veux-tu donc ?

— Le maître de poste était mon frère !

— Ah ! alors tu n'es pas un sbire, tant mieux ! Puis la colère le suffoquant, il perdit de nouveau connaissance. Je le fis porter sur une civière au fort Saint-Ange.

Lorsqu'il fut réintégré dans sa prison ce fut un lion, il tordait ses membres pour chercher à briser ses liens, et n'y pouvant parvenir il vomissait des imprécations formidables. Je n'étais pas oublié dans ces moments de malédictions, vous devez bien le penser.

— Je vous croyais plus brave, Spatolino, vous êtes comme une femme, qui ne pouvant vaincre une résis-tance, crie, tempête et se lamente. N'auriez-vous eu d'audace que pour commettre des crimes, avec la cer-titude de l'impunité ?

A ces mots, il se calma.

— Vous avez raison répliqua-t-il. Je n'ai pas le sens commun. Il est évident pour moi qu'il faut que je re-nonce à sentir l'odeur de la farine. Eh bien, là, vrai, mon bon M. Rotoli, je fais un retour sur moi-même. Si vous me rendiez libre, je me ferais capucin, je renoncerais au monde et expierais dans le silence et la pénitence du couvent une vie criminelle. J'édifierais tout le monde par mon repentir.

— Pulchinello n'eût pas mieux dit, Spatolino. Vous êtes comique à ce qu'il paraît. Je ne vous connaissais pas ce petit talent. Eh bien ! votre souhait sera accompli si vous attendez encore quelques heures.

— Vous seriez mon sauveur, s'écria-t-il en se levant sur son séant, avec une physionomie sur laquelle étaient peints à la fois l'étonnement et l'espérance.

Le malheureux s'imaginait que je l'avais pris au sé-rieux.

— Oh ! je suis sûr que vous allez faire une belle et sainte fin et que vous irez bravement sur la place *della Bocca della Verita* (place des exécutions). Je vous conseille de causer un peu avec votre confesseur.

— Pas de prêtres, pas de prêtres ! éloignez de moi ces oiseaux sinistres. Ah ! gredin de Rotoli! scélérat ! ladrone! et il me cracha au visage la kyrielle d'injures dont le vocabulaire italien est si richement garni.

L'heure terrible approchait: il lui restait à peine vingt minutes pour se réconcilier avec Dieu ; il refusa. La justice eut son cours.

Lorsqu'on lui apprit qu'il fallait partir :

— Je suis prêt ! J'aime mieux voir la face du diable que ta face hideuse, me dit-il. Je doute qu'il y ait chez Satan rien de plus affreux que ton visage !

Il disait vrai, en ce moment, je sortais d'avoir la jaunisse et j'avais en effet le teint du plus beau safran et les yeux couleur de carotte.

On se mit en marche : lui, en tête de ses compagnons deux à deux par derrière. Rien ne pourrait vous peindre le cynisme de cet homme. Toute son énergie semblait lui être revenue. Il portait la tête haute. Des prêtres l'escortaient et ne cessaient de le supplier de sauver son âme.

— Pour sauver mon âme, répondait-il, je n'ai pas besoin de vous.

Ils durent renoncer à ramener à de meilleurs sentiments ce cœur endurci.

— Écartez-vous, criait-il au peuple, je veux jouir

librement de la vue des jolies femmes que mon passage
va attirer aux fenêtres.

. Le chemin se fit à pied. On traversa le Tibre par le
pont Saint-Ange ; on suivit la rue de l'Orso, puis le
Corso près de Saint-Charles, jusqu'au palais de Venise
et l'on arriva enfin au sinistre endroit.

Un fort peleton d'infanterie attendait le cortége.

Pendant tout le trajet, il continua gaiement son rôle,
lorgnant les jolies filles, leur adressant des propos galants, gourmandant ses compagnons qui prêtaient l'o-
reille aux paroles des prêtres ; puis, arrivé au lieu du
supplice, il dit :

— Allons ! mes amis, nous avons bien fait peur à ce
pauvre peuple, il est juste que nous ayons notre tour.
Mourons sans faiblesse. Et se tournant vers les curieux,
il ajouta, en me lançant un regard terrible :

— Souvenez-vous que Spatolino meurt avec le regret
de n'avoir pu tordre le cou à ce traître de Rotoli qui, par
sa fourberie, m'a conduit à la mort. Souvenez-vous encore que je n'ai pris la montagne que pour avoir défendu
l'honneur de ma mère contre des soldats qui l'outra-
geaient.

On fit ranger les bandits sur une seule ligne, et du
même coup tous tombèrent percés de balles. Spatolino
fut le seul qui, tombé la figure à terre, se releva presque
debout, ouvrant la bouche avec effort pour respirer. Il
voulut en vain étendre les bras, et retomba lourdement
sur le sol.

CHAPITRE XXVI

Sixte-Quint et les Brigands. — De Cæsaris. — Le tueur de brigands et Gasparone. — Arrestation de Gasparone.

On vint serrer les mains du tueur de brigands, et les félicitations les plus chaleureuses lui furent adressées par les convives. L'homme à la barbe, en présence d'une telle unanimité, soit prudence, soit conviction, vint prendre la main du tueur de brigands en lui disant :

— Vous êtes un homme.

— Il paraît, reprit ironiquement ce dernier, que l'intérêt que vous paraissiez prendre à ces tristes héros de la montagne a diminué, grâce au récit que je viens de vous faire.

— Il est vrai, reprit l'homme à la barbe, que la générosité dont fit preuve envers moi l'un de ces brigands a pu influencer un instant mon jugement. Gasparone m'a sauvé de sa bande qui allait me faire un mauvais parti, et m'a fait rendre des objets volés auxquels je tenais tout particulièrement comme souvenirs de famille.

— Ce qui ne l'aura pas empêché le soir même de commettre quelque atrocité.

— Je ne sache pas que Gasparone ait jamais froidement commis de cruautés.

— Pardon, signor, mais la tête de milady D. S..., mais le meurtre du fermier d'Olivano, de sa fille et de son gendre ?...

Ici, l'Anglais interrompit le tueur de brigands.

— Ce était le domestique qui était le criminel, et lord S*** était un grand fou d'avoir pas porté lui-même le rançon.

— De grâce, messieurs, interrompit l'homme à la barbe que cette conversation paraissait gêner quelque peu, cessons ces récits terribles ; vous allez tellement effrayer ces dames, qu'elles n'oseront plus se mettre en route cette nuit. Voici le temps qui semble vouloir se remettre ; si vous voulez encore des histoires de brigands, au moins prenons-en de joyeuses, et je vais pour ma part, si vous le permettez, vous en raconter une qui aura pour notre compagnon de route, — il désignait le tueur de brigands, — un double charme, puisqu'elle lui prouvera qu'un pape, et l'un des plus grands que Rome ait eus dans son Vatican, a fait aussi le métier qu'il exerce aujourd'hui avec tant de succès.

— Alors vous ne m'en voulez plus d'avoir livré ce Spatolino ?

Ces quelques mots dits ironiquement par le tueur de brigands qui semblait se souvenir d'une interruption effacée par les gracieusetés que lui prodiguait depuis quelque temps l'homme à la barbe, parurent de mauvais goût à la société, et celui-ci d'ailleurs répondit au tueur de brigands, avec un laisser-aller si parfait que nous nous sentions tous instinctivement portés pour l'homme à la barbe.

— Diavolo, signor juge, vous avez de la rancune. J'ai pu comme tous ici, plaindre ce Spatolino tant qu'il n'avait fait qu'accomplir une vengeance sainte, s'il est permis d'accoupler ces deux mots-là. J'aurais pu m'intéresser à ses aventures, si elles eussent consisté dans la défense de sa personne ; j'aurais pu enfin lui pardonner d'avoir dévalisé quelques voyageurs ; la faim fait sortir le loup du bois. Nous savons tous aussi que lorsqu'un pauvre diable a été obligé de se jeter dans la montagne pour apaiser sa faim et sa soif ; il ne peut pas toujours attendre que la moisson soit mûre et que la vendange soit faite. Mais comment voulez-vous que des gens de cœur s'intéressent à un misérable qui a trempé son stylet vingt fois et inutilement dans la gorge des victimes qu'il dépouillait ; qui a fini sa vie lâche et honteuse en livrant la tête de ses camarades aux sbires pour essayer de sauver la sienne ? — Ah ! tenez, ne parlons plus de ce bandit, son souvenir me fait horreur !

Tout ceci avait été dit avec une éloquence telle que l'auditoire appuya vivement l'homme à la barbe et qu'on sentait le reproche se formuler dans tous les regards qui se reportèrent sur le tueur de brigands.

Celui-ci voyant le triste effet de son interruption, reprit courtoisement :

— J'avais tort signor, ces chaleureuses paroles me

réconcilient tout à fait avec vous. Je sais que les esprits forts aiment la controverse et j'aurais dû comprendre que la défense de ces misérables ne pouvait être qu'un paradoxe dans une bouche aussi éloquente que distinguée.

L'homme à la barbe inclina la tête en signe de remercîment, puis après avoir échangé un regard avec l'Anglais, mon voisin de droite, il reprit :

— Donc, le tueur de brigands de ce temps-là s'appelait Sixte-Quint, vous avez eu là, vous le voyez, signor juge, un confrère assez illustre.

On le sait, Sixte-Quint était un homme énergique et rusé.

La campagne de Rome était désolée par le brigandage ; les vignerons n'osaient plus s'aventurer dans leurs vignes ; les villas étaient abandonnées, les champs déserts. La ville éternelle elle-même était dans la stupeur, les citoyens redoutant ces terribles maraudeurs qui semblaient se multiplier, tant leur activité était grande, n'osaient sortir des murs de Rome. Les brigands venaient jusque dans le cœur même de la ville commettre les plus horribles assassinats, exercer leur vengeance et enlever des citoyens riches pour en obtenir une rançon. La police ne pouvait jamais les joindre, elle ne savait non plus où ils se réfugiaient. A vrai dire, tout le monde avait peur et les sbires eux-mêmes ne se souciaient que médiocrement de se mettre à leur recherche.

Sixte-Quint, dès son exaltation au trône pontifical s'occupa tout d'abord de rendre la sécurité aux grands chemins. Malgré ses efforts, l'énergie de son caractère, l'opiniatreté de sa volonté, ses encouragements, ses promesses, la police de Rome et les municipalités, d'Albano, de Frascati, de Tivoli et de Velletri n'avaient pu se rendre maîtresses d'une bande renommée qui paraissait avoir élu domicile dans les flancs du Monte-Cavo, à quelques milles de Rome, et près de la route de Naples. Les agents de Sixte-Quint à bout d'expédients étaient découragés. Les paysans, par crainte ou par intérêt, prêtaient, disaient-ils, aide et assistance aux bandits en leur faisant parvenir des renseignements utiles, les prévenant des battues de la maréchaussée ou égaraient celle-ci dans ses recherches et ses courses ; il arriva même que des détachements de soldats tombèrent au pouvoir des bandits.

Le pape Sixte-Quint ne renoncait pas facilement à un projet longuement médité et d'une utilité suprême. Ce que sa police et ses nombreux agents n'avaient pu faire, il résolut de le tenter lui-même.

Un jour le bruit courut dans Rome que le saint-père était gravement malade. Des estafettes portèrent cette nouvelle à Tivoli, à Albano et aux environs, selon l'ordre qu'ils en avaient reçu ; les agents du gouvernement la répandirent habilement partout.

Un matin une charrette portant deux outres de vin et trois vieillards vêtus de pauvres habits, sortait de Rome par la porte San-Jovanni et cheminait au pas vers Albano où elle entrait vers le milieu du jour. L'un de ces hommes descendit à l'auberge, les deux autres poursuivirent leur route jusqu'à la Riccia. L'un de ces vieillards était Sixte-Quint ; les autres étaient le chef de la police de Rome et le commandant des sbires. Ces deux derniers revinrent de la Riccia à pied à la nuit close et rejoignirent le pape.

Ils avaient appris à la Riccia, que les brigands étaient dans le labyrinthe de rochers boisés de Rocco-di-Papa, vrai nid de brigands, où ils devaient passer la nuit. Le pape, sans perdre une seconde, se salit la figure et les mains, prit le costume d'un *frère custode*, et sortit d'Albano, conduisant devant lui un âne chargé de vin, vers le couvent des capucins, qui occupe le sommet de la montagne de Monte-Cavo. Il entra résolûment dans la forêt, chantant d'une voix chevrotante des cantiques et parlant haut et fort à la bête, lui disant :

— Va donc, va, Poussif, si tu n'allonges le pas davantage, les capucins boiront de l'eau sans vin, au lieu de boire du vin sans eau, et ce serait dommage de les priver de celui-ci, les pauvres gens ! Ce disant, le bonhomme tirait un filet de vin dans le creux de sa main, le buvait en faisant claquer sa langue contre le palais à la manière des gourmets de profession.

Il fut entendu des brigands ; quelques-uns vinrent à lui et l'entraînèrent dans leur repaire sans avoir égard à ses lamentations. Là, pendant que les voleurs déchargeaient l'âne, on donna l'ordre au vieillard de tourner la broche ; trois énormes moutons rôtissaient devant un feu ardent. Mais comme le bonhomme marmottait entre ses dents le plaisir qu'il aurait de les voir un jour pendre sur la place publique de Rome, l'un d'eux lui demanda ce qu'il disait :

— Je dis, pardonnez-le-moi, que je mangerais bien

volontiers une part de ce rôti. Les temps sont si durs, s'écria-t-il, que je n'ai depuis six mois que des oignons et des croûtes à me mettre sous les dents.

— Tu en mangeras, mais nous boirons ton vin.

— Hélas ! mon bon monsieur, répliqua le bonhomme, ce vin n'est pas à moi et je serai probablement puni et chassé du couvent pour avoir eu le malheur de perdre celui-ci que je crois précieux, car on m'a recommandé d'en prendre grand soin.

Les moutons cuits à point, le chef les fit mettre sur une large roche dont la plate-forme servait de table; le custode s'assit parmi les bandits. Sa figure et le mouvement de ses yeux exprimaient une joie secrète de voir ces messieurs boire son vin jusqu'à la dernière goutte.

Le vin que les brigands venaient de boire était mélangé d'opium. Les effets du narcotique ne tardèrent pas à se faire sentir : tous les bandits s'assoupirent profondément. Sixte-Quint commença par rassembler toutes les armes des bandits, les fit glisser le long de la montagne et donna le signal convenu. Aussitôt, une centaine de dragons déguisés, qui l'avaient suivi en se tenant à distance, arrivèrent aussitôt et se mirent en devoir de garrotter les voleurs, qui furent, la nuit même, conduits en charrettes au fort Saint-Ange, où ils se réveillèrent tous dans la même chambre, sous les verrous.

Quatre jours après ils étaient pendus.

Sixte-Quint était certainement un habile homme, reprit le tueur de brigands ; mais je vais vous dire, si vous le permettez, une anecdote au moins aussi originale que celle-ci.

Vous avez sans doute entendu parler du fameux De Cæsaris? C'est par lui que j'ai commencé ma carrière de tueur de brigands.

Ce De Cæsaris précéda Pierre de Calabre de quelques années. Originaire des environs de Tivoli, il appartenait comme Marco Sciarra à une famille distinguée des États romains.

A l'heure où je vous parle, il existe encore une famille de ce nom, dont un des membres est un des avocats les plus savants et les plus estimés de Rome. De Cæsaris avait fait son éducation au collége des jésuites et son droit à Bologne; il avait de plus étudié la médecine à Pise. C'était un garçon d'un extérieur distingué et de beaucoup d'esprit. Surpris en flagrant délit d'adultère avec la femme du prince Luigi B..., celui-ci le fit saisir par ses valets, le fit fouetter sous les yeux de sa complice, et jeter nu dans la rue, en plein jour.

De Cæsaris fut poursuivi, hué et reconduit jusqu'à sa demeure par les gamins et la populace, qui, le prenant pour un fou, le couvrirent d'immondices. Le cœur plein de rage, le jeune docteur jura de se venger d'une manière terrible de cet affront. Il connaissait les mœurs dissolues du prince Luigi B... Une villa que les Italiens appellent Vigna (vigne, vignoble), vers l'Aqua Acetosa, à quelques milles de la ville éternelle, était le lieu de débauche habituel de ce seigneur. De Cæsaris intéressa quelques jeunes débauchés de son espèce à sa vengeance.

Une nuit, ils surprirent le prince avec une de ses maîtresses; ils les mirent nus tous les deux et les lièrent fortement l'un à l'autre, puis ils les attachèrent

à la queue d'un cheval fougueux, qu'ils rendirent
plus furieux encore en accrochant après lui la bat-
terie de cuisine qu'ils purent trouver dans la maison ;
le matin, ils lancèrent le cheval et leurs victimes à
travers les rues de Rome. Le bruit strident de cette fer-
raille roulant sur les pavés, heurtant les pierres, effrayait
l'animal, qui se précipita furieux dans le Corso et ne
s'arrêta qu'à la place de Venise. Du prince et de sa
maîtresse on ne releva que deux cadavres affreusement
mutilés.

De Cæsaris redoutant la famille du prince Luigi B...,
— elle était toute-puissante, un de ses frères était cardinal, — *prit la montagne*, emmenant avec lui la jeune
princesse dans les gorges les plus profondes de la Sabine.
Il s'y maria et vécut avec elle plusieurs années, comme
un simple contadini, cultivant son verger, ses jardins et
ses vignes.

Découvert dans sa retraite et poursuivi à outrance par
les parents de sa femme, il eut recours, pour se défendre à la ruse, à la violence et à l'assassinat. Autour de
lui vivaient des paysans plus disposés à manier l'escopette que la charrue ; il se mit à leur tête, les disci-
plina militairement : quiconque s'écartait des règlements
était impitoyablement fusillé ! D'autres paysans le suivaient dans certaines excursions, ne rentrant chez eux
que lorsqu'ils avaient assez d'argent pour acheter de la
terre, et reprendre la vie sociale, où ils se faisaient
estimer par leurs mœurs exemplaires. De Cæsaris, d'ailleurs, veillait sur eux, et ne permettait pas qu'ils se
montrassent tapageurs ni hargneux ; en un mot, il faisait

la police chez ceux de ses gens qui rentraient dans le monde.

Cette manière de s'attacher les paysans de la montagne, en établissant entre eux et lui une liaison très-intime, fit longtemps sa sécurité. Tous le protégeaient ou lui fournissaient des vivres, se levaient en masse pour le défendre quand il était traqué de trop près par les carabiniers du pape.

Son costume, d'une propreté remarquable, était celui du simple paysan, seulement il portait au cou une chaîne d'or massif qu'il avait enlevée à un cardinal et au bas de laquelle était suspendu un grand prisme de cristal. Les paysans croyaient qu'avec cet objet il brûlait la vue de ceux qui le poursuivaient, ou leur jetait tout au moins un *mal occhio* incurable.

Un jour, un de ses oncles et une de ses sœurs vinrent le voir et le cherchèrent longtemps avant d'arriver jusqu'à lui. Ils ne purent s'engager dans le labyrinthe de sentiers conduisant dans la montagne que quand ils eurent fait passer leur signalement et un mot où il pût reconnaître leur écriture. Son oncle lui apportait des propositions de paix de la part du gouverneur de Rome, et, s'il les refusait, on le menaçait d'une guerre à outrance.

— La force ne peut rien contre nous, répliqua-t-il vivement; la ruse peut moins encore. Nous ne sommes pas une citadelle qu'on peut bloquer ou canonner; nous sommes des oiseaux de proie voltigeant sur les sommets et les pics des montagnes. Je n'abandonnerai jamais mes *associés*. Qu'on accorde amnistie pleine et entière pour eux et pour moi et qu'on le publie dans tous les États pontificaux, afin qu'on ne fasse pas parjurer le saint-père ; puis, que l'on me donne des moyens d'existence, et je verrai ce que j'aurai à faire.

— On t'offre, lui dit sa sœur, la place de médecin en chef d'un hôpital.

— Pour mieux me faire empoisonner.

— Tu veux donc qu'on te fasse cardinal !

— Ce n'est pas une position que j'envie, bien qu'elle donne le droit de beaucoup faire pour s'enrichir.

— Impie ! répondit sa sœur en se signant.

— Ce que je veux, c'est dix mille scudi pour moi et mille pour chacun de mes amis.

— Et combien as-tu d'*amis?* reprit sa sœur en appuyant sur le mot.

— Le nombre importe peu.

— Tu persistes à tenir la montagne, il t'arrivera malheur ; il ne faut qu'un traître pour te faire prendre.

— Un traître ici ! je défie qu'on en trouve un, s'écria-t-il.

— Ta femme est-elle près de toi ?

— Si vous tenez à la voir, elle sera ici dans trois quarts d'heure.

Il appela deux hommes.

— Allez chez la signora, et priez-la de descendre.

Mme de Cæsaris habitait une hutte perdue dans les rochers les plus élevés des Apennins.

Les deux hommes partirent et ramenèrent bientôt la jeune princesse de B..., devenue la femme du bandit. C'était une très-jolie personne, d'une taille petite mais parfaitement prise ; elle avait des cheveux du plus beau noir et des yeux d'un velouté charmant. Elle portait le ravissant costume des Tyroliennes. A cette époque, elle avait vingt-six ans et De Cæsaris trente et un. C'était, je vous assure, un très-beau couple. Elle tenait par la main deux beaux enfants, une petite fille de cinq ans et un petit garçon de quatre.

— Voilà ma femme, dit-il à son oncle et à sa sœur, et mes deux enfants. J'ai une prière à vous faire, c'est de les emmener tous les trois. Je ne puis les garder avec moi plus longtemps. La signora est malade, elle a besoin de tranquillité, d'un climat plus doux que celui de ces montagnes, et les enfants ont besoin d'aller à l'école.

La jeune princesse était en effet atteinte d'une phthisie pulmonaire, dont elle mourut un an après cette entrevue.

Le bandit ne se sépara pas de sa famille sans regrets. Un de ses hommes me dit qu'il pleurait alors comme un enfant. Il avait le pressentiment qu'il ne les reverrait jamais. Lorsqu'il apprit la mort de sa femme, il se retira sous un faux nom, à Sorrento, où il vécut quelque temps dans la solitude la plus complète. Mais les chagrins ne sont pas éternels dans le cœur de l'homme. Comme médecin, il fit la connaissance d'*une* apothicaire. Je dis *une* apothicaire, parce que la dame était veuve et continuait le métier de son mari avec l'aide d'un apprenti, et son commerce n'en allait pas moins bien pour cela.

Cette dame avait une fille fort jolie. De Cæsaris en devint éperdument amoureux. De son côté Paulina Caprali

n'était pas insensible à l'amour de celui qu'elle croyait
un médecin honnête et qui passait chez sa mère la moitié de son temps à l'aider dans ses préparations pharma-
ceutiques. Elle lui promit de lui donner sa main. Mais
pour se marier, il fallait qu'il se fît connaître, et le bandit n'y pouvait songer ; son parti fut bientôt pris. De
Cæsaris avait une singulière organisation, une intelligence
d'une subtilité extraordinaire. Il se grimait avec un art
infini, en un mot, il savait donner divers aspects à sa
physionomie, et ne se trahissait jamais dans aucun des
personnages qu'il voulait jouer. Il était ventriloque, et
cette faculté de déguiser sa voix le servit en maintes circonstances, pour se tirer d'affaire ou pour accomplir les
vols les plus audacieux.

La maison de *l'apothicaire* était étroite et sombre,
comme toutes les habitations de ce temps-là. La pièce
où la famille se tenait habituellement, s'ouvrait sur la
boutique et s'éclairait par une fenêtre donnant sur une
petite cour étroite comme un puits. Cette obscurité pro-
tégeait merveilleusement les projets de De Cæsaris.

Il vint un matin demander à Mme Caprali la main de
sa fille ; cette proposition flatta beaucoup l'amour-propre
de la bonne femme.

— Ma position de médecin ne me permet pas de laisser
traîner les choses, lui dit-il, il faut que je retourne à
Naples, et de là à Rome, où ma clientèle me rappelle à
cors et à cris.

— Il faut que je consulte ma famille.

— Votre famille ne doit et ne peut pas avoir d'autre
volonté que la vôtre.

Et comme la bonne femme hésitait sur le parti qu'elle avait à prendre, elle entendit une voix étrange qui parut d'autant terrible qu'elle semblait sortir de dessous terre :

— Je t'ordonne de donner ma fille au jeune docteur. Il sera un jour riche et puissant. Écoute la voix qui te parle, elle est celle de ton époux. Je suis en purgatoire, où je dois rester jusqu'à ce que tu aies une postérité nombreuse qui prie pour le repos de mon âme.

La veuve interdite, ne put articuler un seul mot. L'œil terne, les lèvres pâles, l'air égaré, elle semblait écouter encore. L'ordre d'en haut était formel, il fallait y souscrire.

Elle fit appeler un prêtre qui maria sur l'heure les deux jeunes gens.

Après la cérémonie et comme le prêtre en leur donnant l'acte à signer, faisait aux époux une petite allocution morale sur les saints devoirs du mariage une voix s'écria :

— C'est bien, c'est bien monsieur l'abbé, n'ennuyez pas ces jeunes gens et pratiquez vous-mêmes les préceptes de l'Évangile.

L'abbé releva la tête vivement et regarda de tous côtés, ne sachant d'où lui arrivaient ces paroles audacieuses ; n'apercevant personne ; il s'interrompt, et la même voix continue :

— Merci, monsieur le curé, retournez à votre cuisine où votre servante Gabriella fait rôtir un jour-maigre une poule grasse pour votre déjeuner.

Celui-ci s'imagine que c'est le diable, il abandonne son registre, son breviaire et prend la fuite sans rien demander. Il est nécessaire d'ajouter que ces choses se passaient dans les dernières années du siècle dernier et que l'ignorance des populations italiennes les disposait à la plus stupide crédulité. On croyait aux revenants, on y croit encore aujourd'hui.

Quelques jours après son mariage, De Cæsaris ayant besoin d'argent, alla faire visite à un voisin de sa belle-mère, un vieux banquier podagre, qui s'était enrichi à faire l'usure et à rogner les monnaies. Le bonhomme était mourant ; De Cæsaris, un des habitués de sa maison, s'y rencontra avec quelques personnes et se mit à jouer aux cartes auprès du lit du malade. Tout au beau milieu de la soirée une voix rauque sembla percer le plancher et dit :

— Je suis l'âme de Piétro (un des amis de l'usurier). Je suis en purgatoire, depuis ma mort, pour avoir comme toi, misérable, fait l'usure. J'y dois rester autant d'années que j'ai reçu de baïoque au delà de l'intérêt légal. Ah! ah! aie! aie!... Santa Maria, que je souffre! Je n'en sortirai que par des œuvres de miséricordes... Il faut, mon ami, que tu rachètes cinq cents chrétiens prisonniers chez les Turcs et que tu charges de cette mission le gendre de l'apothicaire.

L'usurier, espèce d'esprit fort, se moqua tout d'abord de la voix ; mais on le menaçait de tous les diables de l'enfer ; puis à ces menaces succédaient des gémissements qui semblaient partir d'une pièce voisine. De Cæsaris y courait, cherchait, et alors une meute de

chiens aboyaient après lui, et il revenait à toutes jambes
jetant la terreur parmi les invités et les habitués de
la maison. C'était chaque jour à la même heure un tin-
tamarre horrible. L'usurier, pris d'une terreur soudaine,
se décida à donner cinq mille écus romains (l'écu est de
5 fr. 35) à De Cæsaris pour racheter les chrétiens. Le brigand partit avec sa jeune femme ; ce ne fut pas pour les
pays barbaresques, mais pour rejoindre ses associés dans
les montagnes de la Sabine.

— Un jour, une princesse napolitaine venue à Rome
pour y passer l'hiver, mourut des suites d'un rhume
négligé. Jeune, jolie, spirituelle, elle fut vivement re-
grettée de son mari. Celui-ci, dans sa douleur, autant
pour éloigner de lui des souvenirs cruels que par un
sentiment d'amour profond, fit ensevelir la morte dans
ses plus beaux atours; même ses bijoux et ses diamants.
Le corps de la princesse, selon l'habitude en Italie, fut
exposé la figure découverte sur un brillant catafalque,
dans l'église Sainte-Marie-Majeure, d'où il devait être
descendu dans le caveau de la famille de son mari,
et placé sous une des premières chapelles latérales de
la nef de droite.

Tout à coup, comme on chante les prières, une voix
sourde se fait entendre; elle semble sortir de la voûte
du temple. Cette voix reproche aux chantres leur intem-
pérance, leurs pensées mondaines; au prêtre, son peu
de ferveur dans ses prières ; aux assistants leurs distrac-
tions; aux parents leur peu de sincérité dans leurs regrets, au mari, de penser déjà à se remarier! Cette voix,
en un mot, interpelle tout le monde et termine en

disant : Retirez-vous, fuyez d'ici, êtres misérables, ou je fais crouler l'église sur vous, et tout aussitôt l'église retentit de cris inhumains, que les échos enflent et répètent ; tous les assistants s'enfuient pêle-mêle, au milieu d'un vacarme épouvantable, montant les uns sur les autres, croyant avoir le diable à leurs trousses. En moins de cinq minutes l'église était vide.

Bientôt cependant les esprits se calmèrent, et Satan qu'on avait jugé trop bon diable et pas assez effronté pour braver l'eau bénite avait dû se retirer. Les plus hardis pénétrèrent dans l'église.

On chercha dans tous les coins ; on ne trouva rien. Le prêtre reprit l'office avec plus d'onction, et les assistants furent plus recueillis.

La voix qui avait interrompu si indécemment la funèbre cérémonie, était celle de De Cæsaris, et bientôt on s'aperçut que la morte avait été dépouillée de ses bijoux et l'on sut que le diable habitait les montagnes.

Les convives de la table d'hôte de *Molo di Gaete* rirent beaucoup de cette aventure, excepté l'Anglais qui protesta contre cette profanation.

— Aô ! ce était un grosse crime de voler un femme morte !

— A quelques semaines de là, reprit le tueur de brigands, une danseuse célèbre de Naples débutait sur le théâtre de San-Carlo ; or, comme elle excitait des applaudissements frénétiques par ses pirouettes hardies et gracieuses, des cris furieux partirent du fond de la salle. On baissa le rideau et l'actrice, retirée dans sa loge, allait se déshabiller lorsqu'elle vit apparaître plusieurs gendarmes assistés d'un officier de police qui l'emmenèrent en prison ; on l'accusait d'avoir volé les diamants dont elle s'était parée sur le théâtre.

— D'où vous viennent ces bijoux d'un si grand prix ?

— Je les ai achetés d'un marchand dont voici la demeure.

De recherches en recherches on finit par apprendre que De Cæsaris avait vendu ces joyaux à des juifs du Ghetto de Rome, lesquels les avaient revendus à Naples.

Ces diamants sont repris à l'actrice, on condamne les juifs au fouet, mais les employés de la police ne restituent au prince qu'une partie des objets retrouvés en disant qu'il s'en est égaré quelques-uns.

Tout semblait faire croire que cet incident n'aurait pas de suites. On se trompait.

Un matin de très-bonne heure on frappe à la porte de la danseuse ; un homme d'une quarantaine d'années au teint fortement hâlé, demande à être introduit.

Après quelques difficultés, on le fait entrer.

— Pardon, madame, de me présenter à cette heure, mais je ne suis pas tout à fait libre de mon temps. Tenez, je vous ai fait rendre cela, dit-il en jetant sur un guéridon tous les bijoux qu'on lui avait enlevés, et cette fois je vous en garantis la possession.

La danseuse étonnée demande à qui elle a l'honneur de parler.

— A De Cæsaris.

Et il disparaît laissant la danseuse aussi effrayée que surprise.

C'était en effet le brigand.

En apprenant que les juifs et la danseuse avaient été inquiétés à cause des bijoux de la princesse et que ces mêmes joyaux étaient rentrés en la possession du prince, De Cæsaris n'avait trouvé rien de mieux à faire que de s'introduire chez le chef de la police de Naples, de lui voler une somme de deux mille ducats, à la place de laquelle il laissa un papier contenant ces lignes écrites de sa main :

« Vous avez des employés infidèles, ils ont volé une partie des diamants du prince, il est juste que votre excellence rembourse la valeur volée. Je vous ai donc pris deux mille ducats et je vous fais la prière de ne pas rechercher ce qu'ils sont devenus, si vous ne voulez pas que je vous coupe la gorge.

» DE CÆSARIS. »

Le préfet de police des États napolitains eut une peur horrible du brigand. Si bien gardé qu'il fût par ses agents, il ne dormait plus tranquille, et il n'osait s'aventurer dans les rues de Naples, sans être escorté d'une vingtaine de sbires. Il m'envoya chercher.

— Mon cher Rotoli, il faut que vous trouviez le moyen de me défaire de ce scélérat de Cæsaris. Il m'a volé deux mille ducats et m'a laissé cette lettre.

— Je le savais, Excellence.

— Comment, vous le saviez ?

— Sans doute, puisque les bijoux sont de retour

chez la danseuse, et que depuis lors vous ne sortez plus sans escorte.

— Combien vous faut-il d'hommes pour prendre De Cæsaris ?

— Votre Excellénce veut dire : combien de ducats ?

— Soit ! combien ?

— Cinq mille ! Dans dix jours vous aurez De Cæsaris !

— Mort ou vif.

— Comme vous voudrez.

— Vif.

— Soit. Excellence, vous l'aurez vivant.

— Prenez ces cinq mille ducats, et dans dix jours vous me livrerez le brigand.

— Dans dix jours, Excellence.

— Réflexion faite, je l'aime mieux mort. Ce diable d'homme a des ressources infinies; s'il allait changer les rôles, et m'apporter la tête de Rotoli... ajouta le préfet de police en riant.

— Cela n'est pas impossible, mais c'est peu probable.

— Alors, dépêchez-vous; j'ajoute cent ducats par chaque jour en moins.

Je me retirai, les ducats dans mes poches, et bien embarrassé sur les moyens à employer pour prendre le bandit. Je descendis le quai de Santa-Lucia, puis j'entrai dans la villa Reale qui borde la mer, et je m'y promenai jusqu'au soir, pensant à De Cæsaris.

Ce n'était pas un bandit ordinaire : le jeu devait être serré avec lui. Je ne connaissais pas ses défauts... je ne pouvais songer à l'intermédiaire déjà usé d'une maîtresse. Il aimait sa femme à l'adoration. Comment allais-je m'y prendre ?

A tout hazard, j'allai m'établir à Fundi. Là, en interrogeant à droite et à gauche, j'espérais deviner le côté faible de mon homme. Depuis quatre jours je me démenais comme un diable dans un bénitier et ne savais encore rien. Un soir, cependant, j'aperçus un paysan aux allures étranges, qui venait de chez un confiseur avec une corbeille pleine de sucreries. Il sortait de la ville. Je le suivis des yeux. J'allongeai le pas et le rejoignis. J'avais un vague soupçon que ces friandises devaient être pour la bande.

— Eh bien ! mon brave homme, vous avez donc noce ou baptême, que vous allez ainsi régaler vos amis de si bonnes choses ?

Le paysan haussa les épaules et me dit :

— Dieu me garde d'avoir femme ! La meilleure en ce monde ne vous fait faire que des sottises.

— Alors c'est pour votre maîtresse, car j'imagine qu'un homme ne mange pas de ces chatteries.

Il marmotta entre ses dents :

— Le mari et la femme sont deux gourmands ?

— Et vous allez dans la montagne ?

Le paysan me jeta alors un regard qui voulait dire : Si nous étions plus loin, je te couperais la gorge, questionneur du diable ! et comme il changeait la corbeille de main, j'aperçus à l'intérieur de son gilet une crosse de pistolet et un manche de poignard.

A la rencontre du premier sentier, je lui souhaitai

bonne route. Il me répondit à peine et marcha plus vite. Je revins à Fundi ; j'interrogeai le confiseur, lequel m'apprit que deux fois la semaine le même homme lui prenait huit à dix livres de confetti, et qu'il lui arrivait souvent d'acheter les plus beaux poissons du marché. Du bandit ou de sa femme, lequel était le plus gourmand ? Mon opinion s'arrêta sur De Cæsaris. Tous les médecins sont plus ou moins gourmets.

Je pris le costume d'un contadini et enfourchai une mule, portant derrière moi, dans un petit panier, environ vingt livres de friandises de toutes sortes.

Les autorités de Fundi savaient que De Cæsaris se tenait avec sa bande dans les plus hautes parties des Apennins, entre Frosinone et Itry, mais ne purent me préciser le lieu. J'en étais donc réduit à errer un peu à l'aventure. La nuit me surprit au milieu des montagnes. J'attachai ma mule à un buisson et je m'assis à côté. De temps en temps je jurai comme un charretier embourbé ; dans le silence, les sons portent loin, j'avais l'espoir d'être entendu par quelques bandits à la maraude. En effet, une heure à peine après cette halte, trois hommes m'arrêtaient et me prenaient une trousse dont les pièces étaient montées sur argent. Je demandai à garder ces objets nécessaires à *mon métier*, sur leur refus, je les priai d'être conduit à leur chef. Ils hésitèrent d'abord, puis me conduisirent enfin devant une masure cachée sous une dizaine de figuiers. C'était là que reposait le bandit avec sa femme. Le jour commençait à poindre et le brigand sommeillait encore. En attendant qu'il fût levé, j'examinai à la dérobée et les lieux et la figure de ces hommes, véritables types de scélérats.

J'attendais depuis plus d'une heure, assis sur un roc, ayant à mes côtés sept de ces messieurs qui me gardaient à vue, lorsque De Cæsaris sortit de sa hutte. Ses yeux tombèrent sur moi et je fus de sa part l'objet d'un examen scrupuleux.

— Quel est cet homme ? demanda-t-il à mes gardiens.

— Un voyageur que nous avons surpris, lui et sa mule, cette nuit, égarés dans la montagne.

— Où allais-tu, me dit-il, par ces chemins qui ne conduisent nulle part? Serais-tu un espion ?

— Je suis un pauvre docteur de Terracine et je m'en allais à Sezze, auprès d'un de mes parents malade. Ces messieurs m'ont volé ma trousse, et j'ai demandé à vous voir pour que vous me la fassiez rendre.

Il examina attentivement les objets de chirurgie que ma trousse contenait.

— Pour un pauvre docteur, tu as des instruments bien riches.

— Ils m'ont été donnés par un seigneur napolitain que j'ai sauvé, il y a six mois, d'une apoplexie à Terracine.

— Peste ! tu es habile. Tope là, ajouta-t-il, nous sommes confrères; moi aussi j'ai été médecin et j'ai exercé à Rome. J'ai changé de métier. J'exerce autrement. Nous allons déjeuner et nous causerons. Après on te remettra dans ton chemin, toi et ta mule.

— Grand merci ; mais j'ai une prière à vous faire, c'est d'éloigner ces hommes, qui me font peur avec leurs armes.

— Eh! vous autres, en route, descendez dans les marais Pontins. La diligence doit passer vers huit heures. Un vieux juif du Ghetto doit s'y trouver ; il va à Naples avec une sacoche bien garnie.

Le déjeuner ne se fit pas attendre. Un jeune chevreau cuit de la veille nous fut apporté, ainsi qu'un bidon de vin. Notre repas dura une heure, pendant laquelle nous causâmes de ce qui se passait à Naples.

— Que dit-on de De Cæsaris ?

Les bandits sont comme les jolies femmes, ils aiment à savoir ce que l'on pense d'eux.

— On dit, répliquai-je, que c'est le plus adroit coquin que la terre ait porté et qu'il faudrait au roi de Naples une armée pour le prendre. Sa Majesté a connu l'affaire des diamants et le vol fait à son préfet de police, et elle s'en est beaucoup amusée. « Si j'avais pour ministre, a ajouté Sa Majesté, un homme comme De Cæsaris, les États napolitains seraient purgés en vingt-quatre heures de tous les voleurs et de tous les bandits.

— Son préfet de police est un niais ; si je voulais m'en donner la peine, j'enlèverais le roi de Naples et ses ministres.

— C'est donc vous qui êtes De Cæsaris ? m'écriai-je d'un air épouvanté.

— Tout disposé à vous obliger, dit-il en souriant.

— Alors rendez-moi ma mule et ma trousse.

— Voilà votre trousse, et votre mule est là ; vous pouvez l'enfourcher et prendre le chemin de Sezze, que vous voyez là-bas, au bas de la côte.

— En suis-je loin ?

— Douze milles.

— Et de Terracine?

— Neuf milles. Ce sentier, derrière vous, descend à la côte ; il n'y a pas à se tromper.

— Avant de vous quitter j'ai un service à vous rendre. Vous avez été trop obligeant pour moi, et je ne suis pas ingrat pour ceux qui m'obligent. Vous êtes après tout un bon enfant, je ne voudrais pas qu'il vous arrivât malheur. D'ailleurs, les pauvres gens de ce pays ont besoin de leur grand docteur (c'est ainsi qu'ils appelaient De Cæsaris). J'ai appris avant-hier à Fondi que le gouvernement napolitain allait envoyer vers vous le juge de Larino.

— Celui qui a exterminé la bande des Gabrielli.

— Il a juré de vous prendre. Prenez garde à lui, c'est le plus rusé renard du royaume des Deux-Siciles.

— Je ne le crains pas.

— Cela est votre affaire. Mais vous savez que la prudence est mère de la sûreté. A propos, j'ai là une corbeille de confetti que j'avais emportée pour les enfants de mon frère ; il est trop tard pour aller à Sezze, je les offre à ceux de vos hommes qui m'ont gardé ce matin.

— J'accepte pour eux et pour moi. Mais, à mon tour, j'ai un service à réclamer de vous.

— Trop heureux, docteur De Cæsaris, de vous être utile à quelque chose.

— Je manque de drogues ; vous seriez bien obligeant si vous pouviez m'en envoyer, contre argent bien entendu. Je suis le docteur de tous les gens d'alentour,

et avec l'ordonnance j'ai l'habitude de joindre le remède
que j'ai prescrit.

Et il me détailla tous les objets qui lui étaient nécessaires.

— Vous les aurez dès demain soir. Envoyez un de
vos hommes à Terracine chez le pharmacien Rosolio.

— Merci, docteur. Tenez, voilà un sauf-conduit. Si
jamais un de mes associés mettait la main sur vous,
montrez-lui ce chiffon de papier.

Ce papier portait pour empreinte des signes cabalis-
tiques, semblables à ceux que l'on voit sur les inscriptions égyptiennes trouvées dans les hypogées des pharaons.

Pendant cette conversation, je cheminais toujours sur
ma mule et De Cæsaris ne s'apercevait pas qu'il était
sur la route de Terracine. Cependant, comme il allait me
quitter, je lui dis en lui présentant ma tabatière :

— En prenez-vous, docteur De Cæsaris?

— Volontiers, répliqua-t-il en plongeant ses deux
doigts dans le tabac.

— C'est du fin tabac de France, à la fève tonka, goû-
tez-le, s'il vous plaît, et si vous le trouvez bon, je partagerai avec vous le bocal que j'ai acheté l'autre jour à un
contrebandier.

De Cæsaris huma sa prise. J'en pris une à mon tour,
en ayant soin de retourner prestement ma tabatière
qui était à double fond. A peine avait-il aspiré le tabac
que je le vis chanceler et se cramponner à deux mains à
la bride de ma mule. Je lui passai aussitôt autour du cou
un nœud coulant que j'avais préparé d'avance, et dont

l'extrémité était solidement arrêtée à la selle. Je piquai des deux et je partis au galop vers Terracine, De Cæsaris suspendu aux flancs de ma monture.

Le tabac qu'il avait pris et humé était mélangé d'un narcotique puissant. Quand je le vis à moitié étranglé, j'arrêtai ma mule. Je liai les bras et les jambes du bandit, je le plaçai en travers de ma selle, et je repris ma route. J'arrivai à Terracine vers deux heurs de l'après-midi. Pour être plus sûr de mon prisonnier, je l'embarquai pour Gaëte, et de là, sur un speronare avec quatre gendarmes. Je pris le chemin de Naples par voie de mer. En suivant la grande route, j'eus couru le risque d'être enlevé à mon tour par sa bande qui devait être nécessairement à sa recherche. J'eus toutes les peines du monde à le rappeler à la vie. Je renonce à vous décrire sa fureur et sa rage quand il se vit en prison. Il ne pouvait s'imaginer comment on l'y avait amené ; ses souvenirs étaient confus, sa mémoire ne le servait plus. Il fut jugé et pendu. Le roi de Naples me donna pour ce fait la tabatière que voici.

Les confetti que j'avais laissés au pied de la hutte firent leur éffet. Onze bandits et la femme de De Cæsaris en mangèrent. Aussi quand les sbires se rendirent sur les lieux, ils n'eurent qu'à donner la sépulture à des cadavres à moitié dévorés par les vautours.

La bande était désorganisée ; il fut facile de prendre ce qui en restait et de leur faire subir le même sort que leur chef, dont la tête, ainsi que celles de ses compagnons, furent placées dans les cages de fer de la prison de Naples.

Après cette histoire, racontée par le gros homme avec une infinité de détails qui échappent à mes souvenirs, l'homme à la barbe fit observer que la pluie avait cessé ainsi que le vent, et qu'il était temps de songer à se remettre en route.

En effet le ciel reprenait peu à peu ses teintes pures. Nous sortîmes, à peu près tous, dans le délicieux jardin de l'hôtel, planté de vignes qui donnent un vin excellent.

C'est au bas même de ces jardins que Cicéron fut assassiné dans sa litière, alors qu'il fuyait au plus vite Rome, espérant s'embarquer pour la Grèce.

L'hôtel de Mola, le meilleur et le plus remarquable de l'Italie, est situé sur d'anciennes constructions romaines, ruines du palais de Cicéron.

Du côté du jardin, la façade se compose d'un rez-de-chaussée et d'un étage ; du côté opposé, la façade s'élève à pic au-dessus de la mer qui vient battre les murailles de briques, formant divers arceaux sous lesquels on remarque des mosaïques de pierres, des tronçons de colonnes, des cuves de bains, des jets d'eau, élevés sous les yeux du grand orateur romain. Une allée assez large, taillée dans le flanc de ces constructions, descend en zig-zag et en pente douce jusqu'au bord de la mer ; de chaque côté sont des vignes, des jasmins, des rosiers, sous lesquels d'énormes touffes de violettes répandent leur parfum délicat. Une plate-forme, bord à bord avec le rivage, permet aux voyageurs de venir humer la brise et de se baigner à toute heure. Au bout de cette plate-forme s'ouvre un sentier étroit à travers des roches aiguës; ce sentier se poursuit dans la montagne et va se perdre sur la grève.

.En sortant de table, le tueur de brigands était furtivement descendu par ce sentier et avait disparu derrière les bâtiments, sans que personne, sauf l'homme à la barbe, eût pu dire par où il avait passé. L'homme à la barbe, lors de cette sortie, échangea un coup d'œil avec l'Anglais, qui, visiblement inquiet, disparut aussitôt.

—Comment diable m'a-t-il reconnu? se disait l'homme à la barbe. Je ne puis m'y tromper, il sait ou soupçonne qui je suis.

Après quelques moments de promenade dans le jardin, tous les voyageurs rentrèrent dans la salle à manger pour prendre le café. La famille anglaise, cette fois, ne s'était pas laissé prévenir; elle se trouvait déjà installée, elle s'était emparé du sucre, de la cafetière, des bouteilles de rhum et des pots de crème dont la table était couverte. Heureusement il n'en est pas du café comme des victuailles, il y a des limites dans la consommation de ce liquide, même pour des estomacs anglais. Les dames principalement, se montraient rogues et intraitables. Cependant, un de leur compatriote, homme mieux appris, comprit l'inconvenance de ses belles compatriotes, et d'un mouvement aussi rapide que la pensée, il prit cafetière, rhum, sucre, crème, gâteaux, et plaça le tout au milieu de la table.

On commençait à déguster le plus fin moka qu'on pût trouver en Italie, et dont l'homme à la barbe prenait largement sa part, quand tout à coup le tueur de brigands entra, suivi de plusieurs nouveaux convives.

— Messieurs, je vous demande la permission de vous présenter mes amis, dit-il d'un ton bruyant.

— Qu'ils soient les bienvenus, riposta l'homme à la barbe, vos amis seront les nôtres, et les miens en particulier. Pour moi, je bois à la santé de monsieur, ajouta-t-il en montrant le tueur de brigands, ses histoires nous ont très-intéressés, et puisqu'il nous reste encore une demi-heure avant le départ, je lui demanderai en grâce de nous dire encore quelque chose sur ce Gasparone qui est, dit-on, aujourd'hui au pouvoir de la police.

L'Anglais, qui était entré en même temps que le tueur de brigands, avait échangé quelques signes avec l'homme à la barbe, dont la proposition sembla étonner le tueur de brigands. Mais après une courte réflexion il se leva de table et, s'approchant de la fenêtre, d'un coup de coude il enfonça un carreau.

— Si je comprends quelque chose à tout cela, me dit mon voisin, qui avait de son côté fait les mêmes observations que moi, je veux être pendu.

— Attendons.

A peine avais-je prononcé ce mot, que la salle fut envahie par une dizaine d'hommes armés.

L'homme à la barbe regardant en face l'ancien juge, lui dit :

— Trop d'honneur ! dix ou douze sbires ? il n'en fallait pas tant.

— Eh bien ! qu'en dites-vous, Gasparone ?

— A ce nom redouté, tout le monde se leva épouvanté. On croyait le bandit bel et bien dans la citadelle de Civita-Vecchia, occupé à faire des bas et des bonnets de coton, pour les vendre aux voyageurs.

— Bien joué, dit Gasparone. Ne dérangeons personne. Je suis votre prisonnier, je me rends de bon gré ; je n'ai pas envie de jouer ma tête.

— Et moâ, dit l'Anglais, je déclare à vô que moâ donner caution de mille livres sterling pour Gaispairone, volez vô voloir mille guinées, deux mille guinées pour ce grand homme. Je les donne à vô tiout de souite. Je suis enchanté, Gaispairone, de connaître vô. Si jamais vous venez dans le Angleterre, venez chez moâ, je ferai voir vô à tous les amis de moâ.

Les alguazils entourèrent le brigand et l'entraînèrent dans le jardin, lui mirent les menotes, et le firent monter dans la carriole d'un vetturino, attelée de quatre chevaux.

On se rappelle la disparition du tueur de brigands, après son dîner. Il s'était esquivé pour aller quérir mainforte afin de s'emparer de Gasparone, qu'il n'avait reconnu que vers le milieu du repas.

Le tueur de brigands rentra dans la salle, prit son café avec le calme d'un homme qui vient d'accomplir une bonne action.

— Vous l'échappez belle, nous dit-il. Je ne savais pas le brigand ici ; je n'ai pris mon passage dans votre diligence que pour aller observer la bande qui vient de se reformer dans les marais Pontins. Il s'est jeté dans la gueule du loup, et demain il sera dans le fort Saint-Ange. Ses compagnons, n'entreprendront rien sans lui, vous pourrez donc traverser les marais en toute sécurité.

Mais par prudence je vous conseille de coucher ici, et de ne partir que demain après déjeuner; au lieu de traverser les marais Pontins, vers huit heures du matin, heure à laquelle vous attend la bande, vous les traverserez de nuit; mais les mesures seront prises et il n'y aura aucun danger pour vous. Croyez-en ma parole, dit le tueur de brigands, puis il sortit.

Le pair de France qui voyageait de concert avec nous, fit prévaloir ce prudent avis. Le nom de Gasparone venait de réveiller nos terreurs. On passa la soirée à causer, à jouer aux cartes, et vers dix heures, les lits de l'hôtel furent laissés à la disposition des dames; les hommes se retirèrent dans les diligences et les voitures.

Le lendemain, après déjeuner, tout le monde se remit en route.

CHAPITRE XVII

Gasparone, lié et garrotté, fut porté dans une voiture,
au milieu des sbires. Le tueur de brigands se plaça dans
le cabriolet du conducteur. Par mesure de prudence,
au lieu de prendre la route de Terracine, où il pré-
voyait que la bande attendait son chef, il se dirigea par
un chemin de traverse pour gagner la route de San-
Germano, espérant être rendu à Rome le lendemain
vers deux heures au plus tard. L'absence de Gasparone devait évidemment jeter la troupe dans l'inquiétude et paralyser son action, si toutefois cette bande,
comme il n'y avait pas à en douter, était formée par lui.
Il allait donc bon train au risque de crever les chevaux.

Vers onze heures du soir on approchait de Monte-
Fortino, que les papes firent autrefois détruire à coups
de canon pour empêcher les brigands de s'y réfugier,
lorsque tout à coup une décharge de mousqueterie se

fit entendre et les quatre chevaux roulèrent sur la route. Une quarantaine d'hommes armés jusqu'aux dents enveloppèrent la voiture, s'emparèrent des sbires et du tueur de brigands qui furent garrottés et placés chacun sur une mule. Gasparone, rendu libre, prit la direction du cortége.

Pour comprendre comment Gasparone avait été délivré, il est nécessaire de dire que parmi les auditeurs de l'auberge de Mola, l'Anglais n'était autre que le lieutenant de Gasparone. Sous ce déguisement il avait pu suivre le tueur de brigands, et, dès qu'il vit s'éloigner la voiture où était son chef, il s'était empressé d'enfourcher une mulle, et prenant par les sentiers de la montagne, il avait été prévenir ses compagnons qui firent volte-face et vinrent attendre le tueur de brigands juste à la bifurcation de Valmontone.

— Eh bien, dit Gasparone au tueur de brigands, la fortune est capricieuse.

— Chacun son tour, répliqua le tueur de brigands. Allons, décidément je baisse; j'aurais dû me méfier de votre Anglais.

— Vous êtes modeste. Le tour était bien joué et les précautions bien prises; mais Gasparone n'est pas Spatolino, vous n'êtes pas de force à lutter avec moi. Vous avez affaire à plus fin que vous, mon bonhomme. Je vous conseille de prendre votre retraite.

— C'est à quoi je pensais.

— Bon, mais en attendant, j'ai une idée que je tiens à mettre à exécution.

— Faites, je sais ce qui m'attend...

— Oh ! je ne veux pas vous tuer ! vous m'amusez trop pour cela ! Sans vous, foi de Gasparone, le métier serait bien maussade. Vous allez enfourcher cette mule que j'aurai l'honneur insigne de conduire à la main jusqu'aux marais Pontins où les diamants du pair de France passeront de sa voiture dans mes poches, et cela sous vos yeux, ce qui ne manquera pas d'originalité.

Le tueur de brigands sourit de l'air de quelqu'un qui veut dire : Compte là-dessus, mon bonhomme.

Gasparone ne vit pas ce sourire, sans cela il eût assurément deviné la pensée qui la faisait naître.

— En route, tout le monde, dit-il, et hâtons le pas.

Puis s'arrêtant tout à coup, il appela un de ses compagnons :

— Vitripelli !

— Que voulez-vous, capitaine ?

— Voilà cinq sbires qui m'embarrassent, *fais-en ton affaire.*

Or, ces mots : fais-en ton affaire, étaient dans la bouche du brigand synonyme de : *tue-les.*

— Pourquoi tout de suite ?

— Ils sont gênants.

— Bah ! nous leur empiffrerons demain matin l'estomac avec des balles et nous les attacherons aux arbres de la route, comme de petits saint Sébastien.

— L'idée est drôle, mais dangereuse. Finissons-en et pas de bruit !

Quelques minutes après, c'en était fait des sbires, dont on cacha les corps dans des broussailles, et on se remit en route.

On marcha toute la nuit. Vers dix heures du matin, la troupe était rendue dans les marais Pontins, au pied des montagnes et à trois kilomètres seulement de la Via Pia, par où devaient passer les diligences et les voitures du pair de France.

Les brigands ignoraient que les voyageurs avaient couché à Mola ; vers le milieu du jour, ne voyant rien venir, ils crurent qu'ils avaient devancés l'heure. Gasparone envoya un homme aux renseignements à l'un des relais de poste établi sur la route, il apprit qu'on attendait encore des voyageurs.

Le temps s'écoulait et rien n'annonçait l'arrivée de la voiture. Gasparone dit au tueur de brigands :

— Ah çà, signor Rotoli, ne pourriez-vous pas me renseigner sur les causes de ce retard ?

— Vous êtes plaisant, Gasparone ; vous croyez que pour sauver ma peau, je vais trahir vingt-cinq personnes ! Allons donc !

— Oh ! rassurez-vous, signor, je ne veux rien par la force ; je me suis promis de vous laisser la vie sauve, et, dit-il, en regardant ses hommes, personne n'enfreindra ma volonté.

Puis appelant son lieutenant :

— Une fois placé dans le vetturino, qu'a fait le juge ?

— Il est rentré dans l'hôtel pour parler au voyageur, répondit en pur italien le faux Anglais ; mais vous comprenez, capitaine, que je ne l'y ai pas suivi, j'avais trop peur d'être deviné par ce juge maudit.

— Je comprends tout maintenant, sachant nos hommes sur la route, il aura retardé le départ des voyageurs, cet aimable signor. Cinq hommes et toi suffiront pour arrêter la diligence; au signal convenu, je t'amènerai du renfort. Je vais avec mes hommes faire les honneurs de ma salle à manger au signor Rotoli. Ne quittez pas votre poste, je vous enverrai de quoi vous refaire l'estomac, mes braves; la nuit a été chaude, et qui travaille bien doit bien manger.

— Et bien boire, ajouta un des vieux bandits, dont la trogne rayonnante était loin d'annoncer un buveur d'eau.

Une heure après, Gasparone et sa bande étaient avec le tueur de brigands, assis par terre autour d'un jeune porc rôti de la veille et d'où chacun découpait un morceau à son choix.

— A votre santé, signor juge, disait Gasparone en approchant gaiement son gobelet de fer-blanc de celui du tueur de brigands qui, ayant pris bravement son parti, ripostait joyeusement :

— Au plaisir que j'aurai, capitaine, à vous en offrir autant dans le fort Saint-Ange.

Mais laissons un instant les brigands et leur ennemi vider ensemble quelques bouteilles de Monte-Fiascone, et revenons un instant à Mola, où les voyageurs un peu remis des terreurs de la nuit, après un excellent déjeuner, reprirent la diligence retardée fort heureusement pour nous, du moins nous le supposions, par l'orage de la veille.

Avec la venue du soleil la peur s'était envolée; d'ailleurs, rassurés par ce que nous avait dit en partant notre sauveur, nous passâmes tout le jour à rire, à chanter, à admirer cette gigantesque et étrange nature. La nuit enfin commença à descendre sur les arbres et les rochers dont elles faisaient autant de fantômes ; la peur nous aurait repris vite, mais heureusement nous ne pouvions nous lasser d'admirer cette Méditerranée que nous cotoyions en contournant toutes les corniches des collines et des montagnes géantes, à travers lesquelles la route a été percée. C'est un spectacle à la fois poétique et curieux. Des navires glissant légèrement sur la Méditerranée il semblait jaillir des millions d'étincelles, et de loin ces longs sillages lumineux étaient comme autant de comètes se promenant resplendissantes dans un ciel bleu. Bientôt la nuit plus noire ne laissa plus venir à nos regards que les feux perçants des navires, la fatigue commença à s'emparer de nous, et chaque voyageur s'organisa de son mieux pour essayer, en dormant, d'oublier les lugubres récits de nos aimables convives de la veille.

Parmi mes compagnons de route le plus jeune était l'étudiant ; il avait en face de lui une dame coiffée d'un chapeau blanc. Personne d'entre nous ne la connaissait. Elle avait pris place dans notre voiture à Mola, où nous avions relayé la nuit, et à la vue d'une dame, notre étudiant, le seul qui eût mis le nez à la portière lors du relais, s'était empressé de dire au conducteur qu'il y avait une place en face de lui. La dame invisible, grâce au voile épais qui lui couvrait le visage, prit cette place et remercia l'étudiant par un signe de tête.

La richesse de la mise de cette dame, paraissait indiquer une jeune femme. Peut-être appartenait-elle à cette famille anglaise établie dans l'hôtel des bains de Cicéron. Une fois en route on ne s'occupa plus de la voyageuse, qui paraissait vouloir garder le mutisme le plus complet.

Mes compagnons dormaient, et j'allais moi-même me livrer au sommeil, lorsque tout à coup mes yeux, se familiarisant avec l'obscurité, je vis la tête de la dame se pencher vers celle de l'étudiant, et j'entendis ces mots :

— Monsieur, je ne suis pas ce que vous croyez!

Une envie de rire m'étranglait, car je soupçonnai aussitôt quelques tentatives imprudentes de la part de notre étudiant, qui cherchait aventure partout. Je me renfonçai dans mon coin, et feignis de dormir. Peu d'instants après, j'aperçus le bras de M. Jules M*** qui faisait des efforts pour amener à ses lèvres la main gantée de sa voisine, et, n'y pouvant parvenir, il penchait la tête à son tour pour prendre le baiser qu'on lui refusait avec opiniâtré ; le colloque suivant s'établit à voix basse :

— Je vous assure monsieur que je ne suis pas ce que vous croyez.

— Comment! vous ne seriez pas une femme jeune et belle, une femme séduisante, italienne ou anglaise?... Sous ce costume vous cacheriez un sexe qui n'est pas celui que je soupçonnais?

— Vous êtes dans l'erreur, jeune homme ; je suis une femme, dit-elle en riant, mais, je vous le répète, quand il fera grand jour votre témérité vous causera des regrets.

A peine ces derniers mots sont-ils prononcés que les voitures s'arrêtent brusquement. Puis des imprécations formidables, des jurons à épouvanter le ciel se croisent dans l'air. Le conducteur se lamente, et les postillons se couchent la face à terre, sur le milieu de la chaussée, les chevaux sont dételés et abandonnés. Tout cela se fait en moins de temps qu'il n'en faut pour l'écrire.

Le docteur Brech..., que ce silence subit arrachait au sommeil, demande le premier, avec son flegme ordinaire, à quelle cause il doit l'interruption brutale de ses songes.

— Est-ce que les attelages sont encore à recoudre? Serions-nous déjà au relais? Voyez-vous quelque chose?

— Cher docteur, lui répondis-je, de la lucarne où je suis, je vois... qu'il fait noir comme dans un four.

— C'est quelque mendiant attardé dans le marais qui demande son chemin et l'heure qu'il est, une escorpette à la main dit R. de G...., le jeune officier de marine.

— Ah! cher docteur, s'écria l'étudiant.

— Quoi donc?

— Voyez! il y a trois hommes par terre, en travers de la route, et les chevaux se promènent... Qu'est-ce que cela veut dire?

— Est-ce bien possible? répliqua le docteur. Serions-nous donc arrêtés par de vrais brigands... Gasparone se serait-il débarrassé du juge? Et il partit d'un grand éclat de rire.

— Eh bien?

16.

— Offrez-moi une prise.

— Voilà M. Berth... qui rêve tout haut.

— Donnez-moi toujours; je suis pressé de m'éveiller pour voir les Pontins.

— Vous allez les voir au grand complet, cher ami, et avec les ornements qui en font le charme.

Et le bon docteur tira de sa poche une magnifique tabatière en argent de Toula, d'une ciselure exquise et d'un dessin bizarre. C'était un cadeau d'un grand et riche boyard moscovite, à qui il avait, disait-il, *démoli* une jambe. Comme il présentait sa tabatière à Berth..., la porte s'ouvrit avec fracas, et une tête d'homme apparut au milieu de nous. L'individu qui introduisait sa tête d'une manière aussi insolite n'avait rien de rassurant, car avec lui un fusil d'une longueur respectable était aussi entré dans notre compartiment. Le souhait du docteur était rempli: nous étions arrêtés par des brigands.

— Descendez tous, et face à terre, dit un bandit d'une voix brève.

J'expliquai au docteur le sens de ces paroles dites en italien très-pur.

— Vous voilà, mon cher docteur, à même de palper au naturel le crâne de ces messieurs, et de démentir victorieusement les théories de Gall et de Spurzheim, dit le baron d'Hoy...

— Et la prétendue absurdité des cinquante-trois bosses qu'ils ont inventées, ajouta Léon Berth...

A mesure que les voyageurs descendaient de voiture, ils étaient couchés, la face à terre, sur le rebord de la chaussée, et rangés aussi près que possible les uns des autres afin que la surveillance fût plus facilement exercée.

Un des bandits, tenant à la main une énorme espingole, observait tous nos mouvements, prêt à briser la tête de quiconque eût tenté de résister ou de s'enfuir, précaution bien inutile de leur part ; mais il n'y avait rien à dire, rien à faire avec ces autocrates de grands chemins. D'ailleurs qu'eussions-nous pu tenter ? nous étions sans armes. Cinq bandits étaient devant nous, un plus grand nombre de bandits pouvaient être cachés dans les broussailles, faisant le guet, et, comme leurs compagnons, munis de stylets et d'espingoles. Il eût été téméraire de tenter la moindre résistance, bien que nous fussions plus de vingt personnes ; mais témérité n'est point courage.

Les voitures dételées, l'une d'elles renversée, les brigands se mirent immédiatement à l'œuvre avec une prodigieuse activité. Ils fouillèrent les caissons, retournèrent les coussins des voitures ; puis les malles, les sacs de nuit, les cartons à chapeaux, tout le bagage enfin fut descendu, ou plutôt lancé sur la route, éclairée seulement par ces myriades de phalènes dont j'ai parlé, et qui donnaient à cette scène une physionomie dantesque.

Les malles une fois à terre, il fallait les ouvrir : les mains des bandits s'introduisirent dans tous les goussets, palpèrent tous les vêtements, et les clefs disparurent en compagnie des portefeuilles, de la monnaie, des tabetières, des montres. Un pick-poket de Londres ou de

Newcastle n'eût point montré plus d'habilité dans ce genre d'exercice. N'oublions pas de dire que les bandits se montrèrent galants : ils ne fouillèrent pas les dames.

Ils essayèrent d'ouvrir les malles. Cette confusion de clefs les embarrassait. Ils recoururent à un moyen extrême, ce fut de les forcer et de les enfoncer toutes.

Jusqu'ici personne n'avait osé bouger. Les uns étaient terrifiés, les autres trouvaient curieux d'être dévalisés. Tout le monde était resté silencieux, attendant avec anxiété la fin de ce drame. Seul, le Génois habitué à de telles rencontres au Mexique, inclina doucement la tête vers celle du docteur Brech..., et lui dit à l'oreille :

— Nous sommes seize hommes, monsieur, à la merci de cinq bandits ; ils ne sont que cinq, j'en suis sûr ; je les observe depuis que nous sommes là, honteusement couchés sur le ventre. Voyons ! un bon coup de main, et nous pouvons nous en débarrasser ! Quant à Gasparone, il est bien pris, car je ne le vois pas. Allons, monsieur, est-ce dit, sautons-nous sur ces drôles ?

— Diable ! fit le docteur sur le même diapason, mais vous ne comptez pas ces magnifiques escopettes qui brillent dans l'obscurité, et ces pistolets et ces stylets accrochés aux ceintures... Puis, d'ailleurs, cette position, quel que soit son peu d'agrément, me plaît assez. A vous dire vrai, je ne suis pas fâché de me trouver en face de ces bandits et d'être dévalisé par eux... Cela n'arrive qu'une fois dans la vie, monsieur ; les souvenirs d'ailleurs sont le soleil de la vieillesse ; heureuse aventure !...

— Oui, sans doute, monsieur, c'est une bonne fortune, répartit ironiquement le Génois ; mais vous vous amuserez mieux encore tout à l'heure quand ils vous auront dépouillé de la tête aux pieds, et qu'ils ne vous auront pas même laissé le vêtement que saint Roch avait conservé et à travers lequel la bise soufflait si fort et si...

— Ah ! diable !... vous croyez, signor, qu'ils sont si intéressés ?

—Pensez-vous donc qu'ils soient venus ici risquer leurs têtes rien que pour égayer votre vieillesse ?

— Attendez un peu, signor ; je vais faire part de vos réflexions à mon voisin, un archéologue qui connaît toutes les histoires de brigands, depuis Nemrod jusqu'à José-Maria. Nous allons lui demander son avis... Dites donc, cher bibliophage ?...

— Quoi? cher trompe-la-mort.

— Vous savez bien, ce grand monsieur sec qui a été au Mexique?

— Oui! le Génois; eh bien?

— Il me propose un plant d'insurrection.

— J'aimerais mieux un plan d'asperges.

— Vous êtes assommant, mon cher, écoutez donc ?

— J'écoute!

— Il me propose une tentative, une prise d'armes.

— Contre qui?

— Parbleu, pas contre les buffles de ces marais, dont vous entendez les mugissements...

— J'aimerais au contraire que ce fût contre ces innocentes bêtes.

— Pourquoi cela ?

— C'est que nous aurions au moins la chance de conserver notre peau.

— Alors, vous croyez...

— Que ce qu'on vous propose est impossible et que nous avons tout à gagner à faire les morts...

Ce dialogue fut interrompu par un coup sourd suivi d'un craquement comme celui d'une caisse qu'on effondre. Le Génois, qui avait l'œil et l'oreille aux aguets, eut bientôt reconnu que c'était l'une des siennes qu'on brisait, et, avec la rapidité d'un lion blessé, il alla d'un bond tomber au milieu du groupe de bandits, en s'écriant :

— Halte-là, signori ; peste, vous n'y allez pas de main morte, une caisse toute neuve !... en bois de rose... qui préserve des vers encore... Une caisse qui vient de l'Inde... Diable ! elle m'a coûté trente scudi... Ouvrez-la, puisque vous en avez la clef...

Les bandits furent un moment stupéfaits de cette audacieuse réclamation. C'était presque un commencement de révolte. Ils essayèrent d'étouffer ses cris et ses imprécations. Mais, la résistance énergique qu'il opposait menaçant de compromettre le succès de leurs opérations, l'un d'eux, qui paraissait commander la bande, cria : Tuez-le.

C'en était fait du malheureux ; l'un des bandits le tenait déjà par la gorge et se disposait à lui couper la parole d'un coup de stylet, lorsque la femme de l'intrépide Génois étreignit le bandit avec force dans ses bras, l'embrassa avec frénésie en implorant la grâce de son mari. Les brigands se laissèrent toucher; mais un coup de crosse de fusil acheva de le rendre docile.

En ce moment nous vîmes apparaître tout le long des arbres de la route comme des ombres que nos yeux, plus habitués à l'obscurité, reconnurent bientôt pour être de véritables hommes.

— Dites donc, cher Génois, ils sont plus de cinq ! bien nous en a pris de ne pas vous avoir écouté.

Le Génois murmura comme une plainte, et, se tâtant le bas des reins : Les gredins ! dit-il en français ; un peu plus haut, j'étais brisé !

Les bandits étaient dans l'embarras. Comment ouvrir une cinquantaine de caisses et de sacs de nuit ? Celui d'entre eux qui avait palpé la plupart des poches et recueilli les clefs, se rappelant qu'il en avait rencontré un trousseau considérable dans les poches du docteur Brech..., vint recourir à son obligeance pour les appareiller aux serrures et aux cadenas. Impatienté de la lenteur du docteur à se rendre à son invitation, le brigand le saisit par le collet de son habit, l'enleva de terre et le posa sur ses jambes, comme il eût fait d'un fantoccio ; puis, lui mettant les clefs sous le nez, il lui fit signe de procéder prestement à l'ouverture de tout le bagage.

Le pauvre docteur eut beau prendre sa voix la plus douce pour expliquer au bandit que les clefs n'ouvraient que des meubles laissés à Paris ; qu'il n'avait, lui, dans tout cela qu'une caisse, laquelle était déjà veuve de son contenu ; le malandrin, s'imaginant qu'il y mettait de la mauvaise volonté, tira de sa ceinture un pistolet qu'il lui plaça sur la gorge, tandis qu'un autre bandit lui caressait, en jurant sourdement, les omoplates avec la crosse d'un fusil. Ces menaces pouvaient en définitive avoir une issue fatale pour le docteur, et, au risque de me faire tuer moi-même, j'intervins dans ce débat. Quelques mots firent cesser cette méprise. Le docteur fut ramené à sa place et recouché la face à terre. Tout aussitôt les serrures furent brisées à coups de hachette et les malles vidées sur la chaussée, sans plus de précautions.

Le malheureux docteur se livrait aux plus interminables récriminations contre la fatalité, la destinée, etc.; de son côté, Raoul de G... répondait par une kyrielle de malédictions que je n'enregistrerai pas ici de peur d'effrayer le lecteur. Comme le premier venait de lancer un formidable juron arraché par la douleur, il disparut entièrement sous un manteau de pâtre, qu'un des bandits lui jeta sur la tête pour étouffer sa colère. Il en fut un moment très-inquiet, et me demanda tout bas la cause de cette nouvelle avanie.

— C'est, mon cher académicien, pour vous épargner une ophthalmie incurable. L'air des marais Pontins est, comme vous le savez, pernicieux !

— Ils sont en vérité d'une politesse et d'une attention!...

— Et, ce disant, il faisait des efforts inouïs pour éloigner le manteau puant qui lui couvrait la tête.

— Docteur? dit Léon Berth...

— Eh bien ! financier.

— Passez-moi donc une prise pour tuer le temps.

— Que le diable vous la donne... Mais attendez donc, cher ami. Je crois, Dieu me pardonne, qu'il n'a mis la main que dans une poche...

— Qui ça, le diable?

— Eh non ! le bandit qui m'a détroussé.

Et en effet il tira de sa poche, avec des précautions infinies, la bienheureuse tabatière de Toula, huma une prise à plein nez, avec cette longue et voluptueuse aspiration de narines qui révèle un priseur de goût; puis il la passa généreusement à Léon Berth...

— Je suis moins heureux que vous, dit le baron d'Hoy..., je n'ai plus ma montre; ces messieurs se sont chargés de la mettre à l'heure.

A ce moment, un des bandits, passant près du docteur, lui heurta les deux jambes en trébuchant.

— Il est écrit là-haut que je vais être mis en morceaux. Ces gredins-là m'ont avarié les épaules et les reins ; ils endommagent à présent mes pauvres tibias...

— Ils les convoitent peut-être pour en faire des sifflets, répartit le jeune marin.

Notre bon docteur, à moitié disloqué, était le seul d'entre nous qui conservât toute sa gaieté. Plus d'une fois, durant cette scène, à notre grand étonnement, il fut pris d'un rire fou. Il trouvait, à chaque instant, motif à plaisanter alors que tous les autres, les Anglais surtout, étaient dans la stupeur la plus profonde. Il serait impossible d'empêcher un Français de rire, même devant Dieu, disait un jour le plus spirituel des papes, Benoît XIV.

Cette scène de pillage dura depuis une heure jusqu'à

deux heures du matin. Un silence profond régnait sur les marais Pontins. On n'entendait que le frémissement du feuillage agité par une brise assez froide venant de la mer, et le bruit que les chevaux impatients faisaient en frappant de leurs sabots ferrés le pavé de la route. Les bandits se parlaient à voix basse, et telle était leur appréhension, qu'ils semblaient même s'effrayer de leur propre bruit. J'entendis plus d'une fois l'un d'eux dire à ses compagnons d'un air désappointé : *Credo che mi sono ingannato : dovevano essere solamente due, e sono tre...* Je n'attachais point pour le moment d'importance à ces paroles, dont le sens m'échappait, mais qui allait nous être bientôt révélé.

Enfin les bandits, n'en voulant qu'à l'argent et aux bijoux, après s'être assurés, par une nouvelle visite, qu'ils n'en laissaient plus, ni sur nous ni dans nos malles, appelèrent le conducteur des véhicules.

— Nous allons nous éloigner. Ces messieurs et ces dames garderont encore à terre, pendant un quart d'heure, la position qu'ils occupent... après quoi vous serez tous libres de continuer votre voyage... Addio ! signori.

CHAPITRE XVIII

Encore Gasparone. — Notre arrivée à Rome. — Mort du tueur de
brigands.

Avant que les bandits eussent fini de nous intimer leurs ordres, la voix de Gasparone se fit entendre.

— Salut, signori et signore! Veuillez vous relever, je vous prie, et pardonner à mes camarades d'avoir été obligés d'user de telles rigueurs envers vous.

Aussitôt debout, nous restâmes stupéfaits en voyant que c'était bien là notre convive de la veille, et nous nous regardâmes tous, comme pour nous dire : Comment est-il ici? Pendant ce temps, Gasparone interrogeait le conducteur et s'informait pourquoi le pair de France n'était pas dans la voiture.

— Il a refusé de partir avec nous, signor; l'aventure d'hier l'a effrayé.

Gasparone fronça le sourcil et murmura quelques mots qui nous semblèrent être des jurons étouffés. Puis, reprenant le sourire le plus gracieux :

— Désolé de ne pouvoir rester plus longtemps avec vous. Riccio, dit-il à l'un des hommes, qui tenait une torche à l'aide de laquelle nous avions pu voir et reconnaître Gasparone, laisse la torche à ces messieurs.

Comme il allait disparaître derrière les arbres qui bordent la Linea Pia, le docteur s'écria :

— Pardon, signor Gasparone, un mot, s'il vous plaît?

— Faites vite, cher docteur ; vous êtes médecin, je crois ?

— Pour vous servir.

— Grand merci, signor, je me porte à ravir et j'espère n'avoir jamais d'autre maladie que celle-ci, dit Gasparone en montrant la crosse d'une escopette.

— Je te souhaite une corde pour te guérir, capitaine de l'enfer, murmura le Génois, auquel je fis signe de se taire.

— Que vouliez-vous me demander, docteur?...

— Parbleu ! comment vous vous êtes tiré des griffes du *gros monsieur* d'hier au soir.

Gasparone, se rapprochant aussitôt, nous dit à voix basse :

— Comment, vous avez cru à cette comédie? J'avais besoin de retarder votre diligence d'un jour ; ma bande était disséminée ; comme je craignais que votre duc et pair ne se fît accompagner, il me fallait tous mes hommes. Le prétendu tueur de brigands n'est autre que mon lieutenant. Pour vous en convaincre, je vais, à l'aide de cette torche, vous montrer notre homme, qui attend là tranquillement l'issue de l'expédition. Il va se trouver bien penaud quand il saura le duc absent. Ceci entre nous, ajouta-t-il en posant un doigt sur sa bouche, chacun a son amour-propre. *Bona sera*, signori ! Et prenant la torche de la main d'un de ses hommes, il se dirigea vers le bord de la route où, par un mouvement prémédité de Gasparone, nous apparut la figure du tueur de brigands, qui devint souriante aussitôt que Gasparone lui eut dit quelques mots à l'oreille.

Un coup de sifflet se fit entendre et quelques minutes après cette scène, il n'y avait plus que nous sur la route, les brigands avaient disparu.

Je renonce à décrire le désespoir de la plupart des voyageurs. Quelques-uns plus morts que vifs récitèrent en dix minutes plus de *Pater* et d'*Ave* qu'ils n'en avaient dit pendant toute leur vie. Ils invoquaient tous les saints du paradis et vouaient les bandits aux marmites de l'enfer. Dans ce concert d'imprécations, les postillons n'étaient pas les moins véhéments ; mais je savais à quoi m'en tenir sur cette indignation. Je n'ignorais pas que la plupart des postillons de Fondi et des marais étaient les auxiliaires les plus utiles et les plus dévoués des brigands, avec lesquels ils partageaient le butin sans courir de risques.

Jacopo, notre conducteur, s'approcha, et, dans un patois moitié napolitain, moitié romain, il essaya de me prouver comme quoi tout le monde avait sagement fait de rester calme : « Nous devions remercier le ciel de n'avoir que notre argent volé et nos bijoux enlevés ; cela était peu de chose, ajouta-t-il. » Le docteur l'examinait depuis quelque temps avec la plus scrupuleuse attention, à la lueur blafarde d'une lanterne que les bandits avaient laissée sur la chaussée.

— Cette figure n'est-elle pas celle d'un gueux fieffé ? nous dit bas le docteur. Que vous en semble ? Je ne serais pas étonné que cet homme fût un compère de Gasparone. Voyez, il a conservé ses breloques... sa montre... son épingle !...

Puis, s'adressant à cet homme :

— Mon ami, offrez-moi donc une prise de tabac, si vous en avez... Le mien est entre les mains des bandits.

Le conducteur, bien que n'entendant point la langue française, comprit néanmoins au mot tabac, et au geste expressif bien connu des priseurs que lui fit le docteur Br., que celui-ci lui demandait de mettre sa tabatière à son service.

— Que vous disais-je ? fit le docteur avec une colère concentrée : il est évident que cet homme a trempé dans l'odieux guet-apens dont nous venons d'être les victimes... Nous devrions en faire un auto-da-fé pour l'exemple !

Je fis signe au docteur d'avaler sa langue. Il eût été très-dangereux d'exprimer hautement ses soupçons, les bandits n'étant encore qu'à peu de distance de nous; Jacopo, pour anéantir les preuves vivantes de sa trahison, pouvait bien nous faire occire. « Il n'y a, dit un proverbe, que les morts qui sachent se taire. »

Chacun de nous avait des pertes à regretter, moins peut-être à cause de la valeur des objets qu'à cause des souvenirs qu'ils rappelaient. Les uns se voyaient enlever des sommes assez importantes; les autres, seulement quelques piastres et des bijoux. Le docteur perdait sa montre, sa tabatière et mille écus en or. Notre étudiant aussi sa montre et quelques piastres ; mais il poussait des soupirs comme un soufflet de forge. Le docteur, impatienté de le voir dans cet état de tristesse, l'apostropha assez rudement :

—Qu'avez-vous donc ? lui dit-il ; vous avez l'air sinistre comme la porte d'un cimetière, et vous poussez des soupirs à décorner tous les bœufs de la Romagne.

—Ah ! monsieur ! ils m'ont enlevé le seul objet qui eût à mes yeux un bien grand prix !

—Pour une montre volée, n'allez-vous pas perdre la tête ?

—Ma montre, monsieur! ma montre, ah! je n'y tiens pas.

—Mais que regrettez-vous donc tant ?

—Ce que je regrette ?... ah ! c'est le cordon qui l'attachait... un cordon en cheveux!... un souvenir !

—Eh bien, dit le docteur en riant, si ce n'est que cela, celle qui vous l'a donné, quand elle apprendra *vos malheurs*, aurait l'âme bien peu délicate si elle ne vous en offrait pas un autre immédiatement...

—Pauvre Fanny !

Ces mots furent prononcés si bas que nous les entendîmes à peine.

Pendant que les cochers couraient après les chevaux dispersés, nous relevâmes la première voiture, la seule qui eût été renversée, je ne sais pourquoi ni comment. Cela fait, c'était sans doute quelque chose, il restait à reconnaître la situation du bagage, et ce n'était pas facile. Le clown Auriol, marchant sur des goulots de bouteille, éprouvait moins de difficultés que nous à nous faufiler dans cet amas de nippes. Qu'on se figure tous les magasins du Temple bouleversés par un ouragan, et l'on n'aura encore qu'une idée incomplète du désordre et de la confusion qui régnaient dans notre bagage semé sur une étendue de plus de cent pas. Les uns couraient après une chemise, une chaussette ; celui-ci après sa valise, celui-là après un carton à chapeau ; c'était un tohu-bohu comique.

Le bagage de deux ou trois voyageurs, malgré l'ennui des recherches, peut encore se reconstituer sans beaucoup d'efforts, mais il s'agissait ici d'une vingtaine de voyageurs. Tout le monde parlait à la fois, courait çà et là ; chacun rejetait loin de lui les objets qu'il ne reconnaissait pas pour sa propriété. On ne s'entendait pas ; rien n'avançait. Chacun dans son idiome maugréait, maudissait tout haut les marais Pontins, et tout bas les bandits.

Au moyen d'une lanterne attachée à la roue d'une des voitures, j'établis un phare autour duquel on se précipita pour vérifier la nature et la marque des objets qui tombaient sous la main, et qu'il eût été impossible de reconnaître dans l'obscurité.

Cette recherche menaçait de durer vingt-quatre heures ; et ce genre d'exercice gymnastique ne me souriait pas le moins du monde. Une idée me vint : c'était de rassembler le bagage éparpillé en autant de tas qu'il y avait d'objets de nature différente. Cela simplifierait nécessairement le travail.

Je demandai un moment de silence ; Jacopo expliqua la proposition ; elle fut agréée à l'unanimité. Deux catégories furent formées, les objets des hommes d'un côté, ceux des dames de l'autre.

Il y eut évidemment des lenteurs. Il y avait dans le nombre, des voyageurs qui, pour chaque guenille qui leur tombait sous la main, recouraient à leur femme pour reconnaître leur marque.

Lorsque je vis tous mes compagnons livrés avec une louable ardeur à la recherche de leurs effets, j'allai, sans rien dire, m'asseoir sur le rebord de la route, à quinze pas en arrière des voitures, au bord du canal, et j'allumai un cigare.

Il y avait environ trois quarts d'heure que j'étais étendu dans mon manteau, lorsque le docteur vint à moi en me disant :

— Eh bien, bibliomane, il y a une heure que je vous cherche... Que faites-vous donc là ?... Tenez, voilà un Elzevir grande marge ; cela doit être à vous !

— En effet ! *les Femmes galantes* de Brantôme...

— Peste ! *les Femmes galantes !* rien que cela pour vous distraire !

— Que voulez-vous, cher docteur, je fais des recherches historiques.

— Me direz-vous, enfin, ce que vous faites là ?

— Ce que je fais ? je fume et j'attends.

— Vous attendez quoi ?

— J'attends que vous ayez fini votre gymnastique et votre triage. Ce qui restera sur le pavé ne pouvant être qu'à moi seul, je me dispense de la peine de chercher

17.

et de courir. Je n'aurai plus qu'à ramasser et à mettre le tout dans une caisse quelconque.

Le jour commençait à poindre ; on rechargeait les bagages, lorsque deux voitures, une berline et un fourgon, s'arrêtèrent devant nous, empêchés qu'ils étaient, de continuer leur route, par nos voitures et les caisses amoncelées de chaque côté. Un homme coiffé d'un bonnet écossais mit la tête hors la portière, et s'informa de la cause qui nous retenait à pareille heure. C'était le duc et sa femme ; ils avaient couché à Terracine. Ayant du temps devant eux, et n'ayant plus que huit heures de marche pour arriver à Rome, ils n'avaient point jugé prudent de s'aventurer la nuit dans les marais.

En voyant les équipages du duc, je me rappelai aussitôt les paroles du bandit : *Sono tre, e dovevano essere due*. J'en fis part au duc, qui, de son côté, nous raconta la scène de Fondi. Son courrier nous rapporta qu'à tous les relais il avait remarqué l'air affairé, étrange, des postillons se parlant bas à l'oreille. Le doute n'était plus possible : c'était le duc qu'on avait signalé de Naples, et qu'on attendait à son passage dans les marais Pontins pour lui enlever sa caisse et ses bijoux.

Il était cinq heures lorsque nous nous remîmes en route. Nous arrivâmes sans autre accident à neuf heures du matin. Notre étudiant s'était endormi depuis longtemps, et, quelque effort que nous fîmes pour le réveiller, il persista à rester dans la voiture.

— A cet âge, dit le docteur, le chagrin n'est point opiniâtre. Allons déjeuner ! Qui dort déjeune !

En entrant dans la salle à manger, la première per-

sonne que je rencontrai fut la dame au chapeau blanc,
qui avait, à Mola, pris place dans notre compartiment,
et avec laquelle M. Jules M. avait eu, on se le rappelle, un colloque galant des plus animés, que les brigands avaient brutalement interrompu. Cette dame
frisait la soixantaine. Malgré moi, je poussai un si violent éclat de rire, que tout le monde en fut étonné. Le
docteur et le baron, n'en comprenant pas la cause, paraissaient inquiets, supposant déjà que les événements
de la nuit avaient bien pu déterminer chez moi une
attaque de folie.

Le docteur me tâta le pouls, et fit de la main un geste
qui semblait dire : Je n'y comprends rien.

Plus calme enfin, je pus expliquer la cause qui avait
déterminé en moi cette explosion de rires qui l'avait in-
quiété un moment. Je lui narrai ce que j'avais vu et
entendu, la nuit, en quittant Terracine, et ce qui con-
damnait à cette heure l'étudiant à se tenir jusqu'à Rome
les yeux fermés et dans le plus profond sommeil. Nous
rentrâmes déjeuner.

Tous les gens de l'hôtel et de la ville étaient aux
portes et aux fenêtres. On ne s'était point expliqué ce
retard de quatre heures. Les chevaux sellés et harna-
chés et le déjeuner nous attendaient depuis plusieurs
heures. En un instant nous fûmes entourés et accablés
de questions et de compliments de condoléance.

On vouait aux plus affreux supplices les misérables
bandits qui nous avaient dévalisés ; l'on ne parlait de
rien moins que d'ajouter de nouvelles cages de fer à
celle que l'on nous montrait scellée sur la façade de la

mairie du lieu, et dans laquelle se trouvait encore la tête décharnée d'un bandit fameux, décapité depuis quinze ans, laquelle avait été exposée là pour effrayer ceux qui eussent été tentés de suivre son exemple. Ces braves gens étaient sincèrement désespérés de notre accident.

Le conducteur fit sa déclaration devant le magistrat de la localité. Plusieurs dragons furent expédiés en grande hâte à la poursuite des bandits, qui, au dire de tous les habitants, allaient être ramenés incontinent pieds et poings liés. Les dragons partirent en effet au galop de leurs montures. Une heure après, on eût pu voir, à trois milles environ de la ville, tout au bas de la côte, les chevaux paître en liberté, et les hommes dormir à l'ombre.

En déjeunant, le docteur se mit à maugréer contre le faux tueur de brigands. J'en veux moins à Gasparone qu'à cet hypocrite maudit, disait-il !

— Vraiment, docteur, pouvez-vous croire ce qu'a dit Gasparone ? Je crois moi bien plutôt que le pauvre diable de tueur de brigands était son prisonnier. Comment ? je ne le sais pas. Mais enfin jamais je ne croirai à la perfidie de ce bon gros homme.

—Je crois tout de ces gaillards-là, grommela le Génois, qui ne cessait de se frotter les reins.

J'étais le seul de mon avis, je dus me taire.

A partir de Cisterne, la route étant plus sûre, le duc, qui nous avait suivis le long des marais Pontins, nous quitta, en nous donnant rendez-vous à Rome, où nous devions être quelques heures après lui. Il semait partout la nouvelle de notre accident.

A Albano, où nous arrivâmes à deux heures de l'après-midi, tous les habitants étaient aux portes et aux fenêtres comme un jour de fête. La populace, les gamins, les citadins, escortaient nos voitures, en nous regardant avec des yeux étonnés. Nous étions, il paraît, plus intéressants que des mastodontes ou quelques autres fossiles antédiluviens. Ce ne fut qu'à la poste que nous apprîmes la cause de l'agitation qui régnait dans la ville. Depuis quinze ans on n'avait point entendu parler d'une arrestation aussi considérable.

Comme à Velletri et à Gensano, toutes les autorités étaient sur pied, et la police nous apparut sous la forme d'un vénérable Albanais d'un embonpoint monacal. Au bout d'une demi-heure d'un interrogatoire mille fois croisé et heurté par les questions les plus saugrenues, il dit qu'il lui paraissait prudent d'attendre des ordres de Rome ; mais que nous pouvions nous rassurer, que les bandits seraient pris et livrés à la justice, qui leur ferait expier leurs forfaits...

Enfin, à six heures du soir, nous entrâmes dans Rome. Là, comme sur la route, on connaissait déjà les événements de la nuit. De la porte Saint-Jean, par où nous entrâmes, on nous fit escorter par plusieurs dragons, qui avaient ordre de nous conduire au pas. De leur côté, nos postillons n'étaient pas fâchés de jouer un rôle dans cette entrée, et de se faire remarquer. Ils nous menèrent avec une gravité d'emprunt, tout à fait théâtrale, mais parfaitement en rapport avec la circonstance. J'avoue qu'ils nous firent oublier un instant les angoisses de la nuit ; de fait, ils avaient plutôt l'air de conduire le diable en terre que des voyageurs à l'auberge.

Une population compacte se pressait autour de nous, et des groupes nombreux de curieux stationnaient le long du Corso. Cette foule était silencieuse comme l'est une population émue par le récit d'un grand événement. Enfin, grâce au ciel, nous touchions au terme de nos tribulations ; nous entrâmes dans la cour de la douane. Il nous semblait juste qu'ayant été à moitié dévalisés par les bandits, on nous fît grâce de la visite. Il n'en fut rien. Le gabelou romain avait les yeux fixés sur nous, et ici, comme à Terracine, nous dûmes ouvrir nos bagages. Le fisc ne perd jamais ses droits.

Cependant tout n'était point fini avec la police pontificale. Monsieur le gouverneur de Rome, plein de zèle pour le service qui lui était confié, nous attendait, escorté de tous ses sbires, pour dresser le procès-verbal de toutes les cisconstances qui avaient accompagné le vol audacieux dont nous venions d'être les victimes.

— Il n'y a pas de raison pour que nous ne restions pas là toute la nuit, du train dont vont les choses dans ce pays, grommela le docteur. Que les brigands se fassent pendre ou brûler vifs, je ne m'y oppose pas ; je payerai même une place pour les voir ; mais je me sens défaillir : allons dîner !

— Allons dîner ! fîmes-nous tous en chœur, et nous quittâmes la douane.

— Et notre étudiant, où est-il donc ?

— A propos... où est-il passé ?... Monsieur Jules ! monsieur Jules !

Et M. Jules, ne voyant plus en face de lui la dame au chapeau blanc, descendit prestement, et nous suivit, en ayant l'air de sortir d'un profond sommeil.

Comme nous traversions la place d'Espagne pour aller occuper nos logements, retenus depuis quinze jours chez Cerni, nous entendîmes appeler :

— Docteur ! docteur !

C'était le duc et sa femme, qui se trouvaient campés au beau milieu de la place, eux et leurs gens, et se disposaient à passer la nuit à la belle étoile, faute de place dans aucun des hôtels de la ville. A cette époque de l'année, Rome regorge de voyageurs. Plus de quarante mille étrangers y viennent assister aux cérémonies et aux fêtes de Pâques, et il est souvent difficile d'y trouver un logement convenable.

— Bonsoir, docteur ! cria le duc.

— Bonne nuit, monsieur le duc.

Le lendemain, comme le docteur, l'étudiant et moi nous allions visiter les monuments de Rome, le docteur s'écria tout à coup au milieu de la rue San-Gregorio :

— Attention, le voilà !

— Qui ?

— Le faux tueur de brigands ! vous qui connaissez l'italien, appelez la police, qu'on s'empare de ce misérable.

Je suivis machinalement le conseil du docteur, et quelques minutes après nous étions entourés tous les quatre, y compris l'ancien juge, qui ne put s'empêcher de rire à gorge déployée, quand il sut que le docteur voulait le faire arrêter, lui qui avait pour habitude d'arrêter les autres.

Sur un mot du tueur de brigands, les sbires s'éloignèrent, et nous fûmes bientôt au fait de ce qui s'était passé. Quand vous m'avez vu, à la lueur de la torche de Gasparone, j'avais derrière moi deux gaillards qui au moindre geste m'expédiaient dans l'autre monde, ce qui ne faisait pas mon affaire, ne voulant quitter cette terre, où d'ailleurs je me trouve bien, que lorsque j'aurai livré le signor Gasparone aux autorités papales.

— Comment, dis-je, vous y songez encore ?

— Plus que jamais. Au revoir, signori ; avant peu, vous entendrez parler de moi...

— Mais j'oubliais ; Gasparone m'a remis pour vous, messieurs, un cordon de cheveux qui peut être un souvenir précieux.

C'était le cordon de l'étudiant.

Deux mois après cette aventure, nous quittions l'Italie, et nous lisions dans les feuilles publiques que le fameux tueur de brigands venait de mourir d'une fièvre maligne. Le nouvelliste racontait, dans une biographie fort intéressante, les derniers moments de l'ancien juge, qui n'avait exprimé qu'un regret, celui de mourir sans avoir pu prendre Gasparone.

CHAPITRE XIX

Cependant il fallait en finir avec Gasparone, que la mort du tueur de brigands avait rendu plus audacieux que jamais.

Nul ne passait plus de Rome à Naples sans être pillé par les gens de sa nouvelle bande. Les voyageurs étaient rançonnés sans pitié à la barbe et malgré les efforts des dragons du pape.

En vain des postes avaient été établis le long de la route des marais, dans lesquels campaient des dragons prêts à défendre et à escorter les voyageurs. Les bandits massacraient les dragons et dépouillaient les voyageurs. Il n'y avait plus de tranquillité pour personne; les dragons étaient sur les dents, et le gouvernement aux abois. Les tentatives infructueuses pour rendre une sécurité convenable aux routes et aux chemins fit songer à ce dernier expédient.

Un cardinal fameux par son esprit, diplomate habile, fut député vers Gasparone avec de pleins pouvoirs pour traiter avec lui et sa bande, quelque exorbitantes que fussent leurs prétentions. A tout prix il fallait les prendre, n'importe par quel appât.

Le cardinal *** était un homme de petite taille, maigre, sec, très-vif, pétillant d'esprit et de causticité. Il était populaire dans Rome à cause de ses excentricités de manières et de langage. C'était un homme d'un mérite rare et doué d'une sagacité peu commune. Il reçut cette mission avec le même empressement et le même bonheur qu'un autre eût mis à accepter une ambassade. Il n'emporta avec lui ni croix ni bannière ; il partit seulement avec son caudataire dont l'embonpoint formidable contrastait avec la mine chétive du prélat.

Le cardinal vint s'établir à Cisterne. De là il envoya des émissaires dans les marais Pontins, avec ordre de s'aboucher avec Gasparone et de lui demander une entrevue.

Le bandit, flatté dans son orgueil, accepta la proposition du cardinal, mais à condition qu'elle aurait lieu à l'endroit des marais qu'il indiquerait, ou que l'un de ses lieutenants ferait connaître seulement au cardinal, alors qu'il serait en marche pour venir au rendez-vous.

L'entrevue eut lieu à ciel découvert. Bien que Gasparone ne vît pas tout d'abord le piége qu'on allait lui tendre, il ne négligea cependant aucune des mesures de prudence réclamées en pareil cas. Toutes les précautions furent prises par les brigands pour échapper à une surprise. Des vedettes furent posées jusqu'à plus d'un mille autour d'eux. Cela fait, armés jusqu'aux dents, ils s'acheminèrent vers le lieu du rendez-vous, au bas des revers perpendiculaires de l'Apennin, sur une éminence mamelonnée dominant tous les sentiers des marais Pontins.

Le cardinal arriva bientôt, monté sur une mule que le gouverneur de Cisterne avait mis à sa disposition : il était accompagné de trois hommes de la bande de Gasparone, que celui-ci avait courtoisement envoyés, dès le matin, pour escorter l'ambassadeur du saint-père. Dès que le rusé cardinal eut mis pied à terre, tous les bandits, Gasparone et ses officiers en tête, vinrent se jeter à ses pieds. Il fut bien étonné de se voir au milieu de scélérats tant de si bons chrétiens… On s'assit sur l'herbe, à l'ombre d'un bouquet de chênes verts dont le feuillage épais tamisait heureusement les rayons brûlants du soleil.

En gens qui connaissent la valeur du temps, les préliminaires furent courts ; on entra de suite en matière avec un laconisme, du côté des brigands, qui étonna vivement le cardinal. On s'expliqua de part et d'autre avec une rude franchise.

— Je ne suis pas un Spatolino, moi ! et voici, Excellence les conditions de notre traité : D'abord et avant tout pour mes hommes.

1º Liberté pleine et entière, garantie pour eux, quels que soient d'ailleurs leurs antécédents ;

2º Une piastre de pension par jour pour moi, Gasparone ; la moitié pour chacun de mes lieutenants, et trois paoli pour les autres hommes sous mes ordres ;

3° Enfin, le pardon et l'absolution générale de toutes les peccadilles commises par ces messieurs depuis leur enfance, et la remise des péchés pour lesquels la justice de Dieu et des hommes, aussi bien que la potence, pouvaient demander compte.

C'était bien le moins, après tout, disait Gasparone, que Sa Sainteté pût faire pour de si braves gens, qui consentaient à abandonner leur gagne-pain : c'est ainsi qu'il appelait leurs escopettes.

La liberé, la pension et le pardon des crimes commis par eux furent accordés après une discussion des plus animées. Mais pour mieux tromper ces routiers, le cardinal se montra inébranlable sur le chapitre de l'absolution... On ne pouvait pas la leur donner avant qu'ils eussent fait pénitence publique. Ils étaient couverts de si grands crimes! D'ailleurs le pape, ajouta le cardinal, l'avait bien autorisé à accorder les trois premières choses...; mais de la quatrième, l'absolution, il n'en avait point été question... Il fallait espérer de la bonté infinie du saint-père l'absolution qu'imploraient *de si braves gens*. — Qui ne demandent pas mieux, répliqua Gasparone, que de rentrer dans le sentier de la vertu; et dont quelques-uns mêmes, fatigués, dégoûtés de cette vie aventureuse et criminelle, ont l'intention de se faire moines!

A cette apostrophe du brigand, le cardinal se sentit jusqu'au fond des entrailles dévoré d'une envie de rire homérique; mais sa figure impassible ne révéla rien de ce qui se passait en lui; il eut l'air d'écouter sérieusement les projets de ces bandits, et continua de se retrancher derrière les ordres qu'il avait reçus.

Gasparone tint bon, et déclara, en se levant brusquement, qu'il ne terminerait rien sans la promesse formelle, sacrée, du cardinal, que les articles du traité seraient fidèlement exécutés.

— Vous me permettrez bien, Excellence, de me souvenir de Spatolino !

Pour sortir d'embarras, Son Éminence proposa un mezzo-termine qui parut devoir concilier les choses. Il dit qu'il fallait s'en rapporter à la bonté paternelle du pape ; qu'il plaiderait leur cause volontiers, mais à une condition seulement, c'est que toute la bande se diviserait immédiatement en deux parties ; l'une, sous la conduite de Gasparone, irait à Civita-Vecchia ; l'autre, sous celle de son premier lieutenant, se rendrait à Ancône.

— L'absolution, ajouta-t-il, viendra vous y trouver tous, et vos pensions vous y seront exactement payées. Vous devez comprendre, Gasparone, que pour rendre la sécurité aux Marais et la confiance aux voyageurs, vous ne pouvez demeurer plus longtemps dans la montagne, ni vous ni aucun de *vos amis*.

— Sans doute, fit Gasparone.

— Avant toute chose, d'ailleurs, il faut donner au pape des preuves de bon vouloir et de repentir ; la meilleure, à mon avis, est de vous conformer au conseil que je vous donne et de partir tout de suite.

— Nous comprenons bien, Éminence, qu'en échange d'une pension, de la vie et de la liberté que vous nous accordez, et surtout de l'absolution que vous nous promettez, nous devons absolument donner au pape un gage sérieux de notre sincère repentir; mais qui nous garantit la foi du traité ?

— Ma parole de cardinal devrait, ce me semble, vous suffire; mais qu'à cela ne tienne, je vais signer la promesse que je vous fais.

Et le cardinal fit écrire par son caudataire les quatre articles proposés par Gasparone, puis il y apposa son cachet et sa signature et remit l'acte entre les mains du bandit; réserves faites toutefois à l'endroit de l'absolution.

Sur l'ordre de leur chef, chaque bandit vint baiser la main du cardinal; puis ils déposèrent leurs armes à ses pieds en signe de soumission. Ils firent connaître les lieux qui leur servaient de retraite et partirent dès le lendemain pour se rendre dans les deux villes qui leur étaient assignées pour résidence.

Comme toutes les puissances terrestres, Gasparone devait aussi connaître ses jours de malheur : il croyait abdiquer volontairement sa royauté, il était brisé.

Dès l'arrivée des bandits à Civita-Vecchia et à Ancône, toutes les autorités des deux villes, prévenues par des dépêches secrètes, se portèrent au-devant d'eux et les accueillirent avec cette urbanité obséquieuse que possèdent les Italiens, et dont ils se servent avec une rare habileté quand ils veulent duper un ennemi.

On entra dans la ville dont les portes furent aussitôt fermées; et quand les brigands s'aperçurent qu'ils étaient joués, il n'était plus temps de songer à s'enfuir. Ils furent traqués, acculés comme des bêtes fauves, pris et enfermés dans des citadelles. Ils eurent beau invoquer la foi des traités, la parole sacrée du cardinal, on les laissa blasphémer et cracher au ciel les plus horribles injures.

A quelques jours de là on transporta la population des misérables villages où ces brigands avaient établi leurs repaires; on en rasa toutes les masures. Les femmes des bandits, qui devaient suivre leurs maris, furent dispersées. Les unes vinrent à Rome et se firent *modèles;* — l'une d'elles, d'une beauté très-remarquable, devint l'*amie intime* d'un grand artiste français. Les autres se firent mendiantes et vécurent dans le vagabondage. Mais aucune d'elles n'obtint jamais la permission de se réunir aux bandits. Les enfants furent placés dans les hôpitaux de Rome.

Gasparone fut enfermé à Civita-Vecchia, on lui conserva la vie ainsi qu'à ses camarades; mais ce fut en prison qu'ils durent tous vivre et mourir.

Il y a quelques années encore, les voyageurs n'allaient jamais visiter Civita-Vecchia sans se rendre à la forteresse pour y voir le célèbre Gasparone.

Le lendemain de son entrée dans la forteresse de Civita-Vecchia, Gasparone reçut la visite d'un personnage dont la vue ne surprit pas peu notre bandit.

— Par le Christ! est-ce bien vous, Rotoli? vous n'êtes donc pas mort!

— Et n'en ai nulle envie, reprit en riant le tueur de brigands. Vous comprenez, Gasparone, que pour vous prendre dans le même piége que celui de Spatolino, il était nécessaire, pour éviter toutes méfiances de votre part, que je passasse pour mort. Moi vivant, il n'y avait pas lieu de vous envoyer un cardinal, ce qui devait être le dernier moyen à employer.

— Eh bien ! foi de Gasparone, je ne vous en veux pas. J'étais las de cette vie active ; je vais me reposer, et vous ?

— Moi, reprit le tueur de brigands, je vous jure de ne reprendre mon métier que si jamais vous repreniez le vôtre.

— En ce cas, vous pouvez lui dire adieu.

NOTES

Les deux très-curieux documents que l'on va lire donneront une idée exacte de la puissance terrible de ces brigands; il ne faut rien moins que raser des villes et des villages entiers pour arriver à détruire leurs bandes.

Ce fut le pape Paul IV qui, le premier, donna l'exemple d'une répression terrible; ne pouvant réduire les bandits, qui trouvaient un refuge assuré dans Monte-Fortino, il rendit l'édit suivant, que l'on trouve dans les Annales de Palestrine :

« Desiderius Guidone, de Ascoli, commissaire de notre seigneur le Pape, etc.

» Il est manifeste à tous que, depuis plusieurs années, les habitants de la petite ville de Monte-Fortino ont mené une vie criminelle et irrégulière en public et en particulier; ayant toujours été rebelles et ennemis de Sa Sainteté le Pape et de la sainte Église. En particulier, dans la dernière guerre, ils ont abandonné Sa Sainteté et le Saint-Siége pour s'unir aux ennemis, faisant prisonniers, dévalisant, pillant, rançonnant les sujets fidèles de leur voisinage, commettant des assassinats et des massacres, fortifiant leurs châteaux, appelant à leur secours des soldats étrangers sous prétexte de leur obéir, faisant prisonniers et tuant les soldats de Sa Sainteté, attaquant ses camps, son artillerie, ses batteries. Pour lesquels crimes ils ont mérité les plus grands châtiments tant publics que particuliers. Mais, pour que la punition serve d'exemple à tous, notre seigneur Paul IV, pape par la grâce de Dieu, voulant de plus assurer la tranquillité de ces provinces en les ramenant sous l'obéissance du Saint-Siége, et voulant que cette place de Monte-Fortino ne soit plus un réceptacle de voleurs et de bandits, a décrété qu'elle sera totalement démolie, ruinée, et que sa banlieue, aussi bien que les propriétés particulières, seront dévolues à la chambre apostolique.

» Tous les hommes habitant ce lieu seront bannis pour la vie, etc. Pour exécuter ses ordres, il nous donne pleine autorité de rassembler et de commander tous les barons, les feudataires, les soldats, tant de cavalerie que d'infanterie, les troupes régulières et les volontaires.

» Ayant à cœur de remplir les intentions de Sa Sainteté, nous déclarons par cet acte que tous les hommes du susdit lieu, Monte-Fortino, ont encouru les dernières peines de la loi et la confiscation de tous leurs biens comme rebelles reconnus ; il est permis à chacun de les attaquer ; et tous les barons et feudataires, les officiers, les ministres, les communautés, les personnes particulières qui sont sujets médiats ou immédiats de Sa Sainteté ou du Saint-Siége, reçoivent ici l'ordre exprès de ne pas tolérer, recevoir ou favoriser les rebelles ; mais il est enjoint de plus à tous en général et à chacun en particulier de faire toutes diligences possibles pour les arrêter et exécuter le jugement, avertissant qu'il sera fait une enquête juridique, et que celui qui aurait contrevenu au présent édit sera puni d'une manière sévère, sans égard au rang ni à la condition.

» Donné au château de Monte-Fortino, le 7 mai 1557.

» Les villes ci-après désignées enregistreront ce présent édit et le feront publier comme de coutume, après quoi il sera rendu au promulgateur.

Signé : « DESIDERIUS GUIDONE. »

Suivent les noms des villes au nombre de plus de vingt-cinq, puis l'ordre de détruire totalement la ville et de semer du sel sur le territoire qui la portait. En conséquence de quoi, une charrue, tirée par des bœufs, fut réellement conduite sur l'emplacement des maisons de Monte-Fortino par Pietro Zalaretto, de Valmontone, tandis que Menico Franasci, de la même ville, suivait en répandant du sel dans le sillon en signe d'abandon.

Voici maintenant un autre édit, de date récente :

« Hercule, doyen de Sainte-Marie-des-Martyrs, cardinal Gonzalvi secrétaire d'État de Sa Sainteté notre seigneur le pape Pie VII :

» C'est avec un vif chagrin que Sa Sainteté a appris la multiplicité des vols et des violences commises dans les provinces dites maritimes, et dans celles de la Campagne de Rome ; elle avait espéré que les efforts du gouvernement et les énormes dépenses supportées par le peuple en auraient arrêté le cours. La menace des châtiments rigoureux de la justice n'a produit aucun effet sur les âmes dépravées de plusieurs coupables, et l'espoir de la clémence que le cœur généreux de Sa Sainteté laissait entrevoir, n'a pu réveiller chez eux des sentiments de repentance. Pendant un court espace de temps, ils ont semblé mettre fin à leurs crimes et vouloir s'amender, mais ils ont bientôt repris leurs voies criminelles et se sont montrés plus pervers que jamais en commettant des meurtres et des vols, et en faisant des captifs pour en obtenir des rançons. Ils ont de nouveau rendu les routes peu sûres pour les voyageurs; les laboureurs mêmes ne sont plus tranquilles dans les champs; ils font vivre dans la crainte, au sein de leurs familles, ceux qui habitent des maisons isolées ou sans défense. Sa Sainteté, considérant la nécessité urgente de remédier à ces maux, et persuadée que, d'après l'état du pays, on ne peut atteindre ce but qu'au moyen de mesures très-sévères, a rendu le décret suivant :

« 1° Sa Sainteté, étant convaincue par les témoignages les plus dignes de foi, que depuis nombre d'années, et même depuis plusieurs siècles, les bandits qui infestent les provinces, et particulièrement les marais Pontins, sont nés à Sonnino; que les habitants de cette ville ont excité les brigands du royaume de Naples à faire des excursions dans les États de l'Église, et que les bandes de Fondi et de Lenola sont commandées par un habitant de Sonnino; sachant que l'amnistie accordée à un grand nombre des bandits de cette ville est devenue inutile, parce que d'autres les ont remplacés aussitôt; que ces derniers trouvent un refuge dans Sonnino, qu'ils en tirent des aliments, qu'ils s'y rassemblent pour concerter sur ce qu'ils ont à faire; considérant en même temps que l'expérience du passé jointe à celle du moment actuel, prouve qu'aussi longtemps que ce nid de voleurs existera il sera impossible de mettre fin à leurs ravages, et que si on ne leur ôte pas leurs moyens de subsistance et leur lieu de rendez-vous, on ne peut les réprimer efficacement au moyen de la force publique; croyant d'ailleurs que les intérêts de la société, qui servent de règle au droit public, ne permettent pas à un souverain de laisser subsister des associations municipales aussi pernicieuses, qui fomentent de tels désordres, et suivant en cela l'exemple des gouvernements les plus doux, qui, dans des cas semblables, ont privé les bandits de leurs asiles et lieux de refuge lorsqu'ils n'ont pu réussir à les extirper autrement : Sa Sainteté ordonne que les habitants de Sonnino soient pourvus d'habitations autre part, que la ville soit détruite et son territoire partagé entre celles des villes voisines que l'on ne soupçonne pas de porter secours aux brigands ; permettant aux propriétaires qui émigreront et qui ne pourront se fixer près de leurs possessions, de céder leur terrain à la chambre Apostolique qui leur en payera une annuité perpétuelle suivant l'évaluation qui sera faite par des personnes compétentes.

» 2° Chaque ville sera tenue de défendre son territoire des incursions des bandits ; elles seront responsables des vols qu'ils commettront et des rançons qu'ils auront exigées, et seront tenues à indemniser les personnes rançonnées ou volées, d'après l'édit du cardinal Spada, datée du 18 juillet 1696. Chaque communauté qui détruira une bande de brigands, en tout ou en partie, jouira, pendant deux ans, d'une diminution des impôts sur le sel et la mouture du blé. De plus, une diminution d'un quatrini (liard) sur le sel, et deux baïocchi (deux sols) sur la mouture, toutes les fois que trois brigands auront été pris ou tués, outre la récompense suivante pour chaque bandit pris ou tué, laquelle sera doublée si le bandit est isolé.

» 3° Il sera payé par le trésor public cinquante écus romains pour chaque bandit pris ou tué ; pour chaque chef de bande mille écus.

» 4° L'édit du 4 mai 1818 portant création d'un corps de chasseurs spécial est maintenu et tous ceux qui font partie de ce corps auxiliaire recevront gratis une permission de porter des armes à feu.

» 5° Le tocsin sera sonné, quand il y aura lieu, dans tous les villages pour faire prendre les armes au peuple, pour avertir les troupes et les habitants du voisinage et pour réunir tout le monde à la poursuite des voleurs, que l'on devra livrer morts ou vifs à la force armée.

» 6° Les villes qui négligeront de suivre ces ordres seront condamnées à réparer tous les dommages occasionnés par les bandits dans la province.

» 7° Quiconque ne se rendra pas au premier coup de cloche, refusera de prendre les armes et se mettre à la poursuite des bandits, lorsqu'il n'aura pas d'empêchement légitime, sera regardé comme leur complice et puni d'une amende de cinq cents écus, outre une punition corporelle selon les cas.

» 8° Quiconque opposera le moindre obstacle à ce que les troupes poursuivent les brigands, même jusque dans les lieux saints, sera déclaré coupable de trahison et rébellion, conformément à ce que prescrit la constitution de Sixte V, commençant par ces mots : *Hoc nostri pontificatus initio.*

» 9° Quiconque ne fera pas connaître les lieux de refuge, les correspondances secrètes, les complices et les relations des bandits aussitôt qu'il aura connaissance de toutes ces choses, sera puni militairement.

» 10° Les parents des bandits, ceux même au premier degré ou de quelque état qu'ils soient seront déclarés coupables de haute trahison et passibles de châtiments militaires et même de peine de mort et confiscation de tous leurs biens, dès qu'il sera prouvé qu'ils ont aidé les brigands de quelque manière que ce soit, en un mot qu'ils ont soutenu leur existence et favorisé leur fuite.

» 11° Semblables punitions seront infligées à tous ceux qui auront reçu des bandits ou leur auront seulement permis de se cacher dans leurs maisons, habitations, casales et autres bâtiments quelconques. Si quelqu'un est contraint par la violence, il devra le faire constater légalement, et ses excuses ne seront entendues et acceptées que s'il avertit du chemin qu'ont pris les bandits et de l'état où ils se trouvaient.

» 12° Les forces armées, dans les provinces ci-dessus désignées, seront augmentées indéfiniment selon les besoins, etc.

» 13° Les officiers recevront un avancement immédiat lorsqu'ils auront remporté quelques avantages sur les bandits et seront dégradés s'ils manquent de courage, etc., etc., etc.

» 14° Il ne sera plus accordé d'amnistie aux brigands ; mais pendant un mois, à partir de jour de la publication de cet édit, ils pourront se rendre à discrétion et compter sur la bienveillance de leur souverain. Il sera accordé un pardon entier et sans réserve à tous les malfaiteurs qui livreront morts ou vifs, entre les mains de la justice, des individus faisant partie d'une bande de brigands, et recevront de plus les récompenses citées plus haut.

» 15° Toutes les dispositions et ordonnances antérieures relatives au vol sont maintenues, etc., etc.

» 16° Le présent édit sera publié et affiché, etc., etc., etc.

» Donné au palais du Quirinal, le 18° jour de juillet 1819.

« *Signé* : H. cardinal GONZALVI. »

FIN

Bibliothèque nouvelle à 1 franc le volume

H. DE BALZAC — vol.

Scènes de la vie privée.
La Maison du Chat-qui-Pelote.
Le Bal de Sceaux. — La Bourse. — La Vendetta. — Madame Firmiani. — Une Double Famille. 1
La Paix du Ménage. — La Fausse Maîtresse. — Etude de Femme. — Autre Etude de Femme. — La Grande-Bretèche. — Albert Savarus. 1
Mémoires de deux jeunes Mariées. — Une Fille d'Eve. 1
La Femme de trente ans. — La Femme abandonnée — La Grenadière. — Le Message — Gobseck. 1
Le Contrat de Mariage. — Un Début dans la Vie. 1
Modeste Mignon. 1
Honorine. — Le Colonel Chabert. — La Messe de l'Athée. — L'Interdiction. — Pierre Grassou. 1
Béatrix 1

Scènes de la vie parisienne.
Histoire des Treize. — Ferragus. — La Duchesse de Langeais. — La Fille aux yeux d'or. 1
Le Père Goriot. 1
César Birotteau. 1
La Maison Nucingen. — Les Secrets de la princesse de Cadignan. — Les Employés. — Sarrasine. — Facino Cane. 1
Splendeurs et Misères des Courtisanes. — Esther heureuse. — A combien l'amour revient aux vieillards. — Où mènent les mauvais chemins. 1
La Dernière Incarnation de Vautrin. — Un prince de la Bohème. — Un Homme d'affaires. — Gaudissart II. — Les Comédiens sans le savoir. 1
La Cousine Bette (Parents pauvres). 1
Le Cousin Pons (Parents pauvres). 1

Scènes de la vie de province.
Le Lys dans la vallée. 1
Ursule Mirouet. 1
Eugénie Grandet. 1
Illusions perdues. 2
Les Rivalités. 1
Les Célibataires. 2
Les Parisiens en province. 1

Scènes de la vie de campagne.
Les Paysans. 1
Le Médecin de campagne. 1
Le Curé de village. 1

Scènes de la vie politique.
Une Ténébreuse Affaire. — Un Episode sous la Terreur. 1
L'Envers de l'histoire contemporaine. — Z. Marcas. 1

Scènes de la vie militaire.
Les Chouans. — Une Passion dans le désert. 1

Etudes philosophiques.
La Peau de chagrin. 1
La Recherche de l'Absolu. 1
L'Enfant maudit. 1
Les Marana. 1
Sur Catherine de Médicis. 1
Louis Lambert. 1

Etudes analytiques.
Physiologie du Mariage. 1

GEORGE SAND — vol.
Mont-Revêche. 1
La Filleule. 1
Les Maîtres Sonneurs. 1
La Daniella. 2
Adriani. 1
Le Diable aux champs. 1

JULES SANDEAU
Un Héritage. 1

ALPHONSE KARR
Histoires normandes. 1
Devant les Tisons. 1

Mme EMILE DE GIRARDIN
Nouvelles. 1
Marguerite, ou Deux Amours. 1
M. le Marquis de Pontanges. 1
Poésies (complètes). 1
Le Vicomte de Launay. 2

FRÉDÉRIC SOULIÉ
La Lionne. 1
Julie. 1
Le Magnétiseur. 1
Le Maître d'école. 1
Les Drames inconnus. 5
Les Mémoires du Diable. 2

ARNOULD FREMY
Les Maîtresses parisiennes. 1
Id. (deuxième partie) 1
Les Confessions d'un Bohémien. 1

LÉON GOZLAN
La Folle du logis. 1
L'Amour des lèvres et l'Amour du cœur. 1

LE Dr L. VÉRON
Mémoires d'un Bourgeois de Paris. 5
Cinq cent mille francs de rente. 1

STENDHAL (BEYLE)
Chroniques et Nouvelles. 1

PHILARÈTE CHASLES
Souvenirs d'un Médecin. 1
Le Vieux Médecin. 1

Mme DE GIRARDIN, T. GAUTIER, SANDEAU ET MÉRY
La Croix de Berny. 1

ALEXANDRE DUMAS FILS
Diane de Lys. 1
Le Roman d'une Femme. 1
La Dame aux Perles. 1
Trois Hommes forts. 1
Le Docteur Servans. 1
Le Régent Mustel. 1

AMÉDÉE ACHARD
La Robe de Nessus. 1
Belle-Rose. 1
Les Petits-Fils de Lovelace. 1
La Chasse royale. 2

CH. DE BOIGNE
Petits Mémoires de l'Opéra. 1

ARSÈNE HOUSSAYE
Les Filles d'Eve. 1

MÉRY
Une Nuit du Midi.
Les Damnés.

A. ...
Geneviève.

J. GÉRARD (le ...)
La Chasse au Lion, illustré.

GRANIER DE CASSAGNAC
La Reine des prairies. 1
Danaé. 1

J. NORIAC
Le 101e Régiment. 1

KAUFFMANN
Brillat le menuisier. 1

LE DOCTEUR F. MAYNARD
Voyages et Aventures d'un...

Mme MARIE DE GRAND...
L'Autre Monde. 1

LE Cte DE RAOUSSET-BOULBON
Une Conversion. 1

Mme LAFARGE (MARIE CA...)
Heures de Prison. 1

MISS EDGEWORTH
Demain. 1

EUGÈNE CHAPUS
Les Soirées de Chantilly. 1

Mme ROGER DE BEAUVOIR
Confidences de Mlle Mars. 1
Sous le Masque. 1

CH. MARCOTTE DE QUIVIÈRES
Deux Ans en Afrique. 1

MAXIME DU CAMP
Mémoires d'un Suicidé. 1
Les Six Aventures. 1

COMTESSE D'ASTI
Les Degrés de l'échelle. 1
La Marquise sanglante. 2

HIPPOLYTE CASTILLE
Histoires de Ménage. 1

CHAMPFLEURY
Les Bourgeois de Molinchart. 1
Les Amoureux de Ste-Pélagie. 1

Mme MOLINOS-LAFITTE
L'Education du foyer. 1

LÉOUZON LE DUC
L'Empereur Alexandre II. 1

NESTOR ROQUEPLAN
Regain : la Vie parisienne. 1

FRANCIS WEY
Le Bouquet de cerises. 1

HENRI MONNIER
Mémoires de M. J. Prudhomme. 1

L. LAURENT-PICHAT
La Païenne. 1

MOLIÈRE
Nouvelle édition par Philarète Chasles. 1

Mme LOUISE COLET
45 lettres de Béranger. 1

V. VERNEUIL
Mes Aventures au Sénégal. 1

CH. MONSELET
Monsieur de Cupidon. 1

J. DE SAINT-FÉLIX
Mademoiselle Rosalinde. 1

PAUL FÉVAL
Blanchefleur. 1
La Reine des épées. 2
Le Capitaine Simon. 1

BARBEY D'AUREVILLY
L'Ensorcelée. 1

PAUL DHORMOYS
Une Visite chez Soulouque. 1

Paris. — Imp. de la Librairie nouvelle. — Bourdilliat, 15, rue Bréda.